Raoul Schrott
1987/ Paris

ECONOMIE CRITIQUE

DU MÊME AUTEUR
(sous le nom d'André Granou)

Aux éditions La Découverte/Maspero

La bourgeoisie financière au pouvoir, collection Cahiers Libres, 1977.
Croissance et crise (avec Yves Baron et Bernard Billaudot),
    Petite collection Maspero, 1979 ; édition revue et augmentée en 1983.

Aux Editions du Cerf

Capitalisme et mode de vie, 1972.

André Gauron

Histoire économique et sociale de la Cinquième République

Tome I
Le Temps des modernistes

LA DECOUVERTE/MASPERO
1, place Paul-Painlevé
PARIS V^e
1983

Si vous désirez être tenu régulièrement au courant de nos parutions, il vous suffit d'envoyer vos nom et adresse aux Editions La Découverte/Maspero, 1, place Paul-Painlevé, 75005 Paris. Vous recevrez gratuitement notre bulletin trimestriel **Livres Partisans**.

© Editions La Découverte, Paris, 1983
ISBN 2-7071-1417-0

Présentation générale

Cette histoire économique et sociale de la cinquième République couvre la période ouverte par les changements politiques intervenus en 1958 jusqu'à l'élection de François Mitterrand à la présidence de la République, en mai 1981. L'importance de cette période pour la société française justifie à elle seule un essai d'interprétation de l'histoire économique et sociale de ces vingt-trois années. Elle est renforcée et actualisée par la nécessité de mieux prendre la mesure de l'héritage auquel il faut faire face aujourd'hui. Ce choix est enfin motivé par les interrogations sur les conséquences économiques de cette rupture politique : cet ouvrage se propose de rendre compte de la façon dont les transformations institutionnelles, les stratégies des groupes sociaux, les intérêts, les valeurs, la conception du devenir de la société qui ont prévalu à la suite du changement politique ont renforcé ou remodelé les structures économiques et sociales, conforté ou infléchi les évolutions alors en cours. Il s'agit moins de porter un jugement sur l'action des hommes que d'apprécier l'impact de cette action pour mieux définir ce qui doit et peut être changé.

A la fin des années cinquante, la société française est ébranlée dans ses profondeurs par une forte poussée démographique, le développement de nouvelles formes de production capitalistes, une urbanisation rapide, l'ouverture des frontières aux échanges internationaux et la décolonisation. Les institutions politiques, les formes d'organisation sociale, les valeurs qui assurent la cohésion de la société depuis le début de la troisième République ne parviennent plus à contenir l'extension de la production et de la consommation de masse, ni à souder les classes possédantes face à une classe ouvrière en expansion. « En un siècle, ou plutôt au bout d'un siècle, écrit Jean Bouvier, la vieille France rurale, artisanale, boutiquière, a craqué et cédé le pas. » * [21, p. 13]. Les générations de la crise et de la guerre aspirent à un nouveau mode de vie. La cinquième République naît de ces transformations et de ce besoin ; elle crée les conditions politiques et sociales d'une croissance sans précédent du capitalisme en France. Mais le nouveau porte encore la marque de l'ancien. Les rapports sociaux qui s'imposent se moulent dans les vieux rapports de propriété individuelle et se heurtent à des formes d'organisation et de commandement issues de la fabrique et d'une société rurale. Le capitalisme français devient de plus en plus semblable aux autres capitalismes et demeure néanmoins différent.

Quelle est la nature de cette différence, quelles en sont les conséquences ? Cette interrogation est au cœur de l'histoire économique et sociale de la cinquième République. La stratégie des groupes sociaux, l'action entreprise par les gouvernements du général de Gaulle et de ses successeurs ont à la fois visé certaines transformations de la société française et le maintien de formes d'organisation sociale issues de la période antérieure. Le mouvement propre des rapports sociaux capitalistes s'est constamment mêlé, sans jamais se confondre, avec celui d'une société rurale en décomposition. La concentration capitaliste a ainsi produit le développement d'un capitalisme financier sans détruire l'emprise du capitalisme patrimonial ; la formation de quelques grands groupes a laissé subsister un monde de petites entreprises étrangères aux nouveaux modes de gestion ; les nouvelles formes de mise au travail n'ont que progressivement entraîné la transformation des anciennes hiérarchies ; en quelques années, la majorité de la population est devenue urbaine, mais elle est restée proche de ses origines rurales... En d'autres termes, *l'expansion récente du capitalisme en France a été la conséquence de la transformation d'une société capitaliste, encore rurale, en une société capitaliste pleinement industrielle, beaucoup plus que la mutation interne d'une telle société*, même si ses bases industrielles ont été bouleversées. D'une certaine façon, l'avènement de la cinquième République clôt près de deux siècles de révolution bourgeoise, mais sans en liquider totalement ni les structures, ni les valeurs.

Cette thèse m'apparaît être la clé de notre histoire moderne. Ses conséquences sont doubles. Au plan de la méthode, elle conduit à mettre l'accent sur l'articulation de ces deux mouvements et sur les formes concrètes que revêt, de ce fait, le capitalisme en France. L'analyse s'attache également à repérer les formes d'organisation sociale qui se sont maintenues, parfois au prix d'importantes adaptations, et qui restent comme un défi lancé à la prétention universelle des rapports capitalistes. Si l'ouvrage privilégie l'histoire du développement capitaliste en France, celle de la société française ne saurait s'y réduire. Cette distinction méthodologique vaut aussi pour l'analyse du mouvement général du capitalisme. Elle invite à dépasser les formes contingentes pour remonter à

---

* Les numéros entre crochets renvoient à la bibliographie en fin d'ouvrage.

présentation générale

l'essence du rapport salarial et, de là, à prendre la mesure des différences concrètes qui se manifestent d'une société à l'autre et à en rechercher l'origine dans l'histoire économique et sociale de celles-ci.

Au plan politique, la coexistence de deux formes d'organisation sociale, leur enchevêtrement ont donné lieu à l'un des débats les plus importants et les plus permanents de l'histoire économique et sociale de la cinquième République : la « modernisation » capitaliste a-t-elle buté sur les « blocages » d'une société restée « archaïque » ? Je formulerai, pour ma part, la question autrement : *L'expansion du capitalisme pouvait-elle se réaliser en détruisant les anciennes formes d'organisation sans mettre en cause la cohésion de la société française ; le maintien, au prix de certaines adaptations, de ces formes d'organisation, n'a-t-il pas été la condition de l'expansion capitaliste ?* Cette coexistence s'est faite au prix de très fortes tensions, à l'origine de la crise de mai 1968 ; mais celle-ci a mis en lumière les risques de rupture et de basculement de la société française et provoqué un brusque mouvement de repli, en dépit de velléités libérales. Ceux, individus et groupes sociaux, qui se sont le plus engagés dans la « modernisation » du pays se sont ainsi enfermés dans une contradiction insurmontable puisqu'elle les contraignait à admettre la nécessité politique du maintien de structures sociales qu'ils dénonçaient ou à s'engager dans un bouleversement social qui aurait donné une place plus grande à la classe ouvrière et à ses organisations, et notamment au PC, ce qu'ils refusaient. « Société bloquée » ou refus de certains d'assumer les conséquences politiques de leurs projets sociaux ? Il me semble en tout cas que gît là l'une des causes de l'échec politique du mendésisme.

Ces interrogations courent à travers tout l'ouvrage. Elles y sont abordées à travers plusieurs thèmes. Le premier porte sur la conséquence la plus immédiate de la rupture de 1958 : *le changement des institutions.* L'avènement de la cinquième République a modifié en profondeur le mode d'élaboration des décisions collectives, en premier lieu politiques. Le déplacement du pouvoir politique du législatif vers l'exécutif s'est traduit par une plus grande unité et une continuité accrue dans l'action gouvernementale. Il s'est accompagné d'un pouvoir de l'administration, qui va bien au-delà des simples application et interprétation de la loi : les prérogatives du gouvernement dans le travail parlementaire donnent à l'administration un véritable pouvoir d'élaboration de la loi ; dans les domaines où celle-ci, de par la Constitution, n'a pas matière à intervenir, l'administration dispose d'un pouvoir propre de réglementation. Son rôle sur le développement économique en a été renforcé et modifié. La conception juridique de l'intérêt général a progressivement fait place à la prise en compte d'intérêts particuliers entre lesquels les fonctionnaires arbitrent en fonction des rapports de force en présence, dont tel ou tel service est partie prenante. Les choix gouvernementaux ont imprimé dans certains domaines des orientations décisives dont les conséquences ont rarement fait l'objet d'une réelle évaluation. De rapport en rapport, les hauts fonctionnaires appelés à présider une commission du Plan ou un groupe d'experts ont dressé le réquisitoire des faiblesses de l'économie française. Ils ne se sont jamais demandé si les actions qu'ils préconisent et mettent en œuvre ne produisent pas certaines de ces faiblesses. Sans doute ont-ils craint de mettre en cause le pouvoir que l'administration tient de la Constitution. La question doit alors être posée de savoir si la critique faite depuis quelques années contre un Etat omnipotent et omniprésent, qui réglemente et asphyxie les initiatives privées, n'est pas vide de sens tant qu'elle ne cerne pas le fondement du pouvoir administratif.

Le second thème est celui des *classes sociales* dans leurs rapports avec le développement économique. La relation de causalité est, là encore, dialectique. Les classes sociales sont les agents du développement économique, mais elles peuvent être transformées par celui-ci. L'hypothèse, avancée dans la première version de cet ouvrage [62] de la formation et de la prise de pouvoir de la bourgeoisie financière, est reprise et approfondie ici. Des travaux récents permettent de mettre à nu certaines conditions de sa production sociale et de montrer comment elle se constitue à partir des classes possédantes, sur quelles institutions elle s'appuie, quelle légitimité elle se donne. Les classes possédantes traditionnelles n'ont pas disparu, même si leur importance a diminué et si elles se sont recomposées. Sans doute les a-t-on un peu vite enterrées à la fin des années soixante, pour les voir resurgir quelques années plus tard : signe d'un archaïsme qu'on a cru, à tort, dépassé, ou méconnaissance d'une réalité sociale qui ne se laisse pas réduire aux seuls rapports capitalistes de la grande industrie ?

J'ai également accordé une plus grande attention aux conséquences de l'extension du salariat et des transformations de la production : qu'est-ce que la classe ouvrière aujourd'hui ? qui sont ces nouvelles couches salariées, employés, techniciens, cadres ? d'où viennent-elles ? Mais au-delà, l'interrogation porte sur des rapports sociaux en France, que la politique contractuelle qui se développe à la fin des années soixante a finalement peu affectés. La négociation n'est pas entrée dans l'entreprise ; les luttes ouvrières sont restées le principal facteur d'évolution des rapports sociaux, et n'ont pas été sans incidence sur certains choix économiques. Dès lors, l'image qui se dessine des rapports entre classes sociales est plus complexe que certaines hypothèses théoriques ne voudraient le laisser croire, et ouvre tout un champ à la réflexion politique.

Le troisième thème de l'ouvrage tente d'appréhender le rôle du *modernisme* comme forme particulière d'idéologie économique dans l'histoire de la France contemporaine. Il n'a été l'apanage d'aucune classe sociale particulière, mais plutôt le fait d'une génération qui a refusé la défaite de 1940 et s'est dressée contre un nationalisme malthusien et le risque d'une domination communiste. Un homme en a été le symbole, Pierre Mendès France ; le général De Gaulle lui a largement emprunté, tout en l'adaptant à ses propres objectifs. L'importance du modernisme a été considérable. Il a été, indiscutablement, un ressort de la transformation de la société française, de son ouverture sur le monde et, en particulier, de sa participation à la formation de l'Europe communautaire, de l'engagement en faveur de la décolonisation. Pourtant, le modernisme a été le contraire d'une pensée anticipatrice. Il s'est constamment défini par rapport au modèle fordiste américain. Il n'a pas pensé l'expansion ; il a eu pour seule ambition de l'organiser en facilitant la régression et la modernisation de structures jugées archaïques. Les objectifs poursuivis étaient faciles à identifier : accroître l'investissement productif, assurer une progression modérée mais régulière des salaires, accélérer l'exode rural et

présentation générale

l'urbanisation, réaliser la mise en place des équipements collectifs qu'appelle l'expansion démographique. La crise de 1968 n'a pas interrompu ce programme, mais l'alliance avec le gaullisme a été rompue. Une incompréhension sur les obstacles sociaux à la modernisation est née, qui n'a jamais été levée. L'illusion d'un consensus social possible, qui s'était nourrie de la volonté commune de modernisation de certains milieux bourgeois, aussi bien qu'ouvriers et agricoles, s'est déchirée. La modernisation n'a pas effacé les oppositions d'intérêts et les conflits sociaux ; les espoirs de rénovation des organisations patronales et syndicales ont été longtemps déçus et se sont concrétisés tardivement et de façon limitée. Les ambitions politiques des modernistes ont donné vie à des clubs qui ont animé la réflexion intellectuelle, mais qui n'ont pas débouché sur une transformation des clivages politiques. Jusqu'au bout, ils ont été victimes de leur prévention à l'égard des communistes dont le rejet rendait toute alternative impossible.

L'importance du *conservatisme* comme élément constitutif des transformations et de la « modernisation » de la société française constitue le dernier thème transversal. La résistance idéologique au changement a pris appui sur la permanence de structures patrimoniales demeurées très vivantes dans toutes les sphères d'activité, en dépit d'un important mouvement de concentration. L'accession à la propriété du logement a permis de maintenir, à travers l'urbanisation, les valeurs autrefois attachées à la possession de la terre. La propriété confère le pouvoir et celui-ci ne se partage pas plus que celle-là. La transmission du pouvoir dans l'entreprise repose encore largement sur celle de l'héritage ; la direction y revêt très souvent la forme d'un commandement autocratique. La fiscalité directe est sans doute le meilleur reflet du poids de la propriété au sein de la société française : pour être riche mieux vaut avoir du patrimoine que des revenus professionnels. La propriété est, en France, un paradis fiscal, source d'injustices sociales et d'inefficacité économique. Le conservatisme social n'a pas été la négation du modernisme économique : il s'est révélé être sa condition en permettant à la bourgeoisie financière de contenir la montée du salariat et de faire échec à tout partage du pouvoir, social et politique. Il constitue le ciment et le trait le plus original de la cinquième République, et, donc, le nœud gordien de tout changement.

De ces thèmes se dégagent deux périodes, ou plutôt deux dominantes, qui organisent chacune des deux tomes. *Le temps des modernistes*, jusqu'au début des années soixante-dix, est celui de l'ouverture de l'économie française sur l'Europe et le monde et de l'industrialisation rapide et volontariste. La seconde période voit *l'échec des libéraux* à imposer une contre-réforme qui ferait régresser le rôle des institutions économiques et sociales et à affronter la crise du capitalisme, préférant finalement se résigner à la montée du chômage. La présidence de Georges Pompidou constitue une véritable charnière, une période incertaine qui voit le triomphe de la politique d'industrialisation des modernistes débouchant sur la mise en place du programme électronucléaire, mais qui projette également les premiers contours d'une évolution libérale de la politique économique et sociale. Cette période sera, de ce fait, éclatée entre les deux tomes. Le premier analyse et tente un bilan du gaullisme et de l'industrialisation pompidolienne ; il en montre les implications sur la formation de la bourgeoisie financière. Le second traite des transformations des classes salariées et des classes possédantes, de leurs conditions de vie et de leurs luttes ; il étudie les conséquences de la crise et les effets du libéralisme giscardien.

Cet ouvrage vise à dégager une interprétation de l'histoire économique et sociale de la cinquième République. Il recherche la synthèse et privilégie un certain nombre de thèmes. Ce choix laisse dans l'ombre certains aspects, notamment régionaux, ou les traite de façon trop rapide, je vise ici les questions monétaires et les finances publiques. Mais les limites de l'ouvrage tiennent aussi aux sources utilisées. L'information sur l'histoire contemporaine se caractérise par sa proximité, son abondance, sa diversité, par la possibilité – le privilège, devrait-on dire – de procéder à une observation directe par enquête et de recueillir des témoignages. Mais cette situation favorable fait en partie illusion. L'observateur de la réalité sociale immédiate ou très proche n'est pas vraiment mieux armé que l'historien. Il n'a pas le recul du temps qui permet de discerner les tendances et les ruptures, de distinguer l'occasionnel du fait « porteur d'avenir ». Il se trouve confronté à une masse de faits, d'études, de documents, de témoignages qui sont un certain reflet des pratiques sociales, dans lesquels il doit opérer un tri, retenir ceux qui sont, ou plutôt qu'il juge, significatifs et pertinents pour rendre compte de la réalité étudiée.

Les données statistiques constituent la source principale de l'économiste. Elles sont, en partie, le produit d'un travail spécifique de mise en forme des faits élémentaires, qui les rend comparables dans le temps et dans l'espace et qui permet de les agréger. Ce travail d'élaboration suppose la définition de concepts, de nomenclatures, de catégories, d'une mesure, nécessaires au classement des observations et à leur addition. Ce cadre statistique exprime la représentation de la société qui a présidé à sa construction. D'autres données statistiques sont le sous-produit de pratiques sociales d'enregistrement ou de gestion qui, parfois, s'appuient sur le cadre conceptuel du statisticien – par exemple utilisation des catégories socio-professionnelles – mais peut aussi induire le cadre statistique – cas du découpage des branches industrielles. L'information ainsi recueillie est fortement contrainte par le cadre adopté, alors qu'elle se présente comme un fait « brut », tout au plus une agrégation d'une myriade de faits élémentaires. L'économiste, autant que l'historien, se retrouve prisonnier d'une représentation de la société qui ne lui apparaît pas nécessairement adéquate à la compréhension de celle-ci. Il peut critiquer ce cadre statistique et chercher à le faire évoluer ; il n'a pas forcément la matière qui lui permet de reconstruire la base statistique selon d'autres concepts et d'autres catégories. Ce problème est aggravé par le décalage qui s'introduit dans le temps entre des catégories qui ont été figées à un certain moment et une réalité évolutive.

Les données statistiques n'ont donc nullement le caractère indiscutable qu'on leur prête généralement. Les traitements statistiques et éco-

présentation générale

nométriques qui se sont considérablement développés avec les moyens de calcul informatiques n'opèrent pas sur une matière brute, à partir de laquelle n'importe quelle hypothèse pourrait être testée. Le travail d'élaboration qui conduit aux données dites brutes est nécessairement réducteur et détermine assez largement les hypothèses susceptibles d'être étudiées. Les résultats obtenus ne permettent pas d'énoncer des lois, tout au plus d'infirmer ou de confirmer l'adéquation de ces hypothèses au mode de représentation retenu – le plus souvent de façon implicite. Le présent ouvrage fait très largement appel aux travaux réalisés à partir de l'appareil statistique national qui, depuis la Libération, a connu un développement considérable, sous l'impulsion notamment des modernistes. Il n'est pas dans son objet de procéder à une critique systématique des sources statistiques et des travaux économétriques auxquels elles donnent lieu. Cette critique est faite incidemment, lorsque les catégories statistiques sont particulièrement inadaptées aux concepts proposés. Chaque fois que cela m'est apparu nécessaire, j'ai précisé les limites des analyses possibles à partir des données utilisées. J'ai, en particulier, privilégié les nombreux travaux d'enquêtes, qui éclairent des aspects partiels de la société française, et qui permettent, finalement, une interprétation infiniment plus riche de l'histoire économique et sociale que le seul cadre de synthèse fourni par la comptabilité nationale.

Il est devenu traditionnel d'opposer données macro-économiques et données micro-économiques, approche globale qui donne immédiatement un point de vue synthétique et une approche des « comportements » ou des « flux » individuels, qui exprime des aspects partiels de la réalité économique et sociale dont la synthèse fait souvent problème. Ces points de vue opposent des pouvoirs différents : d'un côté, la macro-économie parle du *pouvoir d'État*, de sa volonté d'ordonner les flux monétaires qui naissent de la multitude de décisions individuelles ; de l'autre côté, la micro-économie dit le *pouvoir des entreprises et les choix des ménages*, raconte leurs stratégies et leurs décisions ; elle parle des rapports sociaux autant que de leurs conséquences monétaires. L'articulation indispensable de ces points de vue pose des problèmes de méthode ; elle se heurte également à l'information disponible. Autant l'information macro-économique fait l'objet d'une collecte et d'une mise en forme systématique, autant l'information micro-économique, en dépit de l'abondance des données, reste dispersée, mal suivie dans le temps, difficilement comparable. La lacune la plus importante, et la plus surprenante, concerne les entreprises et le monde patronal. L'information et les études sur la concentration capitaliste sont peu nombreuses, les monographies des principaux groupes industriels et bancaires sont rares, les organisations patronales, syndicats professionnels et chambres de commerce et d'industrie sont presque totalement méconnus... Le monde de l'entreprise est à la fois protégé par le « secret des affaires » et par le préjugé des chercheurs !

L'obstacle réside aussi dans l'éclatement et le cloisonnement des sciences sociales. La connaissance de l'entreprise n'appartient pas en propre à l'économiste. Celui-ci la partage avec l'analyste financier, le sociologue des organisations et celui du travail, le juriste du droit du travail, etc. Les travaux réalisés dans ces domaines constituent une source d'information essentielle, que je n'ai pas pu, malheureusement, exploiter de façon systématique. La principale difficulté n'est pas dans le rassemblement de données élaborées dans des champs différents selon des méthodes propres. Elle réside dans le fait qu'elles ne sont pas construites pour être articulées entre elles : ainsi, alors que les analyses de l'accumulation et celles du procès de travail traitent du même objet, elles s'ignorent mutuellement ; les premières parlent de l'extérieur de l'entreprise, les secondes du dedans.

La théorie de l'intérêt largement dominante dans les sciences sociales n'est pas étrangère à cette situation. En dépit de ses prétentions, elle réalise une fausse unification des disciplines. Le présupposé de l'individu rationnel et calculateur, cherchant dans chaque décision à maximiser son gain, pose le principe de l'indépendance de chaque acte, mais exclut tout processus de socialisation et d'interdépendance des comportements. Le collectif n'a pas ici droit de cité. Depuis vingt ans, le renouvellement de la théorie marxiste et le remarquable développement d'analyses concrètes auxquelles il a donné lieu dans les domaines les plus divers ont jeté les bases d'une tout autre problématique, de ce que j'appellerai une *anthropologie du salariat*, qui rende compte simultanément de la socialisation des rapports sociaux et du développement de l'individualité.

Les écrits d'André Gorz [59 et 60] ont eu un rôle précurseur. Philosophe sartrien, à l'écoute du renouveau du communisme italien [1] et du keynéso-marxisme anglo-saxon [8] ; il a proposé au début des années soixante les premiers éléments d'une théorie du capitalisme contemporain qui fonde, dans sa capacité à adapter le rapport salarial au produit de son développement, le moteur de celui-ci. Rejetant la vision catastrophique de la crise inéluctable et l'idée que seule l'intervention de l'Etat a permis de la conjurer, il considère que si « le capitalisme est incapable de résoudre *au fond* des problèmes essentiels que son développement fait surgir, il les résout à *sa manière*, par des concessions et des replâtrages qui visent à le rendre socialement tolérable ». Alors que Louis Althusser [4] enquête sur la coupure épistémologique entre le jeune Marx et celui du *Capital*, André Gorz observe le capitalisme contemporain et l'interprète à la relecture des écrits de Karl Marx sur la « plus-value relative », la réduction du temps de travail et ses conséquences quant à la notion de richesse [84]. Il invite ainsi à une théorie du mouvement *interne* du capitalisme, qui est chez lui inséparable de l'action et de la stratégie du mouvement ouvrier. On retrouve ici l'apport incontestable de la philosophie de Jean-Paul Sartre [93] pour penser la *praxis*, réintroduire l'aliénation dans l'analyse de l'exploitation et, plus généralement, l'individualité dans le processus de socialisation.

L'hypothèse, qui s'est progressivement imposée, est que le développement du capitalisme contemporain trouve son origine dans la transfor-

---

1. Dont la revue *Les Temps modernes* traduit les principaux écrits.

présentation générale

mation des conditions de production et de consommation qui révolutionne nos sociétés depuis le début du XXe siècle. J'ai montré par ailleurs [61, 63] comment de nouvelles manière de produire et de consommer ont été mues par la pression considérable, que les ouvriers exercent à la fin du XIXe siècle, à la baisse du temps de travail. Elle a donné naissance à une phase longue d'accumulation intensive qui repose sur une croissance parallèle des gains de productivité du travail et de pouvoir d'achat des salaires et sur l'élargissement simultané de l'investissement et de la consommation. Cette transformation de la production est aussi production d'un nouveau mode de consommation : en se saisissant de la production des conditions d'existence du salariat, le capitalisme a créé la possibilité d'une consommation de masse, c'est-à-dire les débouchés nécessaires à l'écoulement de la nouvelle production de masse. Il a porté à son accomplissement la production de la société urbaine définitivement séparée des lieux de production. Réduction de la journée de travail, travail à la chaîne et consommation de masse ont ainsi parties liées pour dessiner le visage du capitalisme contemporain, de ce qu'on dénomme, eu égard au rôle joué par Henri Ford, *le stade fordiste du capitalisme*.

Cette hypothèse a ouvert deux voies de recherche. La première porte sur la théorie de l'accumulation intensive du capital, avec les travaux de Michel Aglietta [1], Bernard Billaudot [13], Bernard Guibert [66]. Elle soulève la question la plus complexe de toute la théorie du capital, celle de la valeur travail. La notion de plus-value relative qui constitue le cœur de cette analyse introduit en effet l'idée de la *relativité* [2] du système de référence. La mesure de la valeur travail dépend des rapports de valeur associés à un champ de conditions de production : plus le temps de travail nécessaire se réduit, plus le contenu en travail de l'unité de temps augmente. La transformation des conditions de production engendre ainsi un ébranlement de l'ensemble des rapports de valeur à travers la circulation générale des marchandises, laquelle opère une redéfinition de la valeur travail liée aux anciennes conditions de production non encore déclassées. Telle est, on le sait, la cause de la hausse du taux de plus-value qui interrompt le fonctionnement du mécanisme de baisse tendancielle – lequel suppose le système de référence inchangé. Toutefois, au-delà de la transformation de la valeur travail, il faut saisir celle qui affecte l'individu au travail, son rapport à la machine et à la matière, la nature de son rôle, et finalement le contenu de sa force travailleuse. Le champ de la valeur est d'abord celui de la division sociale et de sa recomposition. Le contenu de la valeur travail exprime le rapport entre l'individualité et le processus de socialisation dans lequel elle prend place. L'exploitation et l'aliénation de l'individu sont ici indissociables parce qu'elles participent au même mouvement de division du travail sur lequel l'individu isolé n'a pas prise. Mais dans la mesure où il entre dans un processus de coopération, nécessaire à la recomposition des travaux parcellaires, il accède à une action collective sur l'intensité du travail et sa

---

2. J'emploie ce mot dans le sens qu'il peut avoir dans la théorie de la relativité d'Einstein, c'est à dire lien entre la mesure du temps et le système de référence utilisé.

division et donc sur les rapports de valeur eux-mêmes comme l'ont montré B. Coriat [40] et J.L. Moynot [88]. Au-delà de l'expression théorique de la valeur, il faut appréhender la façon dont les stratégies sociales en modifient la formation et contribuent à la constitution du champ de référence.

La seconde voie de recherche a trait à la théorie des formes institutionnelles du rapport salarial et au débat qui s'est noué autour de la théorie de la régulation, à la suite des travaux de Michel Aglietta [1], et de Robert Boyer et Jacques Mistral [25]. La mise en évidence d'un parallélisme entre croissance des gains de productivité et de pouvoir d'achat a conduit à s'interroger sur les formes institutionnelles qui assurent les régularités des évolutions économiques. Trois d'entre elles jouent un rôle essentiel : les conventions collectives et la forme de la négociation salariale ; les institutions de protection sociale ; enfin les formes de la monnaie. Ces formes partielles organisent, chacune dans leur champ, le salariat dans la circulation des marchandises. Elles donnent aux comportements privés individuels et aux ajustements de marché la cohésion et la régularité qui assurent la reproduction d'ensemble du système social. La théorie en demeure toutefois embryonnaire : si la description en est aisée, la théorie nécessite de se dégager de la contingence historique, plus forte ici que dans d'autres domaines parce qu'elle porte l'empreinte directe de l'histoire sociale – et de l'histoire tout court – de chaque société. En tout état de cause, la mise en évidence d'un changement des formes institutionnelles du rapport salarial qui entraîne le passage d'un mode de régulation à un autre, si elle est le signe d'une transformation intervenue dans le développement du capitalisme, ne fournit pas d'explication quant au moteur de celui-ci. Elle ne dispense pas de remonter aux causes du changement qui affectent ces formes institutionnelles.

L'ambition de cet ouvrage n'est pas théorique, il est d'abord historique. Mais la préoccupation théorique y est étroitement mêlée. D'une part, les hypothèses qui viennent d'être rappelées constituent le soubassement de nombre d'interprétations des faits observés ; elles permettent de dépasser la simple description pour tenter des mises en relation et en perspective et proposer ainsi des éléments d'explication du mouvement de la société française. D'autre part, la recherche d'une interprétation de notre histoire économique et sociale est un élément d'enrichissement de la réflexion théorique et de reformulation de certaines hypothèses, notamment en ce qui concerne les formes institutionnelles du salariat.

Mais la difficulté la plus grande tient à l'introduction de la *praxis* au sein de l'analyse. Elle appelle en effet une démarche très différente de celle qui découle des matériaux statistiques et de la réflexion économique. Elle suppose un questionnement particulier du développement économique et social qui tienne compte de la position des différents acteurs. Cette prise en compte de la praxis demeure imparfaite. Elle le serait plus encore sans l'apport de mon expérience syndicale au sein d'une organisation – la CFDT – dont toute la pratique vise à la transformation de la société. Les sessions de formation auxquelles j'ai participé ont été autant d'occasions de prendre connaissance d'un vécu et de reformuler les questions à partir de celui-ci. Que tous les camarades avec qui il m'a été donné de travailler trouvent ici mes remerciements. Cette histoire est un peu la leur. Je la leur dédie.

Paris, mai 1983.

I

LE TEMPS DES MODERNISTES

*Tout aurait pu se passer autrement
Tout s'est passé autrement ailleurs.*

Henri HATZFELD [69].

1

Le déclin des classes possédantes

Quand, le 1ᵉʳ juin 1958, le général De Gaulle revient au pouvoir, investi président du Conseil par l'Assemblée nationale, il retrouve une société profondément différente de celle qu'il a connue treize ans plus tôt. Les crises politiques à répétition qui engloutissent les institutions de la quatrième République sont autant la conséquence de l'impasse dans laquelle l'enfoncent les guerres coloniales que des déchirements sociaux que provoque la transformation en profondeur qu'elle a engagée. Dès la libération, la reconstruction du pays s'est confondue avec sa modernisation économique et sa rénovation sociale. Le général De Gaulle évincé, le grand courant modernisateur qui a émergé de la Résistance se fraie un chemin à travers un conservatisme social toujours vivace et se trouve un dirigeant politique en la personne de Pierre Mendès France. Les espoirs de la révolution sociale nés du Front populaire et de la lutte contre le fascisme, puis de celle contre l'occupation allemande et le régime de Vichy, enfin de la Libération, se sont évanouis. Mais les grandes réformes économiques et sociales demeurent, sur lesquelles les modernistes prennent appui pour mettre la société française à l'heure des temps modernes.

En quelques années, les bases sociales des classes possédantes ont été bouleversées. La société française, demeurée jusqu'en ce milieu du XXᵉ siècle profondément paysanne et rurale, devient une société urbaine industrialisée ; le développement de la consommation de masse et des congés payés transforment les modes de vie ; l'ouverture aux échanges internationaux, imposée par les Alliés à la fin de la guerre, rompt avec plus d'un demi-siècle de protectionnisme qui avait abouti au repli sur l'empire colonial. Le ciment idéologique de la république parlementaire s'effrite : la laïcité n'est plus un enjeu politique au moment où l'enseignement secondaire s'ouvre largement aux nouvelles générations ; le patriotisme a pour la seconde fois rallié la classe ouvrière à la nation et légitimé ses aspirations politiques, tandis que la collaboration du patronat pendant l'Occupation le rejette dans le discrédit ; le colonialisme enfin, symbole du « rang » et du prestige de la France dans le monde, plonge à nouveau le pays dans la crise politique permanente, dans la défaite militaire et ranime un profond sentiment d'impuissance. Seul demeure un système politique fondé sur la prééminence du Parlement sur l'exécutif, consolidée par la Constitution de 1946, qui donne tout pouvoir à l'Assemblée nationale et où les élus locaux font la loi. Mais il se révèle très vite incapable de faire face aux mutations de la société française. A peine restaurée, la « République des paysans » de Jules Ferry vit ses dernières heures.

La montée des jeunes

Le renouveau démographique est, dans les années d'après-guerre, le signe le plus tangible des bouleversements qui agitent la société française. Le nombre des naissances, qui était tombé aux alentours de 600 000 par an à la veille de la guerre bondit à 850 000 en moyenne par an pour les années 1946-50 et se stabilise à environ 800 000 par an jusqu'à la fin des années cinquante. Deux phénomènes expliquent ce retournement amorcé avant la fin du conflit : d'une part, l'arrivée à l'âge de la fécondité la plus élevée des générations nées au lendemain de la Première Guerre mondiale, nettement plus nombreuses que celles qui ont survécu à celle-ci ; d'autre part, l'augmentation du taux de fécondité, amorcée dès les années 1930 dans les classes aisées et qui gagne alors le prolétariat urbain. La reprise des mariages perturbés par la guerre, le développement des mesures en faveur des familles, la perspective d'une vie nouvelle, d'un avenir libéré des crises et de la guerre, la redécouverte des liens familiaux enracinant les individus dans un monde en pleine évolution, ont, chacun pour leur part, contribué au renouveau démographique qui accompagne la Libération, en dépit des difficultés de ravitaillement qui subsistent pendant plusieurs années. Dans l'agglomération parisienne où les couples avaient le moins d'enfants avant guerre, la fécondité progresse de 40 % – contre 24 % pour l'ensemble de la France [128].

En quelques années, l'image de la famille française « type » se modifie et s'unifie sur la famille de deux ou trois enfants. On assiste en effet à la fois à une diminution des familles nombreuses et des familles à enfant unique. Dans ce dernier cas, la baisse est particulièrement sensible : à quinze ans d'intervalle, entre les générations nées entre 1910 et 1914 qui ont vingt ans dans les années trente et celles nées entre 1925 et 1929 qui arrivent à l'âge adulte à la Libération, la proportion de familles (complètes) ayant zéro à un enfant tombe de 37,2 à 29,3 % [114]. Elle reste toutefois plus élevée chez les patrons de l'industrie et du commerce, les cadres moyens et les employés – environ 34 à 36 %, contre il est vrai près de 43 % pour les générations de 1910 – que dans les milieux paysans (22 %), ouvriers ou cadres (27,6 %). Les familles ouvrières sont les seules dont la proportion de familles de quatre enfant et plus augmente pour atteindre un chiffre analogue à celui des milieux agricoles (30 %). L'élévation durable du niveau de fécondité tranche chez les ouvriers avec le malthusianisme dont ceux-ci faisaient preuve au début du siècle. En quinze ans, la descendance finale augmente de 2,51 à 2,85 enfants, celle-ci étant plus élevée chez les manœuvres que chez les professionnels. Un mouvement analogue s'observe dans les familles d'employés, mais à un niveau légèrement inférieur (2,30 enfants pour les générations nées entre 1925 et 1929). Dans les milieux paysans, le nombre d'enfants est en légère régression mais reste le plus élevé (2,94 enfants). En revanche, dans les milieux aisés, dont la fécondité augmente dans l'entre-deux-guerres, elle accuse un certain recul : la descendance finale, pour les générations 1925-1929, est seulement de 2,36 pour les cadres supérieurs et les professions libérales. Enfin, si l'augmentation de la fécondité est plus marquée dans les milieux dont la femme a un niveau culturel bas et est inactive, l'activité de la femme n'y fait pas obstacle, sauf peut-être dans les milieux cadres.

Le « baby boom » a eu des conséquences sociales, culturelles, économiques considérables sur la société française. Il est responsable de près des deux tiers de l'accroissement de la population totale qui atteint 44,3 millions de personnes en 1957 contre 40,3 dix ans plus tôt, soit une augmentation de plus du double de celle observée entre les deux guerres mondiales. Si la mortalité diminue sensiblement, du fait de l'allongement des durées de vie – elle est de 63 ans pour les hommes et de 69 ans pour les femmes au début des années cinquante –, la reprise de la natalité entraîne un net rajeunissement de la population française : entre 1946 et 1958, la proportion des moins de vingt ans passe ainsi de 29,5 à 31,7 %. Cette « montée des jeunes » (Alfred Sauvy) met fin au sentiment de vieillissement et de malthusianisme qui a fortement imprégné les mentalités d'avant-guerre. Elle contribue à créer un climat collectif plus dynamique et plus tourné vers l'avenir que par le passé. Enfin, elle accroît la demande de biens individuels et d'équipements collectifs et par conséquent la pression pour une amélioration du pouvoir d'achat qui stimule à son tour la recherche de gains de productivité. Par contre, elle n'a pas d'impact immédiat sur l'emploi, sur lequel pèse l'histoire démographique de la première moitié du siècle. L'inadaptation de la société à faire face à une forte natalité – notamment dans les villes –, la permanence des valeurs familiales traditionnelles constituent en outre un frein à l'extension du travail féminin. Au total, la population active stagne jusqu'au début des années soixante aux alentours de 19,5 millions de personnes, malgré une forte reprise de l'immigration à la fin des années cinquante. Elle reste au niveau du début du siècle (non compris l'Alsace-Lorraine), en retrait d'un million de personnes actives par rapport aux années 1926-1930 ! Toutefois, cette stabilité masque un bouleversement des structures d'activité.

Le déclin de la France paysanne

Le bouleversement le plus important de l'après-guerre concerne les structures agricoles. Pourtant, au lendemain de la Libération, les auteurs du « premier plan de modernisation et d'équipement » considèrent que l'agriculture « est et restera de loin la plus grande activité française » [136, p. 15] et ne prévoient nullement le déclin qui s'amorce. L'organisation des marchés mise en place dans les années trente – notamment la création de l'Office national interprofessionnel du blé en 1936 –, le nouveau statut du fermage et du métayage adopté en avril 1946 (à la même époque que les nationalisations) annoncent un nouvel équilibre social dans les campagnes. Mais l'échec de la tentative de création de la Confédération générale de l'agriculture, qui devait fédérer l'ensemble des exploitants, des coopératives, des mutuelles, du Crédit agricole, et la victoire des dirigeants de la Fédération nationale des syndicats d'exploitants agricoles aux élections professionnelles de 1946 marquent le poids de la droite agrarienne et du conservatisme dans les campagnes. Cependant cette victoire ne peut pas empêcher, comme dans les années trente, la « révolution agricole » qui, en deux décennies, détruit l'ancienne société rurale.

Tableau 1

POPULATION ACTIVE OCCUPÉE PAR BRANCHES DEPUIS LE DÉBUT DU SIÈCLE
(en millions)

	1896	*1913*	*1929*	*1938*	*1949*	*1954*	*1963*	*1968*
Agriculture et forêts	8 350	7 450	6 600	5 900	5 580	5 030	3 650	2 950
Industrie	5 170	5 760	6 310	5 280	5 610	5 550	5 920	5 850
BTP	830	960	1 120	780	1 020	1 320	1 670	2 000
Transport, commerce, services	2 750	3 400	4 170	4 400	4 340	4 430	5 110	5 800
Hors branches	2 120	2 330	2 100	2 400	2 930	2 920	3 380	3 550
Population active totale occupée	19 220	19 900	20 300	18 760	19 480	19 250	19 730	20 150

Source : INSEE.

Le mouvement de dépeuplement des campagnes, nettement engagé après la Première Guerre mondiale, s'est accéléré et a changé de nature. La mécanisation, jusqu'ici « avant tout adoptée comme substitut de la main-d'œuvre qui disparaît » [56, p. 62], est désormais le moteur de la transformation des campagnes. La motorisation, quasi inexistante avant-guerre, remplace progressivement la traction animale, quoiqu'elle se diffuse moins rapidement que prévu par le premier plan qui classe l'industrie de la machine agricole parmi les six secteurs de base considérés comme prioritaires. La taille des exploitations, l'importance du bocage, les habitudes ancestrales se prêtent mal à une motorisation rapide. Mais les transformations ainsi engagées s'annoncent irréversibles. Le recours croissant aux engrais chimiques puis aux aliments industriels pour le bétail, l'utilisation de semences et d'animaux sélectionnés, accompagnent cette révolution technique sans précédent dans l'agriculture française. Celle-ci libère le paysan de ce « long combat complice contre la nature », mais elle crée de nouvelles contraintes. Dans le même temps où la motorisation allège le travail agricole, elle entraîne le paysan dans une course à la productivité : pour amortir les machines, il lui faut produire plus, cultiver une superficie plus grande, qui nécessitent un équipement plus performant... La vieille habitude paysanne du placement et de la thésaurisation cède la place à des comportements nouveaux d'endettement. La nécessité de l'épargne demeure, mais sa finalité est autre : assurer le renouvellement des équipements.

Les paysans découvrent ainsi la contrainte monétaire. Vivant encore largement en autosubsistance, ils allaient au marché vendre leur surplus ; désormais, ils produisent directement pour le marché où ils commercialisent la quasi-totalité de leurs productions. En contrepartie, ils doivent davantage tenir compte des besoins du marché et se spécialiser en conséquence. L'agriculture s'ouvre également au monde extérieur. Face à la nécessité d'importer pour reconstruire et équiper le pays, elle doit assurer non seulement l'approvisionnement national, mais, aussi vite que possible, un courant permanent d'exportations agricoles, et affronter la concurrence étrangère, notamment américaine. Le protectionnisme, qui avait garanti la stabilité du monde rural mieux que l'indépendance alimentaire de la France, a vécu. Les craintes de la surproduction s'éloignent, l'obsession du niveau des prix commence.

A la fin des années cinquante, l'agriculture n'emploie guère plus de 4,5 millions de personnes au lieu de 7 millions avant-guerre et 9 millions au début du siècle. La population active agricole ne compte plus que pour 22 à 23 % dans la population active totale, au lieu de 44 % vers 1900. En quinze ans, un million d'hommes – soit le quart de la population agricole masculine – ont quitté la terre. Les ouvriers agricoles, qui représentaient 30 % des actifs agricoles avant-guerre, comme au début du siècle, sont en forte régression et ne comptent plus que pour 22 %. Contrairement à l'attente de certains, en se transformant, l'agriculture française n'a pas évolué vers la grande ferme capitaliste : elle reste dominée par l'exploitation familiale, mais celle-ci se réduit de plus en plus à la famille du paysan. La paysannerie française demeure également attachée à la propriété des terres cultivées : la moitié des agriculteurs sont propriétaires de la totalité de leur exploitation et un quart d'au moins une partie. Si les modes mixtes d'exploitation – faire-valoir direct et fermage – augmentent à mesure que les paysans agrandissent leurs terres, l'accès à la propriété du sol constitue un point d'ancrage permanent de la paysannerie, l'idéal d'une société de citoyens libres et égaux, c'est-à-dire non dépendants les uns des autres. En cela, elle demeure une *classe possédante*.

Avec les paysans partent tous ceux dont l'activité est liée aux travaux des champs et à la vie villageoise : artisans ruraux, commerçants, médecins, instituteurs de village... Les premiers, lorsqu'ils ne peuvent pas se réinstaller dans un bourg ou en ville viennent grossir les rangs des ouvriers ; les seconds, qui encadrent la paysannerie et la représentent au conseil général et au Parlement, au moins autant que les propriétaires ruraux, se replient sur les gros bourgs. L'Eglise elle-même tire les conséquences de ce dépeuplement et de la déchristianisation des campagnes, regroupe les paroisses, puis abandonne les petites communes au profit de

« villages-centres ». Le développement des transports automobiles accélère ce mouvement. La République conserve néanmoins une base rurale importante : 47 % de la population vit encore dans des communes de moins de 2 000 habitants au lendemain de la guerre ; elle est encore 40 % à la fin des années cinquante. De plus, le dépeuplement des campagnes ne profite guère aux grandes villes puisque seulement 30 % de la population vit dans des agglomérations de plus de 30 000 habitants vers 1960 contre 27,5 % avant-guerre. Si la « République des paysans » se survit pour quelques années encore, ses représentants politiques se font plus urbains et doivent tenir compte des intérêts d'autres classes sociales. Le règne du radicalisme, qui, de mouvement urbain, était parvenu au pouvoir par la conquête des campagnes, touche à sa fin.

Le capitalisme entre l'usine et la boutique

L'après-guerre marque également une rupture dans le développement industriel, en dépit d'une relative inertie de la *bourgeoisie industrielle et bancaire* et du malthusianisme de la *bourgeoisie commerçante*. Les nationalisations réalisées à la Libération, qui s'ajoutent à celles opérées par le Front populaire, assurent à l'Etat la maîtrise de la majeure partie des secteurs de l'énergie et des transports ainsi que du crédit et des assurances. Mais elles sont loin de réaliser l'éviction des « trusts » inscrite dans le programme du Conseil national de la Résistance et réclamée par les socialistes et les communistes. En dehors de Renault et des Houillères, les entreprises nationalisées – EDF, GDF, mais aussi la SNCF, Air France...– étaient déjà soumises à des contraintes de « service public », et donc dans le champ des interventions de l'Etat, notamment en matière de tarifs. La nationalisation de la Banque de France et des quatre grandes banques de dépôts ne s'accompagne d'aucune modification du rôle du système bancaire dans le financement de l'industrie, la distinction entre banques de dépôts et banques d'affaires étant au contraire solennellement réaffirmée [23]. L'essentiel des intérêts privés a été préservé et les actionnaires trouvent même dans les modalités de l'indemnisation les moyens d'une nouvelle puissance. Toutefois, l'Etat dispose dans les nationalisations d'un outil, dont le rôle est particulièrement important dans la reconstruction et la modernisation des bases de l'industrie française. Le regroupement de sociétés dispersées, dans les nouvelles sociétés nationales, permet une rationalisation des installations qui satisfait, dans un délai très court, une demande croissante en énergie, clé de la production. Par ailleurs, la création du Commissariat à l'énergie atomique (CEA) et la réorganisation du Conseil national de la recherche scientifique (CNRS) donnent une impulsion nouvelle à la recherche scientifique. Enfin, la création du FDES (Fonds de développement économique et social), à la Direction du Trésor, fournit à l'Etat un instrument de financement qui supplée à l'absence d'une véritable banque d'investissement et qui lui permet d'orienter l'aide Marshall vers les investissements prioritaires du Plan.

Dès avant la fin de la guerre, une rupture plus significative encore a été engagée : en signant les accords de Bretton-Woods en juillet 1944, qui posent le principe d'un retour à la libre convertibilité monétaire, le gouvernement provisoire a accepté de renoncer au protectionnisme et de supprimer, dans les meilleurs délais, les entraves au libre-échange. Malgré les difficultés auxquelles ils se heurtent, les gouvernements suivants confirment cette orientation aux conférences de Londres (1946) et de Genève (1947) qui approuvent l'« accord général sur les tarifs douaniers et le commerce » (GATT), et définissent les nouvelles relations commerciales entre les pays du bloc « occidental ». L'« ouverture des frontières » et l'« acceptation de la compétition internationale » sont pourtant loin d'être acquises : l'inflation et le déséquilibre de la balance commerciale conduisent le gouvernement à dévaluer à deux reprises en 1949 puis à nouveau en 1957 (opération 20 %) et à revenir sur la libéralisation des échanges une première fois en 1952 puis à nouveau en 1957. Ces mesures freinent le développement des échanges extérieurs : jusqu'à la fin des années cinquante, la part des importations et des exportations dans la production intérieure brute reste stable — respectivement de l'ordre de 12 % et de 11 %. Mais elles ne remettent pas en cause l'option prise en faveur du libre-échange qui pèse désormais très fortement sur les orientations économiques. Qu'il s'agisse du plan de redressement de René Mayer, fin 1947, du plan de stabilisation Pinay, au printemps 1952, ou des mesures du gouvernement Félix Gaillard de l'été 1957, l'objectif est le même : assurer le retour à l'équilibre de la balance commerciale.

Dans ce contexte, la croissance de la production industrielle, qui avait atteint un rythme de 9,5 % par an entre 1920 et 1929, marquant une nette accélération par rapport au début du siècle, pour retomber ensuite dans la crise, s'établit durablement autour de 5,8 % par an entre 1949 et 1958. Les industries nouvelles — électricité, pétrole, chimie, construction électrique, automobile... — connaissent une croissance particulièrement forte, de 8 à 10 % par an ; mais le mouvement est général, y compris dans les industries textile-habillement, dont la production avait reculé avec la crise. Cette forte croissance résulte d'un effort d'investissement productif sans précédent par sa durée et d'une augmentation, elle aussi inédite, des gains de productivité du travail. Le taux d'investissement productif brut [1] qui passe de 17,9 % en 1949 à plus de 20 % à la fin des années cinquante, n'a rien d'exceptionnel : de tels taux ont déjà été enregistrés entre 1924 et 1930. Mais alors que dans le passé les périodes de forte croissance de l'investissement productif étaient brèves et suivies d'une phase de chute brutale de l'investissement qui venait annuler partiellement les effets positifs de la période précédente, la progression de l'investissement observée après-guerre est un phénomène continu, durable, qui se poursuivra d'ailleurs jusqu'au début des années 1970 [32, p. 159]. Elle favorise ainsi un renouvellement et un rajeunissement des équipements qui permettent une transformation en profondeur des méthodes de production. L'industrie accélère sa motorisation, en augmente la puissance et surtout fait de plus en plus appel aux moteurs électriques, domaine où elle accuse un retard considérable par rapport aux Etats-Unis et à la Grande-Bretagne. De nouvelles techniques sont adoptées qui bouleversent les

---

1. Rapport de la formation brute de capital fixe à la production intérieure brute (en %).

conditions de travail : trains continus dans les laminoirs, affinage à oxygène pur dans les aciéries, développement de la carbochimie et de l'utilisation des macromolécules chimiques, mise au point de nouvelles fibres textiles et de nouveaux procédés de tissage et de moulinage, expansion de l'industrie des matériels électriques... L'organisation du travail est elle-même en pleine transformation avec la généralisation progressive des méthodes tayloriennes, l'extension du travail à la chaîne, de nouveaux développements de l'automatisation, le recours croissant, dans certaines industries, au travail en équipe. La modernisation des machines et l'intensification du travail renforcent mutuellement leurs effets et induisent un doublement de la progression des gains annuels de la productivité apparente du travail — qui s'établit en moyenne à 5 % par an pour l'industrie.

L'extension du taylorisme va de pair avec celle de la consommation de masse. Le succès des voitures populaires et le développement des premiers biens d'équipement ménager ouvrent à l'industrie de nouveaux marchés, condition d'une production de masse qui, seule, permet d'abaisser les coûts de production et donc les prix. Mais la croissance de ces marchés dépend à son tour de celle du pouvoir d'achat des classes populaires et de la réduction de la part de l'alimentation dans leur consommation. Augmentations du pouvoir d'achat et de la productivité du travail s'épaulent mutuellement et provoquent un mouvement de modernisation tant de l'industrie que de l'agriculture, qui jette les bases d'un nouveau régime d'accumulation intensive. Elles entraînent également une modification du rapport salarial : la négociation collective rendue obligatoire par la loi du 24 juin 1936 devient l'instrument principal d'une régulation entre l'évolution des salaires et de la productivité du travail. L'aspect collectif de la détermination du contrat de travail individuel, relatif aux classifications, aux modes de rémunération, à la durée du travail..., à l'origine des conventions collectives, s'efface devant la négociation relative à l'augmentation générale des salaires, qui influe directement sur l'évolution de la consommation. Le *fordisme* caractérise bien un nouveau stade du capitalisme, fondé sur l'articulation de la production et de la consommation de masse, dont le mouvement conjoint est commandé par le niveau de la « demande effective » analysée par John M. Keynes. De nouvelles pratiques de consommation émergent, qui s'organisent à partir de la cellule familiale, véritable réceptacle des nouveaux biens industriels destinés à l'*équipement* des ménages et dont l'extension du crédit à la consommation facilite l'acquisition. Le despotisme du travail à la chaîne se prolonge jusque dans la nouvelle discipline de consommation ; partout s'impose le *règne de la marchandise* [61].

« Modernisation ou décadence », cette alternative posée par le 1er Plan a été tranchée dans le sens de la modernisation, car écrit Jean Monnet, alors commissaire général du Plan, « pour retrouver sa place dans un monde où les techniques ont rapidement évolué, la France doit transformer les conditions de sa production ». Mais les conséquences sur la structure des firmes ne se font sentir que progressivement. Le constat de malthusianisme que dresse Pierre Uri dans son rapport à la commission du Bilan en 1947 reste encore largement valable dix ans plus tard. Hostile aux réformes de la Libération, mise en quarantaine pour sa collaboration, la bourgeoisie industrielle retrouve dès 1947 sa liberté de mouvement. Mais elle reste largement enfermée dans les structures corporatives mises en place pour faire face à la crise des années 1930 et renforcées par le régime de Vichy. La structure des entreprises industrielles est très dispersée et la concentration appréhendée au niveau des établissements demeure remarquablement stable. L'effort d'équipement n'affecte guère la taille moyenne des entreprises. La réduction très forte de la proportion de salariés employés dans des établissements de petite taille – moins de 20 salariés – qui s'est faite dans les années 1920 au profit des établissements de grande taille et qui a été stoppée par la crise reprend, mais à un rythme nettement ralenti. L'effectif moyen des établissements employant plus de 1 000 personnes, qui a augmenté jusqu'en 1936, accuse même une baisse sensible (2 170 en 1954 au lieu de 2 610). L'évolution, d'après les rares données disponibles, semble se faire au profit des établissements « moyens » (de 101 à 500 salariés) qui emploient 25,9 % des salariés en 1954 contre 23,6 % en 1931 [32, p. 220]. Si l'usine a triomphé dès les années vingt, les « grandes » entreprises restent une minorité dont l'importance économique ne doit pas être sous-estimée, mais elles restent noyées dans une « mer » de petites et moyennes entreprises ; leur poids relatif est en tout cas inférieur de près d'un tiers à ce qu'il est aux Etats-Unis et en Allemagne fédérale.

Autre signe de stabilité, le caractère *patrimonial* des entreprises industrielles reste très largement dominant, en dépit d'une évolution des formes juridiques au profit des sociétés à responsabilité limitée dont la croissance connaît une « véritable explosion » entre 1945 et 1954. Cet engouement pour la SARL est la conséquence de la loi de 1925 qui instaure, écrit Jean Bouvier, le « triomphe de l'irresponsabilité » [22, p. 774] : aucune limite n'est imposée au volume du capital, aucune condition quant au nombre des personnes, mais le gérant a tout pouvoir. Les avantages fiscaux liés à l'adoption de la forme sociétaire relèguent les entreprises individuelles et les sociétés en nom collectif en marge du système. Mais les entreprises ne perdent pas pour autant leur caractère « familial... « La SARL était un habit bien ajusté à la structure des petites firmes françaises : elle permettait au petit entrepreneur et au petit commerçant d'allier l'irresponsabilité – dont il fallut d'ailleurs atténuer le caractère absolu par une loi de 1936 – au caractère familial de la firme » [22, p. 776]. Au contraire, le nombre moyen annuel de sociétés anonymes qui se constituent reste, au début des années cinquante, inférieur de moitié à ce qu'il était entre les deux-guerres. De nombreuses entreprises, parmi les plus grandes, Michelin, Peugeot, de Wendel, Prouvost... préfèrent même conserver leurs structures juridiques de sociétés en nom personnel ou en commandite, qui les protègent de toute intrusion financière extérieure.

L'immobilisme de la structure des firmes n'est peut être qu'apparent. Des travaux historiques apporteront peut-être un jour un éclairage plus précis sur ce point, notamment en ce qui concerne le mouvement des fusions et l'importance des formes de capital financier. Les données disponibles montrent en tout cas que les entreprises se développent principalement par croissance interne : tout au long des années cinquante, le taux d'autofinancement des sociétés privées avoisine ou dé-

27

passe 80 %. Toutefois, la part des emprunts à long terme s'est très sensiblement et constamment accrue, tandis que les émissions de valeurs mobilières augmentent à un rythme extrêmement rapide jusqu'en 1957 où elles représentent alors 12 % du total des ressources financières des entreprises contre seulement 5 % en 1953. Les entreprises industrielles ont trouvé ainsi les moyens de financement nécessaires à un effort d'investissement soutenu, quoique insuffisant.

En ce sens, la permanence du caractère patrimonial des entreprises n'a pas été un obstacle à la modernisation. Toutefois, on peut se demander, au-delà des performances macro-économiques, si elle n'a pas contribué à orienter l'investissement dans des directions qui ont entretenu des faiblesses structurelles. Si les nouvelles industries poursuivent leur percée – automobile, aéronautique, chimie, construction électrique... – les plus anciennes, que ce soient les industries textiles ou la sidérurgie, éprouvent de plus grandes difficultés à se moderniser et à mobiliser les capitaux nécessaires au remplacement d'équipements anciens et à l'introduction de nouvelles techniques. L'industrie française se montre globalement incapable d'élargir ses pôles de compétitivité face à l'ouverture des frontières ; le solde des échanges extérieurs reste très sensible aux fluctuations de la conjoncture intérieure et entraîne une tendance permanente à la dévaluation. Enfin, la forte croissance de l'investissement productif n'induit pas un élargissement de l'emploi industriel, qui reste aux alentours de 5,3 millions. Seul, le secteur du bâtiment et des travaux publics connaît une forte progression de ses effectifs, qui passent de 1 à 1,5 million de 1949 à 1959. La stagnation du niveau de la population active, au cours de la décennie, a pesé sur l'emploi industriel. Mais les entreprises n'ont pas, non plus, tiré partie de l'exode rural, ni même, en fin de période, de la reprise de l'immigration. Elles ont répondu aux tensions sur les capacités de production par une augmentation de la durée du travail et un relèvement de leurs prix, non par une croissance de leurs effectifs, c'est-à-dire plus par des comportements restrictifs qu'expansionnistes.

Ce « capitalisme de petits commerçants », selon l'expression du juriste Georges Ripert, est particulièrement triomphant dans le commerce où l'on assiste à la prolifération et à la consolidation de la « boutique ». En 1947, on pouvait évaluer à 350 000 le nombre des entreprises commerciales supplémentaires par rapport à 1938 pour un volume de biens à distribuer inférieur. « Le deuxième quart du XXe siècle en France, écrit Jean Bouvier, fut l'âge d'or du boutiquier » [22, p. 777]. Deux raisons expliquent ce phénomène typique du capitalisme patrimonial. D'une part, les lois de 1926 et 1928 ont définitivement consacré la propriété des fonds de commerce, c'est-à-dire l'incorporation du travail dans un bien, objet d'un droit de propriété. Le travail du commerçant devenait ainsi créateur d'un capital négociable, renforçant leur attachement à la propriété. D'autre part, toute une législation favorable à la protection des petits producteurs et des petits commerçants s'est développée dans les années trente – protection des marques et des clauses d'exclusivité, régime fiscal privilégié... – qui se maintient après-guerre. Les rigidités, les « rentes de situation », le malthusianisme, engendrés par ces interventions étatiques ont maintes fois été dénoncés. Ils constituent un facteur permanent d'inflation, sans doute plus important que le mouvement des profits et des salaires, mais plus difficile à mesurer, qui pèse sur la compétitivité de l'économie française dans les échanges internationaux. Mais ils expriment aussi la préférence de la société pour l'entreprise individuelle et pour une organisation corporatiste – indépendamment de toute intervention de l'Etat – qui en assure la pérennité.

Rien n'est plus caractéristique de la volonté de la bourgeoisie industrielle et commerçante de défendre les structures familiales que la mise en place des nouvelles organisations patronales : création en 1945 de la *Confédération générale des petites et moyennes entreprises* (CGPME) par Léon Gingembre, ancien collaborateur du ministre de la Production de Vichy, Jean Bichelonne, qui entend maintenir l'unité du commerce et de la petite industrie ; organisation en 1946 des instances patronales, sous le nom de *Conseil national du patronat français* (CNPF) qui place à sa tête un représentant type du capitalisme familial, originaire de Lyon – dont il fut maire en 1941 avant de passer dans la Résistance et d'être arrêté par la Gestapo –, patron d'une usine de moyenne importance : Georges Villiers. Les syndicats patronaux de branche, que la distribution des subventions et des prêts à l'équipement a remis en selle, renouent avec les pratiques corporatistes, déterminent les quotas de production, fixent les prix, répartissent les matières premières, contrôlent les licences d'importation, conservent la haute main sur l'information statistique. L'avenir de la cartellisation est au cœur de l'hostilité déclarée du patronat au projet de Robert Schuman de création de la CECA en 1951, qui contient des dispositions antitrusts et anticartels (art. 65 et 66). Le CNPF, qui fait bloc derrière l'ancien comité des Forges, devenu chambre syndicale sidérurgique, a engagé toutes ses forces dans cette bataille, en comptant sur ses appuis politiques au Parlement [47]. Sa défaite est d'autant plus cuisante. Elle ouvre une longue crise qui conduit le CNPF à se rallier, en 1957, quoique sans enthousiasme, au traité de Rome créant le *Marché commun,* bien qu'il comporte le même type de dispositions anticartels. La bourgeoisie industrielle, qui mise sur la période d'adaptation pour gagner du temps, n'a pas encore opté pour l'ouverture des frontières. Elle se contente d'empocher les dividendes d'une politique qui, depuis l'éviction des communistes du gouvernement et le tournant libéral du ministère Robert Schuman, à l'automne 1947, lui est redevenu favorable.

La nouvelle condition ouvrière

La classe ouvrière porte la marque des transformations en cours comme de la permanence de structures industrielles anciennes. L'irrésistible montée des O.S. traduit l'importance prise par le taylorisme : de 1954 à 1962 – dates des recensements de la population – leur nombre augmente de 1,8 million à un peu plus de 3,4 millions. Bien qu'en baisse, de 2,7 millions à un peu moins de 2,4 millions, les effectifs d'ouvriers qualifiés symbolisent le poids considérable que les méthodes de production traditionnelles ont encore dans l'industrie. Face à des évolutions de cette ampleur, comment ne pas poser la question : « Qu'est-ce que la classe ouvrière française ?[2] » Un grand débat s'engage entre sociologues du travail et syndicalistes sur les conséquences politiques comme syndicales et culturelles des changements dans la composition organique de la classe ouvrière. Déjà quelques années auparavant, Georges Friedman notait : « [...]J'achève ce livre à l'heure où l'" automation " est sous les feux de l'actualité : les techniques nouvelles désignées par ce terme hybride retiennent l'attention, intérêt d'un grand nombre de praticiens et d'observateurs sérieux » [52, p. 14]. Le « travail en miettes » n'est plus l'apanage de l'industrie américaine. Il est désormais une réalité du travail industriel en France. Ni manœuvre, ni ouvrier professionnel, une nouvelle figure ouvrière émerge, l'OS, ouvrier « spécialisé » sans qualification particulière ni perspective d'en acquérir, sans autonomie culturelle non plus. En détruisant l'autonomie professionnelle, le travail à la chaîne détruit en effet toute une culture et un mode de vie ouvriers organisés autour du métier, des outils et du savoir-faire acquis par l'expérience, de la transmission de ces savoirs selon une tradition faite de règles et de rites. Toutefois, si la figure de l'OS concentre les interrogations nouvelles sur le devenir de la classe ouvrière, elle est encore loin d'être dominante à la fin des années cinquante. Dans les entreprises qui restent à l'écart de la mécanisation, dans les industries où les commandes à la pièce font obstacle au travail à la chaîne – aéronautique, machines-outils... –, les ouvriers professionnels constituent une « aristocratie ouvrière », fière de son métier et de son autonomie, et qui fournit au mouvement syndical ses principaux « bastions » et l'essentiel de ses cadres dirigeants. Par contre, là où se développent de nouveaux procédés de production « en continu », dans la sidérurgie, l'industrie du verre, les cimenteries..., émerge une catégorie nouvelle d'ouvriers « en blouse blanche », expulsés de la production vers des tâches de contrôle, sans rapport direct avec le travail de la matière. Les statistiques globales sont impuissantes à rendre compte de ces mouvements internes à la classe ouvrière. Elles traduisent néanmoins, dans leur globalité, l'inversion qui s'opère à la fin des années cinquante dans l'importance respective du nombre des OS, en forte progression et de celui d'ouvriers qualifiés, en recul sensible.

En vingt ans, la condition ouvrière s'est profondément modifiée à la suite des réformes sociales réalisées par le Front populaire et complétées par celles de la Libération : réduction de la durée du travail et instauration des congès payés, renforcement de la législation du travail, légalisation des conventions collectives, mise en place de la Sécurité sociale. La création des *comités d'entreprise,* qui complète la loi de 1936 sur les délégués du personnel, améliore la représentation des travailleurs et leurs possibilités d'expression dans les entreprises. Mais elle est loin d'assurer « l'association des salariés à la direction de l'économie et à la gestion de l'entreprise », souhaitée par l'ordonnance du 22 février 1945. Le pouvoir du chef d'entreprise demeure discrétionnaire, son pouvoir disciplinaire

---

2. Cf. la revue *Arguments* de janvier-mars 1959 : « Qu'est-ce que la classe ouvrière ? », ainsi que les articles parus à l'époque dans la revue *Les Temps Modernes* et dans la revue *Esprit*.

absolu, le règlement intérieur un acte souverain. L'entreprise est une affaire privée où la loi ne pénètre pas. Seuls les travailleurs des entreprises publiques bénéficient d'un statut qui leur garantit des droits et un libre exercice de l'activité syndicale.

La durée hebdomadaire du travail connaît tout au long de cette période un relèvement sensible, amorcé avant-guerre sous l'effet des mesures assouplissant la législation de 1936 (possibilité légale d'heures supplémentaires). De 44 heures en moyenne en 1946, elle est de 45,5 heures en 1958, mais de nombreuses industries ont un horaire hebdomadaire moyen qui tourne autour de 48 heures (énergie, mines, sidérurgie, BTP, transports). Toutefois, la durée annuelle du travail – mesurée par le nombre d'heures travaillées – est stable en moyenne sur la période, du fait de l'allongement des congés annuels, qui passent de 2 à 3 semaines.

Graphique 1

ÉVOLUTION DU SALAIRE NOMINAL ET DU COÛT DE LA VIE DEPUIS 1946

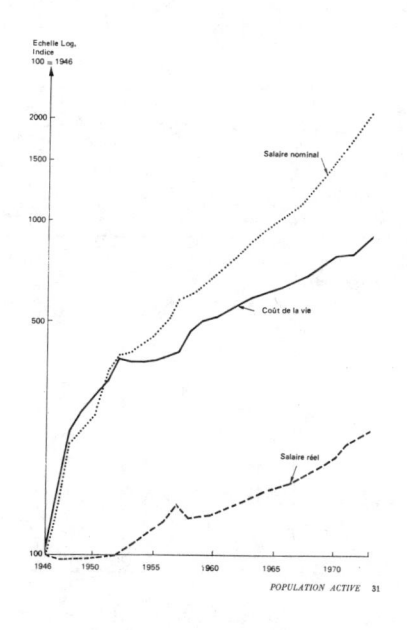

Source [107]

La loi du 11 février 1950 sur les conventions collectives ouvre une autre brèche dans la législation de 1936, puisqu'elle supprime les mécanismes d'arbitrages qu'elle avait institués. Seule la fixation d'un salaire minimum interprofessionnel garanti (SMIG), qui est indexé sur les prix à partir de 1952, reste de la compétence de l'État, après consultation de la Commission supérieure des conventions collectives créée par la loi. Votée à l'unanimité, elle exprime l'accord du patronat et des syndicats pour un retour à la libre négociation des salaires. Elle s'inscrit dans le regain de libéralisme qui se développe sous la pression croissante des autorités financières américaines. Mais la CGT, qui mène campagne contre la tutelle gouvernementale sur les salaires, en attend la fin légale du blocage et l'ouverture immédiate de négociations avec le patronat, qui aboutissent dans les mois qui suivent à d'importantes revalorisations des salaires. Le pouvoir d'achat du taux de salaire horaire moyen des ouvriers, qui a très sensiblement baissé entre 1946 et 1949 (d'environ 5 % par an), augmente de 4,3 % par an entre 1950 et 1959, alors que le taux horaire du SMIG progresse seulement de 2,2 % par an, accumulant un retard qui ne sera jamais comblé, même en 1968. Toutefois, le mode de fixation des salaires n'en demeure pas moins fortement rigide, ancré sur le système des classifications mis en place à la Libération avec les grilles dites Parodi.

Tableau 2

LES TRANSFORMATIONS DE LONGUE PÉRIODE DES DÉPENSES OUVRIÈRES
(en %)

	1856	1890	1905	1930	1956	1969
Part des dépenses alimentaires dans le total..............	70,7	65,0	63,6	60,0	50,6	40,0
Part des dépenses non alimentaires dans le total..........	29,3	35,0	36,4	40,0	49,4	60,0
Dont :						
Habitation...............	15,2	15,7	17,1	17,8	17,0	17,9
Habillement	12,2	12,6	10,5	12,6	12,4	9,6
Entretien et soins personnels...................	0,7	2,7	2,8	2,4	5,0	7,6
Santé....................	0,6	1,3	1,9	1,5		
Transport		0,4	1,0	0,9	15,0	11,4
Divers	0,6	2,1	3,0	4,7		13,5

Source : Données recueillies à partir de diverses enquêtes sur les budgets ouvriers, collationnées par J. Singer-Kérel « Le coût de la vie à Paris de 1840 à 1954 », p. 425-428. Armand Colin. Pour les années 1956 et 1969, « Annales du CREDOC, 1960 », Collection M, INSEE. Du fait de l'hétérogénéité des nomenclatures de base, les chiffres ne fournissent qu'une approximation, probablement suffisante pour les présentes analyses. (Extrait de [107]).

De façon lente mais de plus en plus sensible, le niveau de vie des ouvriers s'améliore. Alors que les dépenses d'alimentation représentent plus de 50 % de la consommation totale ouvrière au début des années cinquante, la proportion est de l'ordre de 45 % à la fin de la décennie. Le volume des dépenses d'alimentation connaît en effet une croissance très faible – inférieure à 1 % –, de telle sorte que l'essentiel de l'augmentation de la consommation totale peut être affectée pour partie, et pour certains, à l'accession à la propriété de leur logement – elle concerne 27 % des ouvriers – et pour partie à l'achat d'une automobile et de biens d'équipement ménagers. Si la 4 CV Renault et la 2 CV Citroën symbolisent l'entrée des ouvriers dans l'ère de la consommation, ils sont à peine 24 % à posséder une automobile à la fin des années cinquante contre seulement 8 % en 1953 [36]. Ils ne sont guère plus nombreux à posséder une machine à laver le linge (27 %) un peu moins un réfrigérateur (22 %) et encore peu nombreux à pouvoir se payer une télévision (14 %) absente, il est vrai, au début des années cinquante (0,8 % en 1954). Un certain mieux-vivre s'annonce qui repousse progressivement la paupérisation absolue, et même relative, que les communistes dénoncent.

A la fin des années cinquante, Serge Mallet peut écrire : « La classe ouvrière a cessé totalement de vivre à part. Son niveau de vie, ses aspirations au confort l'ont sortie du ghetto où elle fut confinée au début de l'industrialisation » [126, p. 256]. Elle n'est plus à elle seule tout le salariat urbain. Un salariat en « col blanc » voit son poids s'accroître rapidement avec la multiplication des fonctions d'organisation, d'étude, de commercialisation, le développement des assurances et des banques qui accompagnent la standardisation des productions et la consommation de masse, mais aussi avec la stabilisation et l'extension des emplois publics. Avec des effectifs encore faibles, les techniciens (environ 2 % de la population active non agricole) et les cadres moyens (environ 4 %) et supérieurs (environ 2 %) sont des catégories sociales en forte croissance. Mais le gros des salariés non ouvriers est constitué par les employés de bureau qui représentent 12 % de la population active non agricole et le quart des effectifs ouvriers. Si des différences significatives dans les modes de consommation demeurent avec les cadres qui sont déjà entrés dans la « société de consommation », elles s'estompent entre ouvriers et employés à mesure que le niveau de vie des uns et des autres s'élève. Les dépenses alimentaires sont du même ordre de grandeur, bien que leur part dans le budget des ménages employés soit plus faible (environ 40 %) ; les taux d'équipement de cette catégorie sont en 1960 à peine supérieurs à ceux des ménages ouvriers, sauf en ce qui concerne les réfrigérateurs où il atteint 37 %. Le développement des cités HLM contribue à rapprocher le genre de vie des ouvriers et des employés, tandis que leur assujettissement commun à la Sécurité sociale leur assure les mêmes droits à prestations et à retraite.

En cette année 1959, l'interrogation porte principalement sur la capacité des organisations syndicales à représenter les nouvelles réalités du monde du travail. Alors que la classe ouvrière est en expansion et que de nouvelles couches salariées se forment et se développent rapidement, les effectifs syndicaux sont en net recul par rapport à l'immédiat après-guerre : la CGT (Confédération générale du travail) a compté jusqu'à 5,5 millions d'adhérents en 1946 et la CFTC (Confédération française des travailleurs chrétiens) environ 800 000, à la fin des années cinquante, les effectifs de la CGT ne sont plus que de 1,7 million, ceux de la CFTC de 500 000, ceux de FO (Force ouvrière) de l'ordre de 350 000 auxquels il faut ajouter les effectifs de la FEN (Fédération de l'Education nationale) (180 000) et des différents syndicats autonomes et de la CGC (Confédération générale des cadres). Elles n'en conservent pas moins une forte audience parmi les travailleurs, comme le montrent les différentes élections aux conseils d'administration des caisses de Sécurité sociale et aux comités d'entreprise. Mais minoritaires parmi les travailleurs, les organisations syndicales doivent leur influence à l'action des militants, qui pèsent ainsi de tout leur poids sur la vie et les pratiques de leurs organisations. Or les militants se recrutent avant tout parmi les « professionnels », notamment en milieu ouvrier, dont l'autonomie dans le travail, leur culture et leur méfiance traditionnelle à l'égard du politique les portent à maintenir l'action syndicale sur le terrain de la défense des intérêts matériels des travailleurs, sauf à l'élargir à la paix lorsque celle-ci est menacée et met en jeu leur vie. Fidèles à la charte d'Amiens (1905), ils luttent pour l'abolition du salariat et du patronat et ne peuvent accepter, par conséquent, d'avoir une quelconque fonction de gestion au niveau de la société ou de l'Etat. L'action syndicale n'exclut pas le compromis, mais celui-ci ne saurait avoir une quelconque signification de transformation sociale. Elle se situe dans une perspective de rupture avec la société capitaliste et se nourrit de « l'« esprit de scission » par lequel la classe ouvrière a exprimé son existence, sa lutte, sa volonté de s'affirmer » [88].

L'interrogation porte aussi sur le rapport au pouvoir et aux partis politiques. Elle domine les débats et les polémiques syndicales depuis la Libération ; elle est la principale cause de l'éclatement de la CGT dans les années 1946-1948. Deux facteurs sont à l'origine de cette interrogation : d'une part, le mouvement syndical se sent partie prenante à la Libération de la mise en œuvre du programme du Conseil national de la Résistance et de la reconstruction du pays ; d'autre part, les communistes sont devenus majoritaires au sein de la CGT, présents dans le gouvernement ; or leur rapport au pouvoir et à l'Etat s'inscrit dans une lutte idéologique qui divise la classe ouvrière, avant de diviser le monde en deux blocs ennemis [87]. Dès 1945, des divergences apparaissent à propos des élections municipales entre « unitaires » proches des communistes et « confédérés » qui entendent rester fidèles au principe de l'indépendance syndicale. Elles se multiplient à propos des problèmes que soulèvent le maintien au gouvernement tripartie (à participation communiste) et l'attitude face aux grèves revendicatives qui éclatent à partir de 1946. Au lendemain du XXVIe Congrès (avril 1946), qui assure une très large majorité aux « unitaires », avec 80 % des mandats, et autorise le cumul des mandats syndicats et au sein d'une organisation politique, les communistes ont acquis une influence prépondérante. Les conflits qui éclatent en juillet 1946 aux PTT, en septembre chez les fonctionnaires des Finances, dressent les unitaires contre les fédérés et provoquent les premières scissions des syndicats « autonomes ». Le divorce s'aggrave au printemps 1947 à la suite du conflit des usines Renault que la CGT soutient après l'avoir dénoncé et qui place les communistes en porte à faux entre le mouvement social et la solidarité gouvernementale.

L'annonce du plan Marshall, en juin 1947, et l'aide financière des syndicats américains à la constitution de syndicats non communistes, le coup de force communiste à Prague et le début de la « guerre froide » précipitent la rupture. Toutefois, les scissions restent dominées par le problème de l'unité corporatiste, c'est-à-dire la nécessité de demeurer uni au sein d'une corporation face au patron. Le syndicat du Livre, pourtant hostile dans sa majorité aux dirigeants communistes de la CGT, décide de rester au sein de celle-ci, pour sauvegarder son unité. Les enseignants choisissent eux aussi l'unité mais dans l'indépendance, dont naît la FEN. Chez les fonctionnaires, dans les entreprises publiques, secteurs beaucoup moins vulnérables du fait des « statuts » obtenus à la Libération, l'émiettement est la règle entre la CGT, les « autonomes » et la CGT-Force ouvrière.

La scission de Force ouvrière [11], décidée fin 1947, de loin la plus importante, en dehors des enseignants, ne modifie pas le rapport de forces au sein de la classe ouvrière. Essentiellement implantés chez les employés, les fonctionnaires et le personnel hospitalier, c'est-à-dire dans des milieux plutôt hostiles à l'époque au monde ouvrier, les partants n'entament guère l'implantation ouvrière de la CGT. La CFTC, malgré une présence réelle chez les mineurs et dans certaines régions très pratiquantes, n'est pas en mesure de disputer à la CGT d'être la seule véritable organisation syndicale ouvrière. La conséquence la plus directe de cet éclatement a été de rejeter la CGT dans l'opposition et de la remettre dans une position de rupture à l'égard du gouvernement et de l'Etat. Il s'ensuit un repli sur les revendications économiques et la lutte pour la paix, qui ne pouvait que recevoir l'appui des anarcho-syndicalistes, restés nombreux, et venir consolider ce que Jean-Louis Moynot appelle l'« esprit de bastion » de l'organisation syndicale pour qualifier cette volonté de cultiver l'isolement et le refus de toute pratique partagée – avec le patronat comme avec les autres syndicats. La division de la CGT a, en définitive, affaibli le syndicalisme français ; elle n'a pas contribué à le faire évoluer. La scission départage en fait deux pratiques liées à des milieux de travail profondément différents : pratique « révolutionnaire » de lutte de classe en milieu ouvrier, pratique « réformiste » de collaboration en milieu employé, confortée dans la fonction publique par la participation aux organes paritaires créés par le statut des fonctionnaires – largement inspiré par la fédération des fonctionnaires CGT. Mais ces différences de pratiques de l'action revendicative ne changent pas les pratiques corporatistes.

L'évolution vient d'ailleurs de l'extérieur du mouvement syndical traditionnel. Dans celui-ci, la CFTC fait en effet figure d'exception autant par ses orientations stratégiques que par ses origines religieuses. Dans les années cinquante, un débat a été ouvert par les « minoritaires » de l'organisation et quelques intellectuels qui constituent le groupe « Reconstruction », qui aboutit, quinze ans plus tard, à la déconfessionnalisation et à un syndicalisme ayant opté pour le socialisme. Se donnant une tâche de « critique sociale », se proposant, selon le mot d'Edmond Maire, futur secrétaire général de la CFDT, de « reconstruire le syndicalisme français » [34, p. 157], ce groupe cherche les moyens d'orienter les revendications syndicales *vers la solution à des problèmes d'organisation sociale* dans l'entreprise et dans la société, et donc de donner une dimension politique à l'action revendicative. A la différence du chrétien engagé dans la CGT « en tant que chrétien », le militant du syndicat chrétien ne veut pas « témoigner », mais « conscientiser » et agir pour transformer cette société. La préoccupation n'y est pas nouvelle. Les statuts de juin 1947 précisaient déjà que si « les organisations syndicales doivent distinguer leurs responsabilités de celles des groupements politiques », il est également nécessaire d'« associer le syndicalisme ouvrier à la politique économique du pays » [34, p. 158] ; mais dans la pratique, cette association passe par les relations que la CFTC entretient avec l'aile sociale du MRP, c'est-à-dire avec un parti politique associé au gouvernement. Cependant, à la suite des grèves du secteur public en 1953, les minoritaires qui avaient critiqué l'attitude de la direction confédérale, plus soucieuse de sauver le gouvernement que de soutenir le mouvement revendicatif, cherchent les moyens d'agir sur l'organisation sociale sans passer par l'intermédiaire d'un parti. Le groupe « Reconstruction » veut renforcer l'autonomie syndicale sans cesser d'être associé à l'élaboration des décisions économiques et sociales tant au niveau de l'Etat que de l'entreprise. Cette revendication de gestion de la société, note Alain Touraine, suppose que « le syndicalisme accepte de se développer dans le cadre du régime actuel (et donc renonce à se penser comme une contre-société). Or la condition nécessaire de cette acceptation est la participation au pouvoir politique » [134, p. 246]. A l'évidence, cette perspective s'éloigne à la fin des années cinquante ; mais, en même temps, les nouvelles institutions offrent un cadre qui favorise une certaine forme d'insertion de l'action syndicale dans l'élaboration de la politique économique.

Les institutions sociales du salariat et le nouveau rôle de l'Etat

Etat du « bien-être » ou Etat-« providence », l'action organisée des pouvoirs publics dans le but de parvenir à « un niveau de vie meilleur, une sécurité suffisante des conditions d'existence, des chances aussi larges que possible pour chacun » [77, p. 5] qui se trouve ainsi désignée, est l'un des phénomènes les plus marquants de l'après-guerre. Le contraste avec le désordre et la misère de la crise des années trente, la volonté des gouvernements de donner à tous un emploi n'en sont que plus saisissants. L'« effort social des Français », pour reprendre l'expression du conseiller d'Etat Pierre Laroque, fondateur de la Sécurité sociale, qui souligne que, s'il y a « providence », elle résulte de l'effort financier des Français pour réduire l'insécurité du revenu, répond à l'idée qui s'est faite jour avec la crise que production et consommation sont de plus en plus liées et progressent ou régressent d'un même mouvement, à la différence de ce qui se passait jusqu'au XIXe siècle. En soutenant la consommation ouvrière, notamment en biens manufacturés, on assure la croissance de la production industrielle ; en augmentant la richesse créée, on peut financer un effort social plus grand. Les économistes en ont conclu un peu vite que la progression des dépenses sociales était au fondement de la croissance de l'après-guerre ; il n'en est pas moins vrai que celle-ci est devenue un instrument privilégié d'une politique keynésienne de soutien de la demande.

L'organisation d'un effort social a son origine dans le développement du salariat et la forme particulière qu'y revêt l'insécurité des conditions d'existence. Non que celle-ci naisse avec la condition ouvrière, mais elle est profondément différente de celle que connaît le monde paysan. Elle n'a pas ce caractère « naturel », que les conditions climatiques donnent aux crises agricoles. Elle apparaît maîtrisable parce que prévisible. La différence tient aussi à la situation du salarié urbain qui, dès qu'il est privé d'emploi, se trouve démuni de tout. Il est, comme l'a très bien vu Karl Marx, « libre de tout, complètement dépourvu des choses nécessaires à la réalisation de sa puissance travailleuse » [84, p. 131]. Les lenteurs de l'urbanisation ont rendu en France ce problème moins sensible qu'à l'étranger. Pourtant, dès la fin du XIXe siècle, dans les zones industrielles urbanisées, l'ouvrier se retrouve livré à lui-même. Il ne peut compter que sur les liens de voisinage pour lui venir en aide, à moins qu'il n'ait gardé quelques relations avec le monde paysan ou ait accès à un jardin potager. Très tôt, les ouvriers ont cherché à constitué des sociétés d'entraide et de secours mutuel pour venir en aide à ceux qui seraient frappés par la maladie, le chômage, la vieillesse ou l'invalidité. Cette entraide a pour fondement le travail et non plus la « bienfaisance ». Mais s'organiser contre l'insécurité du travail salarié, n'est-ce pas vouloir opposer une résistance aux patrons ? N'est-ce pas transformer la caisse de prévoyance en caisse de grève ?

Face à ces interrogations, une partie de la bourgeoisie a pris conscience de la nécessité de consentir un effort social, « dans une réaction qui allie le souci de la défense de l'ordre établi à la conscience de responsabilités morales » [77, p. 11]. Cette démarche est analogue à celle des fondateurs de la troisième République vis-à-vis de la généralisation de l'enseignement primaire. Ce paternalisme social poursuit un double objectif de police et d'entraide. « C'est un fait, écrit Pierre Laroque, que l'effort social est avant tout, à son origine, et demeure par la suite pour une part, une défense de la société contre cet élément de trouble, ce danger pour l'ordre établi que sont les pauvres, les misérables » [77, p. 8]. A la répression, une partie de la bourgeoisie préfère l'organisation de cette population sous son contrôle ; à l'enfermement que symbolisent l'hôpital général et les dépôts de mendicité, succède une politique de quadrillage social de la vie quotidienne de l'ouvrier, une prise en charge par le patronat industriel de sa vie, de la naissance à la mort. A l'effort d'entraide ouvrière s'oppose ici l'effort privé du patronat pour assurer une relative sécurité en échange d'une totale soumission. Toute la vie, le logement, l'école, l'hôpital... sont organisés autour de l'usine comme autrefois autour du château. A travers les de Wendel, les Michelin, les Boussac..., c'est l'ancienne tradition féodale qui se perpétue en pleine ère industrielle.

Cette organisation d'une certaine sécurité dans la condition ouvrière pose à la bourgeoisie un problème de philosophie politique dont Henri Hatzfeld [69] a montré qu'il domine toute l'histoire de la Sécurité sociale en France. Elle interpelle l'idéologie individualiste et libérale d'une société où le travail repose sur la propriété individuelle. Elle apparaît comme une acceptation du salariat, de la permanence de la condition de salarié, dans une société où l'installation à son compte demeure l'idéal. Cette bataille, les représentants des classes possédantes la mènent contre tous les progrès de la législation sociale. « Il s'agit au fond, écrit Henri Hatzfeld, de l'idée qu'on se fait de l'homme... C'est un acquis de la civilisation qui est en cause. Sous prétexte de protéger le travail, on s'aventure vers des formules qui remettent en question le principe de l'autonomie des volontés » [69, p. 45]. L'argument est opposé au principe de *l'obligation* d'un système de retraite ou d'assurance-maladie ou chômage ; il l'est à tout projet de transformer une *assistance* en une *assurance*, c'est-à-dire à toute idée « de substituer à l'arbitraire de l'aumône la certitude du droit » (Jean Jaurès) [69, p. 75]. Aux yeux des classes possédantes, l'*épargne* individuelle est la seule forme d'assurance acceptable, la seule forme de prévoyance compatible avec la propriété. Le refus opposé, en 1945, par les agriculteurs, les commerçants, les artisans, les médecins, les avocats et autres professions indépendantes participe de la même philosophie.

L'opposition au salariat que manifeste le débat sur la Sécurité sociale est aussi un rejet de la grande entreprise et de la menace qu'elle représente pour les petits entrepreneurs et pour l'équilibre social de la nation. Les grandes entreprises ont très tôt mis en place des institutions sociales dont elles ont fait des instruments de gestion de leur main-d'œuvre. Mais ce que celles-ci peuvent accorder grâce aux gains de productivité, les petites n'en sont pas capables et s'y refusent. La Sécurité sociale trace ainsi la frontière entre deux formes de capitalisme. Pourtant, dans sa lutte pour plus de sécurité, la classe ouvrière n'a pas toujours bénéficié de cette division. Le patronat de la grande industrie s'est toujours abrité derrière les difficultés et l'hostilité des patrons des petites entreprises pour échapper à l'obligation et garder la totale maîtrise des caisses patronales. Etudiant les attitudes ouvrières, Henri Hatzfeld conclut qu'il est difficile d'assimiler la Sécurité sociale à une « conquête ouvrière ». Le mouvement ouvrier a été divisé. Les révolutionnaires, écrit-il ont été jusqu'à décliner toute responsabilité dans cette histoire. C'est un député guesdite, Paul Constans, qui déclarait à la Chambre : « Ce ne sont pas nos retraites, ce sont les vôtres. » A quoi Jean Jaurès répondait : « Je réclame ma part de travail et de responsabilité » [p.249]. Le clivage porte sur la cotisation ouvrière que les uns refusent mais dont les autres considèrent qu'elle « n'est pas seulement un devoir, qu'elle est aussi un droit [...] à disposer d'un salaire suffisant pour parer non seulement à leurs besoins actuels, mais à leurs besoins éventuels des mauvais jours, ceux de la maladie et de vieillesse » [p. 253]. En revanche, tout le monde est d'accord avec la CGT de Léon Jouhaux pour être « intransigeant pour le droit de gestion que nous réclamons » [p. 252]. A cela s'ajoute l'hostilité à l'égard du Parlement et de ses trop « humbles réformes » que René Viviani avait tenté un jour de justifier devant la Chambre.

Entre l'hostilité patronale et le refus ouvrier, l'initiative appartient à une fraction de la bourgeoisie intellectuelle, ces « républicains de progrès » qui, en s'appuyant sur l'Etat, ont jeté les bases de notre système de Sécurité sociale. Il faut néanmoins attendre la Libération pour que les résistances patronales soient vaincues et pour que l'affiliation de tous les salariés devienne obligatoire. Les ordonnances des 4 et 19 octobre 1945 marquent, à bien des égards, la véritable naissance de la Sécurité sociale. Elles fondent l'ensemble des systèmes d'assurance-maladie-maternité, d'accidents du travail, de retraite ainsi que les caisses patronales d'allocations familiales en un organisme unique financé par

le déclin des classes possédantes

une cotisation assise sur les salaires, mais partagée entre employeurs et salariés. En outre, la gestion des caisses est assurée par des représentants des employeurs et des salariés (assurés), élus au suffrage universel depuis la loi du 30 octobre 1946, sur des listes présentées par les organisations les plus représentatives. Disposants des trois quarts des sièges dans les conseils d'administration, les syndicats tiennent en main la gestion des caisses, la CGT y exerçant une influence prépondérante (à partir de 1950, elle obtient environ 44 % des voix contre 21 % à la CFTC et 15 % à FO). Les conséquences de cette gestion syndicale sont particulièrement importantes pour le personnel des caisses [33], qui bénéficie d'une convention collective (16 octobre 1946) très avantageuse par rapport aux autres salariés et de très larges possibilités de promotion interne dans la mesure où les seules entrées dans l'institution se font par le bas de l'échelle. Mais la tutelle de l'ensemble se retrouve néanmoins entre les mains de l'Etat, qui décide de tout ce qui intéresse l'assuré : la nature et le montant des prestations d'une part, les cotisations d'autre part.

Tableau 3
DATE DE DÉBUT DE LA COUVERTURE OBLIGATOIRE
DES GRANDS TYPES DE RISQUES SOCIAUX
SELON LA CATÉGORIE SOCIO-PROFESSIONNELLE

Catégories professionnelles	*Accidents de travail*	*Vieillesse*	*Maladie Maternité Invalidité*	*Allocations familiales*	*Chômage*	*Garantie de l'emploi*
Salariés de l'État et des collectivités locales	1853	1853	1928-30	1916		XIXᵉ siècle
Salariés des mines, des chemins de fer	XIXᵉ siècle (vers 1880)	XIXᵉ siècle	XIXᵉ siècle			XIXᵉ siècle
Salariés de l'industrie et du commerce	1898	1910	1928-30	1932	1930	1967
Salariés agricoles, métayers		1910	1929-30	1932	Néant	Néant
Exploitants agricoles ...		1953	1961	1961	1900[1]	Sans objet[2]
Etudiants		Sans objet	1948			
Artisans, industriels, commerçants, professions libérales		1965	1969	1965	Sans objet[2]	Sans objet[2]
Invalides, veuves et orphelins de guerre			1954		Sans objet	Sans objet
Bénéficiaires d'un avantage vieillesse		Sans objet	1964		Sans objet	Sans objet

Notes :
1. Loi du 4 juillet 1900, fréquemment appelée « mutualité 1900 » a joué un rôle en ce qui concerne les risques purement agricoles (accidents, grêle, incendie, mortalité du bétail).
2. Selon la définition officiellement admise : est chômeur, en effet, une personne sans emploi qui recherche un emploi rémunéré. Un indépendant, commerçant ou artisan, ne peut en tant que tel être protégé contre le chômage, même si son affaire est insuffisamment rémunératrice.
Source : Données sociales 1974.

Une simple comparaison donne la mesure de la résistance opposée par

39

les classes possédantes à la reconnaissance du salariat : ce système d'assurances sociales obligatoires, que la France va bientôt donner en exemple au monde, l'Allemagne en dispose depuis 1880, œuvre de Bismark. Encore est-il plus complet que le nôtre. Exploitants agricoles, artisans, industriels, commerçants, professions libérales se sont exclus de la Sécurité sociale. Il y viendront plus tard et, en fait, guère avant les années soixante ; ils le feront en créant des caisses particulières à la fois pour chaque risque et pour les différentes professions. Pourtant, cette marque d'individualisme parfois outrancier – par exemple dans le cas de la caisse des clercs de notaire – sait trouver le chemin de la solidarité dès qu'il s'agit de requérir le concours financier du régime général ou de l'État pour minimiser leur propre contribution.

Certains régimes – mines, chemins de fer, fonctionnaires, EDF... –, souvent très anciens, et qui disposent ou ont acquis des conditions plus avantageuses que le régime général des salariés, se maintiennent en dehors. Les cadres, qui ont obtenu un plafonnement du salaire sur lequel sont prélevées les cotisations, se dotent, à partir de 1947, de régimes de retraite complémentaires. Enfin, ce système ne couvre pas le chômage : l'assurance-chômage n'est créée qu'en décembre 1958 par un accord contractuel signé entre les organisations syndicales et patronales. A la différence de la Sécurité sociale, l'Unedic est un régime d'assurance entièrement conventionnel, un conseil d'administration paritaire décidant souverainement des prestations et des cotisations. La Sécurité sociale n'est donc pas aussi universelle que les organisations syndicales le proclament. Elle apporte néanmoins une sécurité qui transforme les conditions de vie des ouvriers et employés : indemnités journalières en cas de maladie, remboursement des frais médicaux à 80 %, complément de ressources pour les familles, enfin, assurance d'une retraite, même si celle-ci demeure faible. Au total, les prestations sociales, y compris les retraites, représentent 21,5 % des ressources des ménages ouvriers en 1956, un peu moins (18 %) pour les ménages employés.

Les dépenses de Sécurité sociale, qui ne représentent que 0,9 % du revenu national avant-guerre, font un bond avec la mise en place des nouvelles institutions et progressent ensuite régulièrement : elles atteignent 8,3 % en 1947 et 11,3 % en 1959 [101]. Or, parallèlement, l'extension du salariat induit une véritable mutation du rôle de l'Etat. L'urbanisation ouvrière nécessite, dès les années vingt, l'intervention de l'Etat pour bloquer les hausses de loyer et aider financièrement la construction d'habitations bon marché (HBM), notamment à la suite de la loi Loucheur votée en 1928. Elle s'accompagne également d'une politique d'équipements de loisirs, notamment à partir du Front populaire. Par ailleurs, les dépenses consacrées à l'enseignement progressent sensiblement dans le budget de l'Etat de 8 à 9 % au lendemain de la Libération, à 11,1 % en 1957, puis s'accélèrent ensuite. La volonté politique de démocratisation de l'enseignement secondaire et les nouveaux besoins de formation qui génèrent la transformation du travail expliquent la croissance des dépenses du second degré, amorcée dès les années trente. Au total, l'ensemble de ces dépenses de l'Etat, qui ont une incidence directe sur les conditions de vie, insignifiantes au début du siècle – 11 % du budget de l'Etat et 1 % du revenu national – constituent 37 % des dépenses étatiques et 12 % du revenu national à la fin des années cinquante. Avec les dépenses de Sécurité sociale, 59 % du total des dépenses publiques et 23 % du revenu national sont redistribués sous une forme ou sous une autre aux ménages et concourent ainsi à la formation du niveau de vie.

Cette *extension considérable de la dépense publique dans le champ du niveau de vie* n'a pas pour conséquence une diminution dans les champs traditionnels, au contraire. Le retour à la paix ne provoque pas, pas plus qu'au lendemain de la Première Guerre mondiale, de baisse sensible des dépenses militaires, d'ailleurs bientôt relancées par les guerres coloniales et auxquelles s'ajoutent les pensions des anciens combattants. L'engagement très direct de l'Etat dans la reconstruction du pays et la modernisation économique entraîne, quant à lui, une très nette augmentation des dépenses d'intervention économique, même si un certain retrait se manifeste dès la fin des années cinquante, à mesure que l'investissement privé relaie l'investissement public. Les dépenses publiques, qui avaient déjà franchi un palier après la Première Guerre mondiale, – elles passent de 12 à 25 % du revenu national – en franchissent un second à la Libération et, à la différence de la période précédente, elles poursuivent leur progression ; 41,6 % du revenu national en 1947, 51,8 % en 1959.

Tableau 4

ÉVOLUTION DES DÉPENSES ET DES RECETTES PUBLIQUES
PAR RAPPORT AU REVENU NATIONAL
1872-1971 (en %)

	Etat	Collectivités locales	Sécurité sociale	Total
Dépenses				
1872	9,7	1,8	–	11,5
1912	8,4	3,7	–	12,1
1920	21,3	3,8	–	25,1
1938	20,9	5,7	0,9	27,5
1947	29,8	3,8	8,3	41,6
1959	33,7	6,8	11,3	51,8
1971	29,8	7,7	15,6	53,1
Recettes				
1872	5,5	1,5	–	7,0
1912	6,6	1,7	–	8,3
1920	8,6	1,0	–	9,6
1938	12,3	3,6	0,9	16,8
1947	17,8	2,9	7,6	28,3
1959	26,1	3,7	8,5	38,3
1971	26,3	4,4	14,7	45,4

Source : C. ANDRÉ et R. DELORME *L'Evolution des dépenses et recettes publiques au cours de la période 1870-1970*, CEPREMAP, Paris, 1973.

Les gouvernements de la IVe République se trouvent ainsi confrontés à un problème financier redoutable, qui a fait tomber la plupart d'entre eux. Il leur faut chaque fois trouver des recettes nouvelles ou accepter un découvert qui risque de déboucher sur une crise financière. Entre 1947 et 1959, le taux des prélèvements obligatoires rapporté au revenu national augmente de 10 points : de 28,3 % à 38,3 %. L'essentiel de la progression résulte de la croissance des recettes fiscales de l'Etat, qui passent de 17,8 % à 26,1 % du revenu national alors que le poids des cotisations sociales ne croît que faiblement, de 7,6 % à 8,5 %. L'alourdissement de la pression fiscale laisse toutefois subsister un important déficit, entre 4 et 5 % de la production intérieure brute (PIB), couvert par la technique du « circuit du Trésor » [20]. Grâce aux dépôts qu'il gère, à l'épargne liquide qu'il collecte, au réglage du plancher des bons qu'il émet et aux émissions d'obligations à long terme, le Trésor dispose d'un ensemble d'automatismes qui permettent à la politique budgétaire d'échapper à la contrainte monétaire. Lorsque celle-ci se manifeste avec la crise financière de 1957, le sort de la IVe République est scellé.

La République des possédants

La société française est-elle une *société bloquée,* incapable d'épouser son temps, de se moderniser ? La crise politique qui paralyse la IVe République, et ouvre la voie à l'aventure militaire, d'une part, les nouvelles institutions qui réduisent le rôle du Parlement et transforment celui des notables locaux, d'autre part, ne sont pas étrangères à la fortune de ce thème qui apparaît au début des années soixante sous la plume d'un auteur américain [72]. L'ampleur du changement économique, social, culturel, interne et externe, ne laisse pourtant aucun doute sur la capacité d'adaptation de la société française, même si les élus de la nation se révèlent incapables de la prendre en charge et de l'ordonner. Que des résistances au changement se manifestent, qui s'en étonnerait quand celui-ci lèse des intérêts établis, détruit des situations de rente, ruine des positions sociales ? La crise qui saisit la société française montre à quel point le changement bouscule l'ensemble des structures et des valeurs de cette société. Mais alors que la crise est signe de changement, et d'un changement irréversible, elle est perçue par certains comme le produit du blocage de la société.

Le thème de la *société bloquée* renvoie à la perception de la cohérence de la société républicaine, ce que Stanley Hoffman appelle « la synthèse républicaine en raison de l'harmonie qui régnait entre les principaux aspects de la société, le système politique et la vision française du monde extérieur » [72, p. 36]. Il révèle l'anachronisme que représente aux yeux d'auteurs imprégnés du « modèle américain », une société qui n'est plus tout à fait « féodale et agraire » sans être totalement une « société industrielle » et que Stanley Hoffman définit comme « un curieux mélange des deux modèles » [72, p. 38]. Pour l'auteur, cette cohérence de la société lui interdit toute évolution spontanée et donc toute modernisation acceptée. Ses traits caractéristiques sont : la prédominance des valeurs sociales sur les intérêts économiques, une hiérarchie sociale « plus traditionnelle que fonctionnelle » où « la famille gardait une importance presque suffocante à chaque niveau de la hiérarchie », un style d'autorité, marqué par « l'atavisme féodal », où « les conflits sont tranchés par le haut », enfin « un égalitarisme méfiant et acharné » faisait peu de place à la vie des associations. La dénonciation de la société bloquée prétend désigner les transformations dans l'organisation de l'entreprise, de l'Etat, de la société et dans les mentalités, nécessaires pour que la modernisation soit portée de l'intérieur de la société elle-même et puisse s'y accomplir sans crise politique, au lieu d'être forcée de l'extérieur par un pouvoir « autoritaire » venant conforter les traits de la société bloquée.

Paradoxalement, la fortune de ce thème n'est pas étrangère au fait que, la société française a évolué, dès la quatrième République et tout au long de la cinquième République, selon d'autres voies que celles suggérées par ses propagandistes. Faute que les gouvernements successifs se soient attaqués aux facteurs de blocage dénoncés par ces auteurs, ils ont offert un objet de critique durable et qui le demeure vingt ans plus tard. Mais la fortune de ce thème tient aussi à ce que la critique faite à la société française masque l'essentiel : *l'analyse d'un modèle original de société organisée à partir de la propriété privée individuelle.* L'importance de la famille, la prédominance des valeurs de prestige social, le style d'autorité paternaliste, le sens de l'épargne, l'attachement à la rente, le refus de la concurrence, la valorisation de l'égalitarisme... sont autant de manifestations d'une société presque entièrement structurée par de petits et moyens propriétaires privés, jaloux de leur *patrimoine* et soucieux de le conserver et de le transmettre à leurs enfants. La division de la propriété et sa très large diffusion, héritées de la Révolution française ont maintenu des millions de paysans à la terre, freiné l'urbanisation et l'industrialisation. La société française est demeurée une société rurale, quoique très différente de celle de l'Ancien Régime. L'échec de la tentative de constitution d'un capital financier sous le second Empire et le rejet de la classe ouvrière dans un ghetto social et politique après l'écrasement de la Commune de Paris ont assuré la stabilité de la propriété privée individuelle jusqu'à ce que les guerres et les crises du XXe siècle ne bouleversent un tel ordre social.

Des classes sociales aussi différentes que celles des propriétaires fonciers louant terres et immeubles, des paysans exploitants ou fermiers, des artisans, commerçants, industriels à la tête d'entreprises familiales, ou encore des « professions libérales », médecins, avocats, notaires... se retrouvent unies par le même attachement à la propriété individuelle, à la sécurité et à la liberté qu'elle leur procure. L'individu propriétaire est maître chez lui : il fixe ses prix à sa guise ; de son travail et de sa notoriété dépend sa clientèle ; et finalement, ses revenus et sa fortune sont en rapport direct avec son activité ou sa situation de rente. Partisan de la libre entreprise, il l'est également de toutes les mesures qui limitent la concurrence et favorisent les ententes et l'organisation des professions. Que le cabinet du médecin ou l'étude du notaire soit assimilable à un fonds de commerce comme n'importe quelle échoppe traduit l'identité de nature entre l'activité des professions libérales et celle du commerçant ou de l'artisan. Que cette activité repose sur un savoir intellectuel sanctionné par un diplôme ou sur un savoir acquis par l'expérience professionnelle n'y change rien.

L'adhésion à ces valeurs de la propriété individuelle dépasse d'ailleurs les seuls possédants. Les fonctionnaires et les enseignants, bien que leur activité ne repose pas sur la propriété, les partagent largement. Leur origine sociale, leurs conditions d'existence les en rapprochent. La garantie de l'emploi et l'assurance de toucher une pension le moment de la retraite venu leur assurent une sécurité que n'a pas l'ouvrier ; dans l'exercice de leur fonction, ils conservent une liberté d'appréciation, particulièrement importante pour les enseignants ; enfin, les valeurs qu'ils prônent dans leur enseignement ou qui régissent les règles d'administration sont celles d'une société de propriétaires individuels. Très largement issus de la France rurale, ayant peu de rapports avec le monde ouvrier, ils sont complètement immergés dans cette société et constituent un élément important de sa cohésion. Par leur rôle dans la formation et la diffusion de l'idéologie républicaine, ils sont les premiers propagandistes des valeurs de la propriété individuelle sur lesquelles repose la IIIe République. En fait, cet attachement à la propriété privée de l'individu détermine un *mode de vie* avant d'être un moyen d'enrichissement ; il exclut le développement du salariat, réduit à un rapport *privé* entre l'ouvrier (d'industrie ou agricole) et le « maître » ou « patron » ; la propriété privée est un rapport *social* avant de définir un rapport d'échange.

Mais le triomphe de la propriété individuelle est indissociable des institutions politiques que les classes possédantes se donnent avec la IIIe République : la Chambre des députés, élue au suffrage universel direct repose sur le scrutin d'arrondissement uninominal majoritaire à deux tours – qui prévaut à de rares exceptions – ; le Sénat, ce « grand conseil des communes françaises », procède du suffrage universel indirect, de collèges formés au niveau du département d'un délégué par commune et des députés, conseillers d'arrondissement et conseillers généraux ; enfin les deux assemblées ont le contrôle absolu de l'exécutif, maîtresses qu'elles sont de l'investiture et du renversement du président du Conseil.

La *république parlementaire*, qui fonde ce « gouvernement faible » que, dès 1865, Jules Ferry appelait de ses vœux, assure une parfaite représentation des intérêts locaux, et en premier lieu des campagnes, jusqu'au plus haut niveau de l'Etat. Les professions libérales et les enseignants y règnent sans partage ; députés des paysans et des commerçants, ils sont *le parti des classes possédantes* dont ils font valoir les intérêts. La bourgeoisie financière, qui connaît un certain développement dans les années vingt, ne manque pas d'appui au Parlement, mais ses intérêts n'y sont jamais dominants ; elle a ses entrées dans l'administration, mais celle-ci est tenue par un gouvernement sous la surveillance omniprésente des assemblées. Faut-il alors s'étonner si députés et sénateurs s'opposent avec ténacité à tout ce qui met en cause la propriété individuelle : le droit du travail, les assurances sociales, l'instauration de l'impôt sur le revenu, la législation sur les loyers et les baux ruraux... ? Faut-il aller chercher ailleurs l'origine des mesures de défense des « petits » qui se multiplient à partir des années trente ? Sans régner la bourgeoisie financière y a trouvé son compte, demeurant libre de ses propres initiatives – notamment en matière sociale – et s'abritant derrière la défense des « petits » pour limiter ses charges et ses obligations. Les uns et les autres ont trouvé dans la République parlementaire une forme de pouvoir politique adéquate à leurs intérêts parcellaires.

« Le patronat français a-t-il été malthusien ? » La question, estime l'historien Maurice Lévy-Leboyer [129], mérite d'être posée, tellement est devenu classique le portrait de l'industriel français dressé en 1938 par Auguste Detoeuf : il « travaille énormément. Comme il paie peu ses collaborateurs, ceux-ci sont médiocres. Mais ça ne lui déplaît pas. Il déteste les collaborateurs éminents... Il est sans rival dans l'affaire moyenne, où l'œil du maître peut tout voir, médiocre dans la grande affaire, où il faut faire confiance à autrui... Il ne risque jamais. Il a horreur du crédit en banque ; c'est tout juste s'il ne se regarde pas comme déshonoré parce qu'il a des traites en circulation. L'industriel français vit dans le présent avec le passé. Il ne demande rien à l'avenir. L'avenir, c'est pour lui le jour lumineux, où il se retirera des affaires et donnera sa succession à l'un de ses fils » [129]. Certes, note Maurice Levy-Leboyer, « la faible concentration des entreprises est demeurée un trait permanent de l'industrie », mais elle ne doit pas masquer ce qu'il appelle le « dualisme des structures ». Le développement de la formation technique, le rôle de certaines écoles d'ingénieurs, notamment Polytechnique, l'Ecole centrale des arts et manufactures... ont contribué au renouvellement des dirigeants d'entreprise dès la fin du siècle dernier. Des hommes comme Henri Fayol (fonderies de Commentry-Fourchambault), Camille Cavallier (Pont-à-Mousson), René Panhard, Louis Renault, André Citroën, dans l'automobile... ont su redonner à l'industrie française un dynamisme comparable à celui de l'épopée de la construction des chemins de fer entre 1830 et 1880. Certains d'entre eux sont parvenus à élargir leur financement et se sont constitués en holdings financiers ; ils ont été les promoteurs de l'introduction en France de nouvelles méthodes de travail ; ils ont perçu la nécessité d'atteindre des couches plus larges de consommateurs, allant jusqu'à organiser en conséquence leur politique commerciale. La permanence en France, dès le XIXe siècle, d'un patronat de grande industrie, dynamique, modernisateur, « saint-simonien », est indéniable ; mais il s'est constamment heurté à des classes possédantes liées au monde rural dont les intérêts bridaient son développement, à leur peur du salariat industriel. Le malthusianisme n'a pas été le propre d'une partie du patronat. *Il est le trait commun des classes possédantes.*

La modernisation, en ce qu'elle se propose de relancer l'industrialisation et de résorber la société rurale, en est la négation. Elle porte en elle le développement du salariat, la généralisation des échanges marchands, la constitution d'une bourgeoisie salariée, et l'intégration de la classe ouvrière dans la communauté politique, autant de ruptures perçues par les classes possédantes comme des facteurs de désagrégation sociale. Elle signifie la fin de cette harmonie de la propriété privée individuelle et la dissolution de ce qui fonde leur existence, la *fin d'une hégémonie*. Elle marque le basculement d'un capitalisme de propriétaires individuels à un capitalisme d'organisation – même si ce dernier reste fondé sur la propriété privée. Comment les classes possédantes n'auraient-elles pas été hostiles à une évolution les menaçant au plus profond de leur existence, de leur raison d'être ? Par trois fois en dix ans, elles ont repoussé les dangers d'une telle évolution : en 1936, la surprise d'un succès électoral passée, elles ont fait échec au réformisme du Front populaire et défait la coalition victorieuse ; en 1940, elles ont accueilli l'armistice avec soulagement et le régime du maréchal Pétain, comme la promesse d'une restauration de la société rurale [3], en 1946, le général De Gaulle éliminé, puis un an après les communistes exclus du gouvernement, elles ont imposé leur retour dans la reconstitution de coalitions conservatrices. Quels intérêts ces classes ont-elles à accepter le changement pour un autre type de société ? Défense de la société républicaine ou société bloquée. La société française n'apparaît « bloquée » qu'à ceux qui militent pour le changement social et pour qui la défense de la société républicaine n'est que nostalgie et conservatisme. Mais leur erreur est de croire que l'idée de changement puisse être majoritaire dans une société où les classes qui y sont hostiles restent hégénomiques et détiennent le pouvoir politique, et de ne pas comprendre que la modernisation provoque une crise sociale et politique profonde, qui ne peut se résoudre sans soubresauts violents.

Entre une classe ouvrière que le parti communiste entraîne dans son repli et des classes possédantes accrochées à la défense de leurs intérêts, l'idée de modernisation est portée par quelques groupes minoritaires, par des hommes qui ont vécu la crise économique, le Front populaire et la débâcle militaire de 1939 comme autant de traumatismes et d'interrogations. A la question, « comment le pays en est-il arrivé là ? », les groupes de réflexion qui se sont constitués dans les années trente autour de revues comme *Esprit, Plans, X-crise,* les *Nouveaux Cahiers,* ont forgé des débuts de réponse ; le retard économique et technique, le malthusianisme social, l'incapacité du libéralisme à assurer les tâches du développement. La Résistance et la Libération ont laissé entrevoir la possibilité d'associer à la modernisation une classe ouvrière réintégrée dans la communauté politique et, aux plus audacieux, l'espoir de la lier à la révolution sociale [100]. Pour ces bourgeois libéraux, pour ces militants catholiques qui se sont éloignés du conservatisme social de l'Eglise, la rupture avec le parti communiste et l'installation dans la guerre froide, l'enlisement indochinois et la défaite de Diên-Biên-Phu, sonnent comme une répétition tragique de l'impuissance de la classe politique à affronter les périls internationaux et à relever les défis du monde moderne.

Dès 1950, Pierre Mendès France a été le premier, et le seul homme politique, à dire publiquement qu'entre l'Indochine et la reconstruction « il faut choisir et ne pas laisser croire aux Français que tout est possible en même temps » [76]. Dans une interview qu'annonce en couverture le numéro 1 d'un nouvel hebdomadaire, *L'Express,* qui sort le 16 mai 1953, interview largement reproduite le jour même dans *Le Monde*, il résume sa position : « 1. On ne peut pas aborder le problème du redressement économique sans résoudre celui des charges improductives comme le réarmement et la guerre d'Indochine. 2. D'autre part, sans ce redressement économique nous n'aurons pas une politique étrangère valable. 3. Sans politique étrangère cohérente, nous ne résoudrons pas le problème des

---

[3]. Promesse en partie déçue par les tendances expansionnistes et productivistes du gouvernement Pétain (cf. [90]).

charges improductives. Tout se tient » [76, p. 205]. Investi président du Conseil, aux premières heures du 18 juin 1954, pour mettre fin à la guerre d'Indochine, Pierre Mendès France obtient début août les pleins pouvoirs pour opérer le redressement de l'économie française. L'exposé des motifs de la loi, votée à une très large majorité, reprend les thèmes que développent depuis des années les équipes du commissariat général du Plan et du SEEF [4], synthétisés dans le premier rapport de la commission des Comptes de la nation – le rapport 1951 – installée en mars 1953 et présidée par Pierre Mendès France, dont Simon Nora, son futur directeur de cabinet, assure le secrétariat général. Il s'agit d'un véritable programme de reconversion industrielle, visant à intégrer l'économie française dans le marché mondial, à assurer l'indépendance financière de la France vis-à-vis des Etats-Unis et à améliorer les conditions de vie par un effort de productivité. Rejetant le libéralisme et le dirigisme purs, Pierre Mendès France préconise d'encourager l'initiative privée par une politique incitative, mais volontariste de l'Etat.

Mais il n'a ni un gouvernement assuré de la durée indispensable à la mise en œuvre d'un programme qui prétend s'attaquer aux structures sociales, ni la base sociale susceptible de lui apporter un minimum de soutien. Dès novembre 1954, Simon Nora note pour le président du Conseil : « De multiples contacts officiels et officieux, administratifs ou privés, je retire le sentiment très net que nous sommes en train de perdre chaque jour du crédit pour tout ce qui touche la politique économique. Le scepticisme et même parfois l'inquiétude grandissent dans les milieux patronaux, sans que pour autant nous évitions la déception dans les milieux ouvriers, agriculteurs et fonctionnaires » [76, p. 326]. Quelques mois plus tard, le 23 février 1955, Pierre Mendès France est évincé du pouvoir sans être parvenu à définir les moyens d'un redressement structurel – sauf en ce qui concerne l'aide d'une ampleur sans précédent apportée à la construction de HLM. Mais la modernisation de l'économie française suit son cours, plus lentement sans doute que ce que les mendésistes souhaitent, au prix surtout de déséquilibres économiques et sociaux et d'une crise politique qu'ils espéraient, naïvement, pouvoir éviter. Les mendésistes y restent étroitement associés, à la fois inspirateurs et maîtres d'œuvre, mais contraints d'emprunter des voies qu'ils ne cessent de dénoncer *comme le signe même* d'une « société bloquée ».

---

4. SEEF : Service des études économiques et financières devenu depuis direction de la Prévision. Ce service était alors dirigé par Claude Gruson et dépendait de la direction du Trésor dont François Bloch-Lainé était le directeur (cf. [49]).

2

La République présidentielle

« La politique et l'économie sont liées l'une à l'autre comme le sont l'action et la vie. Si l'œuvre nationale que j'entreprends exige l'adhésion des esprits, elle implique évidemment que le pays en ait les moyens » [54, p. 139]. La conception que se fait le général De Gaulle de l'action économique est aux antipodes de celle des économistes. Ces derniers, traditionnellement, prétendent dégager des lois objectives qui, par conséquent, ne doivent rien à la politique et aux rapports sociaux. Ce faisant, ils sont conduits à se situer à un niveau d'abstraction qui réduit leur compréhension du mouvement économique réel et qui, surtout, croit éliminer ainsi les luttes et les conflits sociaux et politiques qui sont au cœur des institutions, de notre rapport au monde extérieur comme du développement économique.

La « grande querelle »

Les institutions sont depuis la Libération la première des priorités de l'action politique du général De Gaulle. « Je voyais, écrit-il, que ma grande querelle consisterait, désormais, à doter [la nation] d'une République capable de répondre de son destin » [54, p. 10]. La République parlementaire lui apparaît incapable d'assumer l'unité et la continuité dont un gouvernement a besoin pour conduire une politique qui réponde à l'intérêt national et échappe à la dictature des intérêts particuliers. « Convaincu que la souveraineté appartient au peuple dès lors qu'il s'exprime directement et dans son ensemble, écrit-il plus tard, je n'admettais pas qu'elle pût être morcelée entre les intérêts différents représentés par les partis » [54, p. 10]. En six mois, le général De Gaulle obtient de

la République présidentielle

tous les partis, à l'exception du parti communiste et de quelques personnalités qui n'acceptent pas le « coup d'Etat » du 13 mai, ce que ceux-ci ont refusé à Pierre Mendès France quatre ans auparavant : les moyens de gouverner. Le 1er juin 1958, il a été investi président du Conseil et, le 21 décembre, élu président de la République. Le 28 Septembre, la même coalition composée des Indépendants, du Mouvement des républicains populaires, des gaullistes, de la moitié des radicaux et des socialistes, a fait approuver par référendum la nouvelle Constitution. Pour cette coalition conservatrice, le général De Gaulle incarne le maintien de l'ordre social existant, alors que l'ancien président du Conseil symbolise un certain changement social. Elle se résigne à changer la nature du régime pour préserver sa domination et ses privilèges.

De la République parlementaire, il avait dit, à propos du projet de constitution de l'Assemblée constituante, qu'elle est « tout juste à l'opposé de ce que j'estime nécessaire » [53, p. 326]. aux représentants des partis qui appartiennent au gouvernement et qui l'interpellent constamment à la tribune de l'Assemblée, il a lancé le 1er janvier 1946 : « Ce mot n'est pas pour le présent, il est déjà pour l'avenir. Le point qui nous sépare, c'est une conception générale du gouvernement et de ses rapports avec la représentation nationale » [325]. Dans le discours qu'il prononce à Bayeux en juin 1946, il précise sa conception, dont certains aspects éclairent le projet de transformation du Sénat qui sonnera l'heure de son départ en 1969 : assemblée élue au suffrage universel et direct, deuxième chambre où, à côté d'élus des conseils généraux et municipaux, siègeraient des représentants des organisations économiques familiales, intellectuelles, mais, « du Parlement composé de deux chambres et exerçant le pouvoir législatif, il va de soi que le pouvoir exécutif ne saurait procéder, sous peine d'aboutir à cette confusion de pouvoirs dans laquelle le gouvernement ne serait bientôt plus rien qu'un assemblage de délégations.. C'est donc du chef de l'Etat, placé au-dessus des partis..., que doit procéder le pouvoir exécutif » [p. 500].

La Constitution approuvée le 28 septembre 1958 par 79,2 % des suffrages exprimés – et 66,4 % des inscrits – en reprend les grandes lignes. Si les partis contribuent toujours à l'expression des opinions et à l'élection des députés et sénateurs qui, au sein des Assemblées, délibèrent et votent les lois, le gouvernement ne procède plus du Parlement, « autrement dit des partis », mais « au-dessus d'eux, d'une tête directement mandatée par l'ensemble de la nation et mise à même de vouloir, de décider et d'agir » [54, p. 10]. Désormais, le président de la République « assure, par son arbitrage, le fonctionnement régulier des pouvoirs publics ainsi que la continuité de l'Etat » (art. 5), nomme celui qui n'est plus que le Premier ministre – le premier des ministres – (art. 8), préside le Conseil des ministres (art. 9). Le gouvernement, lui, « détermine et conduit la politique de la nation, dispose de l'administration et de la force armée » (art. 20). Le Premier ministre « dirige l'action du gouvernement » (art. 21). La Constitution, qui reconnaît le référendum comme l'une des formes de l'exercice de la souveraineté nationale (art. 3), prévoit, en outre, que le président de la République peut, sur proposition du gouvernement ou sur proposition conjointe des deux Assemblées « soumettre au référendum tout projet de loi portant sur l'organisation des pouvoirs publics » (art.

11). Enfin, en cas de crise grave, intérieure ou extérieure, le président de la République peut disposer des « pouvoirs exceptionnels » (art. 16), disposition que la gauche dénoncera avec une rare constance.

La « lettre » et l'« esprit » de la Constitution. Le débat sur la nature du nouveau régime ne fait que commencer, animé par son principal rédacteur et futur Premier ministre, Michel Debré. En présentant la future Constitution à l'Assemblée générale du Conseil d'Etat, le 27 août 1958, il dit ne pas avoir eu d'autre ambition que de « refaire le régime parlementaire de la République » [97, p. 238]. De fait, note Jean Touchard, « il mesure assez chichement les pouvoirs du nouveau président : « [...]. Le président de la République, comme il se doit, n'a pas d'autre pouvoir que celui de solliciter un autre pouvoir : il sollicite le Parlement, il sollicite le Conseil constitutionnel, il sollicite le suffrage universel. Mais cette possibilité de solliciter est fondamentale » [p. 238]. On est très loin de l'idée que le général De Gaulle se fait de son rôle et plus généralement de celui du chef de l'Etat. Devant l'Assemblée nationale, le 17 novembre 1959, Jacques Chaban-Delmas en donnera une conception différente, celle du « secteur présidentiel » qui comprend « l'Algérie, sans oublier le Sahara, la communauté franco-africaine, les Affaires étrangères, la Défense ». Et il ajoute : « Dans le premier secteur le gouvernement exécute, dans le second (le reste), il conçoit » [p. 251]. Cette conception, dite du « domaine réservé » ne correspond pas davantage à la pratique du général De Gaulle dont le pouvoir s'exerce dans tous les domaines.

A l'origine de ce débat d'interprétation, il y a la responsabilité du gouvernement devant le Parlement, que le discours de Bayeux ne prévoyait pas explicitement, mais que retient la Constitution de 1958. Le général De Gaulle l'a-t-il voulu explicitement, ou s'y est-il résigné pour ne pas se mettre à dos les députés ? Rejetant le système parlementaire, considère-t-il, comme il le dira dans sa conférence de presse du 11 avril 1961, que la France n'est pas faite pour le régime présidentiel ? Evoquant la question dans ses *Mémoires d'espoir*, non sans une pointe de mépris, il écrit : « "Pourrons-nous encore, s'inquiètent les députés, renverser le ministère, bien que celui-ci ne doive désormais procéder que du Président ? " Ma réponse est que la censure prononcée par l'Assemblée nationale entraîne obligatoirement la démission du gouvernement » [54, p. 36], ce qui se produira effectivement en novembre 1962 après la censure du gouvernement Georges Pompidou. Réponse significative qui lève l'ambiguïté : si l'Assemblée peut censurer le gouvernement, elle ne le désigne pas et, en cas de censure, ce sont les électeurs qui sont appelés à arbitrer le conflit entre le président et l'Assemblée. Dès lors, il n'y a pas de diarchie possible entre le président de la République et le Premier ministre, puisque celui-ci tient son pouvoir exclusivement du premier. S'il y a divergence, c'est au président qu'il appartient de trancher, en se séparant au besoin de son Premier ministre. On peut donc considérer avec Jean Touchard que dès avant l'élection du président de la République au suffrage universel, le général De Gaulle « n'a jamais cessé de considérer que le pouvoir présidentiel était un pouvoir de décision, au niveau le plus élevé, et non un pouvoir d'arbitrage » [97, p. 250]. La légitimité du pouvoir exécutif n'a plus son origine dans la représentation nationale, le Parlement ; elle s'identifie à celle du président de la République.

la République présidentielle

Querelle avec les partis, mais aussi querelle particulière avec le parti communiste contre lequel le général De Gaulle mène une lutte politique d'autant plus âpre qu'il lui reconnaît exprimer la colère, les espérances, la volonté de changement social de la classe ouvrière. Le « cri orgueilleux » [99, 1, p. 73] d'André Malraux lancé en 1949 : « Demain en France, il n'y aura plus que les communistes, nous et rien », demeure la clé de l'attitude du général De Gaulle face aux partis et au « parti ». Dès la Libération, il a jugé qu'il y avait plus d'avantages que d'inconvénients à le réintégrer dans la communauté nationale, car, écrit-il, « dès lors qu'au lieu de la révolution, les communistes prennent pour but la prépondérance dans un régime parlementaire, la société court moins de risque » [53, p. 119]. De risque, le général De Gaulle n'en prend pas : en vertu des pouvoirs spéciaux dont il dispose, le gouvernement rejette « la représentation proportionnelle, chère aux rivalités et aux exclusives des partis, mais incompatible avec le soutien continu d'une politique et adopte tout bonnement le scrutin uninominal à deux tours ». Bref, afin d'avoir une majorité, il faut un scrutin majoritaire » [54, p. 119] qui, de plus, par le jeu des désistements et un découpage électoral sur mesure, réduise la représentation communiste. « Les résultats, écrit plus tard le général De Gaulle, dépassent mes espérances » [p. 38]. Le 30 novembre 1958, au soir du deuxième tour, le parti communiste n'a plus que dix députés – alors que la proportionnelle lui en aurait attribué 87 ! – après avoir perdu près d'un million d'électeurs au premier tour. L'« Union pour la nouvelle République » en compte 198 et « constitue un noyau assez compact et résolu pour s'imposer longtemps » [p. 38]. Avec les « Indépendants » et le MRP, le général De Gaulle dispose d'une majorité suffisante pour ne plus avoir besoin de l'appui des radicaux et des socialistes qui n'ont que 23 et 44 députés. Les classes possédantes, en ralliant massivement le général De Gaulle, ont assuré ce succès. Elles n'ont plus à partager le pouvoir avec les partis qui expriment le plus directement les intérêts des salariés.

Moins de quatre ans plus tard, au printemps 1962, tout semble pouvoir être remis en cause. Le 26 avril, le gouvernement que vient de former le nouveau Premier ministre, Georges Pompidou, n'obtient l'investiture que par 259 voix contre 128 et 119 abstentions : la majorité des députés indépendants et du MRP ont fait défection. Trois semaines plus tard, en désaccord sur la politique européenne, les ministres MRP démissionnent, mais les ministres indépendants – Jean de Broglie, Louis Jacquinot, Valéry Giscard d'Estaing – refusent de suivre les consignes de leur groupe et se préparent à fonder la Fédération nationale des républicains indépendants. L'Europe a, en fait, moins divisé que la question du ralliement aux institutions. Le général De Gaulle est d'ailleurs convaincu qu'à mesure que les séquelles de la guerre d'Algérie seront liquidées « va cesser la relative expectative que [les partis] avaient jusqu'alors observée, que des obstacles dressés par eux à tout propos iront désormais en grandissant, que leur querelle prendra pour cibles les actions et les intentions du général De Gaulle » [55 p. 21], afin de l'écarter du pouvoir ou de l'affaiblir assez pour qu'il en vienne à renoncer. Or, tant que le président de la République est élu par le collège des notables – comme prévu par la Constitution de 1958 –, son choix dépend des combinaisons politiques des partis. Ceux qui, hier, l'ont appelé au gouvernement auraient alors tout loisir de le remercier à nouveau, pour reprendre leurs jeux. Le général De Gaulle est persuadé que, le danger passé, ceux-ci feront tout pour « ruiner dans l'esprit du public l'idée que le chef de l'Etat puisse en être un, en tout cas [pour] replacer les futurs présidents dans la condition qui, naguère, était celle de « l'hôte de l'Elysée » [p. 22]. Sa « grande querelle » avec les partis entre dans son dernier acte.

Pour parachever la Constitution de la nouvelle république et asseoir définitivement la légitimité du pouvoir exécutif entre les mains du président de la République, il faut que celui-ci ne tienne plus son mandat des élus, mais directement du suffrage universel, de façon non seulement à ne plus en dépendre, mais à leur opposer une légitimité au moins aussi grande. Dès le 8 juin, dans son allocution radio télévisée ouvrant la campagne du référendum sur l'approbation des accords d'Evian et l'indépendance de l'Algérie, il y fait allusion. L'attentat du Petit-Clamart, le 22 août 1962, le pousse à précipiter les échéances « pour assurer la continuité de l'Etat ». Le 12 septembre, il annonce à ses ministres : « Le président de la République doit être le chef de l'Etat et non l'arbitre » et, concluant les débats du Conseil des ministres le 19, il en établit la filiation : « L'Etat est un corps sans tête depuis Mac-Mahon » [99, 2, p. 39].

Mais ce qui déchaîne l'hostilité des partis, ce n'est pas tant le principe de l'élection du président de la République au suffrage universel, qui trouve partisans et adversaires dans la plupart des partis, que la procédure choisie, le référendum, qui les dépossède de ce qui leur restait de contrôle de l'exécutif. Gaston Monnerville, président du Sénat, donne le ton au congrès du parti radical : « On viole délibérément la Constitution [...]. La motion de censure m'apparaît comme la réplique directe, légale, constitutionnelle à ce que j'appelle une forfaiture » [p. 41]. Le Conseil d'Etat, réuni en assemblée générale, décide à l'unanimité moins une voix que la procédure du référendum est contraire à la Constitution. Le 19 octobre, en pleine campagne sur le référendum, il annule l'ordonnance présidentielle (du 1er juin 1962) créant la cour militaire de justice, jugée non conforme par sa composition et sa procédure aux principes généraux du droit, alors qu'elle a prononcé deux condamnations à mort, dont l'une a été exécutée et dont l'autre, celle d'André Canal est en passe de l'être.

Le Conseil d'Etat, le symbole même de la IIIe République, déclare ainsi la guerre au général De Gaulle. Le Conseil constitutionnel, qui n'a même pas été officiellement consulté – mais le projet a été « porté à sa connaissance » – laisse filtrer qu'une large majorité a émis un vote défavorable. Le gouvernement n'en tiendra pas compte et, alors que le Parlement s'apprête à débattre de la censure et à renverser le gouvernement par 280 voix sur 480 députés, le général De Gaulle riposte : « Rien n'est plus républicain. Rien n'est plus démocratique [...]. Rien n'est plus français. » L'affrontement entre ceux qui portèrent le général De Gaulle au pouvoir est désormais engagé. D'un côté les gaullistes, de l'autre tous les autres partis, tous les autres notables qui l'ont investi président du Conseil en juin 1958, qui ont appelé à voter oui à la Constitution en septembre, qui l'ont élu président de la République en décembre et qui constituent un « cartel du non » auquel le PC n'est pas admis et dont le PSU s'exclut volontairement. Une nouvelle fois, les classes possédantes se divisent. Mais dans leur grande majorité, elles ne suivent pas les appels au « non »

la République présidentielle

de leurs représentants traditionnels qui s'accrochent à une ultime prérogative politique de la *République parlementaire* qui les a érigés en arbitre de tant de crises. Dès novembre, les élections législatives provoquées par la dissolution du Parlement, suite au renversement du gouvernement Georges Pompidou – que le général De Gaulle a néanmoins maintenu en place –, amorcent les reclassements politiques. A droite, si les républicains indépendants se rallient aux gaullistes, la majorité des Indépendants et du MRP passent dans l'opposition ; à gauche les socialistes et une partie des radicaux font alliance avec les communistes, lointaine préfiguration de l'« Union de la gauche ». Savourant sa victoire, le général De Gaulle déclare devant le Conseil des ministres : « Je voulais briser les partis. J'étais le seul à pouvoir le faire et le seul à croire la chose possible au moment que j'ai choisi. J'ai eu raison contre tous. » Et il ajoute avec un rien de cynisme : « Mais les chefs de parti ne demandent qu'à être récupérés. Il leur suffit de récupérer un portefeuille » [97, p. 256].

Le nouveau pouvoir administratif

Ces nouvelles institutions confèrent au pouvoir exécutif une stabilité qui assure la continuité dans l'élaboration et la mise en œuvre d'une politique. Du point de vue de la politique économique, elles ont une conséquence tout aussi importante, sinon plus : elles fondent un pouvoir étatique qui oriente et structure les rapports économiques et qui, en partie au moins, se substitue aux mécanismes d'un « libre » marché. Le rôle des élus dans les grands choix économiques est désormais secondaire. La Constitution a délimité et restreint le domaine législatif au profit du pouvoir réglementaire et réduit l'initiative parlementaire. En second lieu, l'importance prise par les « hauts » fonctionnaires au sein du gouvernement, où ils occupent les postes clés, rend celui-ci moins représentatif de la diversité des opinions et des intérêts locaux de la communauté nationale.

Toutefois, les notables traditionnels conservent une forte assise locale dont témoignent les élections sénatoriales, longtemps défavorables au gaullisme ; mais ils sont progressivement supplantés, au plan national, par une nouvelle classe politique, issue de la « haute » administration, en majorité parisienne, sinon d'origine, du moins par son activité professionnelle, et « parachutée » en province à la conquête des mandats électifs. La *République des énarques* commence. Elle dispose, pour conforter son pouvoir, d'un instrument de propagande avec lequel le général De Gaulle entend « faire l'opinion publique » : la télévision. Il ne s'embarrasse pas sur les moyens utilisés : « Pour la première fois, s'indigne Pierre Viansson-Ponté, des méthodes véritablement totalitaires de persuasion sont ainsi mises en œuvre dans notre pays » [99, 1, p. 71]. Les conférences de presse, les allocutions, les discours en province sont autant d'occasion pour le général De Gaulle de s'adresser directement aux électeurs, grâce au canal de la télévision, à laquelle la presse nationale et régionale se contente de faire écho. Que représentent les notables locaux face à l'« arme absolue du régime » (Pierre Viansson-Ponté) ?

Ce pouvoir administratif n'a pas pour autant éliminé les divergences

53

d'intérêts au sein des classes possédantes et donc les différences d'objectifs et les conflits qui peuvent en résulter. Des arbitrages demeurent nécessaires, dont le Parlement n'est plus le théâtre principal et qui ne peuvent pas tous remonter à la décision suprême du président de la République. Ils ne peuvent pas non plus être laissés au hasard des pressions qui s'exercent sur les ministres et encore moins de celles auxquelles sont de plus en plus soumis les différents échelons administratifs. Des procédures *ad hoc* aux relations qui s'établissent entre groupes sociaux et administrations mais aussi entre administrations doivent être mises en place ou développées pour négocier les compromis tout en maintenant une certaine cohérence à la politique d'ensemble. Dans la mesure où ces arbitrages s'imposent aux parties en présence, les lieux où ils se négocient deviennent des centres occultes de pouvoir, et l'établissement des procédures qui y conduisent, l'enjeu d'une véritable lutte politique.

Deux types de procédures d'arbitrage se mettent en place. D'une part, le développement des cabinets ministériels et la multiplication des comités interministériels engagent une lente restructuration de l'appareil administratif. Les cabinets ministériels ne se contentent pas de préparer les dossiers du ministre, ni d'assurer ses interventions politiques. Ils représentent l'autorité du ministre au sein de l'administration, supervisant toutes les décisions importantes, assurant la cohérence de la mise en œuvre de la politique ministérielle contre les « chasses gardées » des différentes directions. Le recrutement des membres des cabinets parmi les grands corps facilite d'ailleurs cette déprofessionnalisation de la direction administrative et, d'une certaine façon, leur décloisonnement interne. Les comités interministériels, quant à eux, organisent une certaine coordination des diverses administrations concernées par une action précise, les hiérarchisant et soumettant chacune à une même unité de directive. Les directions administratives n'acceptent pas sans réagir une subordination qui réduit leurs prérogatives. Sans jamais de véritable affrontement, une lutte sourde s'engage au sein de la « haute » administration, qui parvient à faire échec à toutes les tentatives d'une transformation plus profonde de l'administration. Plus tard, seulement, cette lutte divisera la bourgeoisie, divisions qui traverseront alors toutes ses fractions.

D'autre part, les administrations sont amenées à développer de nouveaux rapports avec les groupes sociaux qui relèvent de leur champ d'action, et ces groupes à modifier leur propre rapport à l'Etat. « Au dogme traditionnel et incontesté de la subordination aux élus, écrit Jacques Chevallier, succède un processus d'autolégitimation, par lequel les fonctionnaires sont amenés à rechercher en eux-mêmes les bases de leur légitimité [...] ils admettent désormais la validité des intérêts particuliers et n'hésitent plus à s'engager résolument dans le champ des rapports sociaux ; au principe de neutralité succède l'impératif d'efficacité, par lequel les fonctionnaires visent à remodeler tout l'édifice social » [7, p. 163]. Les directions des ministères sont ainsi en position de négociation directe avec les représentants d'intérêts particuliers sans passer par les élus ; elles y trouvent une base sociale qui leur est propre et qui les transforme en porte-parole de ces intérêts jusque dans les arbitrages interadministratifs. Mais à l'inverse, les groupes socio-économiques voient dans les fonc-

la République présidentielle

tionnaires un interlocuteur qui pèsera de tout le poids de sa « compétence technique » dans la prise de décision. Ils prennent vite l'habitude de s'adresser directement à l'administration « compétente », qui, elle-même, apprend l'art de la « consultation », une façon comme une autre de se « couvrir ». Il faut faire ici une place particulière aux « commissions de modernisation » qui se réunissent dans le cadre de la préparation des plans à moyen terme. L'élargissement que connaît alors la planification en direction du développement social ouvre les administrations sociales (santé, éducation, travail, logement...) à leurs futurs partenaires et acclimate ce nouveau type de rapports.

Faut-il pour autant y voir un morcellement de l'action administrative qui viendrait en quelque sorte défaire l'unité de direction politique réalisée par la concentration du pouvoir entre les mains de l'exécutif ? Ne doit-on pas, au contraire, voir dans cet encadrement étatique des intérêts particuliers un puissant moyen d'en canaliser l'expression et d'en infléchir les demandes, de telle sorte que les solutions s'inscrivent globalement – mais pas nécessairement dans chaque détail – dans le cadre des orientations générales de la politique définie par le président de la République et le gouvernement ? Les incohérences de l'action administrative sont celles qui résultent de la confrontation d'intérêts particuliers différents, et dont la prise en compte simultanée peut apparaître nécessaire à la cohésion de la base sociale du régime. Elles sont aussi la conséquence d'une profonde évolution de l'action administrative : la pratique juridique d'application de la règle de droit demeure, mais elle est battue en brèche par une logique du marchandage politique et de la recherche de l'efficacité économique. *Les conditions d'élaboration de la politique économique et sociale et de sa mise en œuvre vont en être profondément altérées, notamment par le choix des intérêts particuliers que privilégie l'administration.* On le verra notamment en ce qui concerne l'agriculture, l'industrie, le logement.

Car ce qui frappe dans ce nouveau mode d'organisation des rapports sociaux, ce n'est pas tant la permanence des intérêts particuliers et le poids des « groupes de pression ». C'est la conception elle-même de l'organisation sociale qui le sous-tend, et qui, à la démocratie politique, où les élus sont en position d'arbitrage, substitue un *corporatisme social*. Faut-il s'en étonner ? Le général de Gaulle a rejeté le gouvernement du maréchal Pétain parce qu'il se confond avec la capitulation, mais il n'a jamais caché que pour lui « les doctrines sociales de la révolution nationale : organisation corporative, charte du travail, privilèges de la famille, comporteraient des idées qui n'étaient pas sans attraits » [53, p. 112]. Il garde ses distances avec tout ce qui pourrait rappeler le régime de Vichy, mais l'idée de participation n'est pas étrangère à cette conception corporatiste – tout comme le projet de réforme du Sénat de 1969. La veille de son installation à l'Elysée, le 7 janvier 1959, le général de Gaulle prend une dernière ordonnance en ce sens concernant « l'intéressement des travailleurs à la marche de l'entreprise ». La CGT dénonce aussitôt cette « arme antiouvrière », les autres syndicats et le patronat expriment leur scepticisme. Après de longues tergiversations, Michel Debré prend le 29 août un décret organisant son application. C'est un tollé général, et rares sont les entreprises où des contrats d'intéressement sont signés, mais l'idée demeure, resurgissant à l'occasion.

Mais qui dit particpation dit aussi acceptation de la « paix sociale » et donc renonciation de la part des syndicats à une partie de leur liberté d'action. A défaut de voir ces derniers souscrire d'eux-mêmes à cette conception le général De Gaulle cherche à limiter leurs prérogatives, en premier lieu, dans l'administration. L'ordonnance du 4 février 1959 et les sept règlements d'administration publique qui en définissent les modalités d'application limitent les libertés fondamentales garanties par le statut de 1946 en *en règlementant* l'exercice. Le gouvernement donne une interprétation restrictive du droit de grève, des libertés syndicales dans l'administration et des compétences des commissions administratives paritaires.

Désengagement colonial et indépendance nationale

La politique étrangère et la politique économique sont également étroitement liées. L'indépendance nationale, indissociable de l'idée que le général De Gaulle se fait de la France, de son « rang » et de son rôle dans le monde, ne peut être assurée sans une économie forte, libre de tout engagement financier vis-à-vis de l'étranger.

Plus qu'en tout autre domaine, il entend utiliser les institutions pour soustraire l'élaboration de la politique étrangère et de la défense nationale aux pressions et aux intérêts qui dominent le Parlement, mais aussi l'administration. Ses objectifs sont clairs : à l'égard des colonies, « en reprenant la direction de la France, j'étais résolu à la dégager des astreintes désormais sans contrepartie, que lui imposait son Empire » [54, p. 41] ; au plan international, « le rôle de la France [...] exclut la docilité atlantique [...]. Notre pays est, suivant moi, en mesure d'agir par lui-même en Europe et dans le monde, et il doit le faire parce que c'est là, moralement, un moteur indispensable à son effort » [p. 214]. Cette politique a une conséquence : « cette indépendance implique, évidemment, qu'il possède, pour sa sécurité, les moyens modernes de la dissuasion. Eh bien ! il faut qu'il se les donne ! « [p. 214]. Objectifs étroitements complémentaires, du fait justement des moyens disponibles. Le général De Gaulle retrouve ici la même conclusion que celle que Pierre Mendès-France avait fait adopter, l'espace de quelques mois, quatre ans plus tôt : la France ne peut pas se permettre de poursuivre un engagement colonial, qui occasionne des dépenses croissantes sans aucun bénéfice, et assurer les bases économiques et militaires de son indépendance, notamment en se dotant de l'arme nucléaire. Son choix est fait, même si, « on peut penser que je ne le ferais pas, comme on dit, de gaieté de cœur. Pour un homme de mon âge et de ma formation, il était proprement cruel de devenir, de son propre chef le maître d'œuvre d'un pareil changement » [p. 41].

En quelques mois, la décolonisation de l'Afrique est engagée. Dès septembre 1958, les pays d'Afrique noire accèdent, par référendum, à un régime d'« association » qui, dans les deux ans, les conduit à l'indépendance pleine et entière, que la Guinée de Sékou Touré a choisie d'entrée. En Algérie, la solution politique de « substituer l'association à la domi-

la République présidentielle

nation », tracée dès 1955, reste subordonnée aux deux priorités que se donne le général De Gaulle : d'une part, « remettre entièrement sous la coupe de Paris l'autorité à Alger » et se faire obéir de l'armée ; d'autre part, pacifier l'Algérie pour ne pas céder à la pression de l'insurrection algérienne et conserver la maîtrise, le moment venu, de la solution politique. Dans les premiers mois, de son gouvernement, le général de Gaulle n'a pas plus les moyens de faire la paix que les gouvernements tant critiqués de la IVe République. Dans cette colonie de peuplement qu'est l'Algérie, les intérêts des classes possédantes sont considérables et étroitement imbriqués entre Français et colons français d'Algérie. Une partie des députés MRP, Indépendants et radicaux sont de farouches partisans de « l'Algérie française ». Lorsque, le 16 septembre 1959, le général De Gaulle annonce que les Algériens pourront se prononcer sur « l'autodétermination », Georges Bidault, qui a été le premier à le rallier en mai 1958, passe dans l'opposition, puis bientôt dans la clandestinité à la tête de l'OAS – Organisation de l'armée secrète. Les résistances à toute solution négociée se manifestent jusque dans les rangs gaullistes.

L'ambiguïté de la politique algérienne du général De Gaulle, depuis le célèbre, « je vous ai compris », lancé du balcon d'Alger, le 4 juin 1958, fait le jeu des « ultras » et des militaires putschistes – avril 1961. Dans les moyens utilisés par l'armée et la police contre le FLN, le gouvernement n'est pas regardant : tortures, fusillades, ratonnades ; il tolère tout contre les Algériens, mais il fait réprimer brutalement la moindre manifestation contre la poursuite de la guerre. Dans sa majorité, le pays accepte les unes et les autres. Pourtant, peu à peu, la thèse des modernistes, défendue autrefois, par Pierre Mendès-France, à propos de l'Indochine, s'impose. Le 11 avril 1961, le général De Gaulle déclare ainsi dans une conférence de presse : « L'Algérie nous coûte – c'est le moins qu'on puisse dire – plus cher qu'elle ne nous apporte [...]. Voici que notre grande ambition nationale est devenue notre propre progrès, source réelle de la puissance et de l'influence », et conclut : « C'est un fait, la décolonisation est notre intérêt et, par conséquent, notre politique » [97, p. 187].

Un an plus tard, le 8 avril 1962, les accords d'Évian qui reconnaissent l'indépendance de l'Algérie sont approuvés par référendum à une très large majorité. La guerre s'achève, le problème des rapatriés commence. Pour les forces de gauche, cette victoire a le goût amer du sang versé en vain et des déchirements inutiles. Mais la lutte menée contre la guerre d'Algérie lui a permis de retrouver le chemin de l'unité.

Dès les premiers mois de son gouvernement, le général De Gaulle a également entrepris d'affirmer la volonté d'indépendance de la France à l'égard des Etats-Unis. La situation internationale, estime-t-il, ne justifie plus le maintien en Europe d'un système de sécurité suivant lequel Washington disposait de la défense, par conséquence de la politique et même du territoire de ses alliés » [54, p. 212]. Dès le 14 septembre 1958, il « hisse les couleurs » par un mémorandum adressé personnellement au président américain Dwight D. Eisenhower et au Premier ministre britannique Harold Mac Millan, il met en question l'appartenance de la France à l'OTAN qui « ne correspond plus aux nécessités de notre défense ». Le 7 mars 1959, la flotte française de Méditerranée est retirée de l'OTAN ; le 8 juin, interdiction est faite aux forces américaines d'introduire des bombes atomiques en France, qu'elles soient au sol ou dans des avions et d'y installer des rampes de lancement. L'état-major de l'OTAN réplique en décidant le retrait de ses chasseurs-bombardiers basés en France. Le 3 novembre 1959, à l'occasion d'une inspection à l'Ecole militaire, il déclare qu'« il faut que la défense de la France soit française [...]. La conséquence, c'est qu'il faut nous pourvoir, au cours des prochaines années, d'une force capable d'agir pour notre propre compte, de ce qu'il est convenu d'appeler une « force de frappe », susceptible de se déployer à tout moment et n'importe où. L'essentiel de cette force sera, évidemment, un armement atomique » [p. 216]. En désaccord sur cette politique, Antoine Pinay démissionne début janvier 1960. Le 13 février 1960 à 7 heures du matin dans le désert saharien de Tanezrouf, au sud-ouest de Reggane, l'effort entrepris par Pierre Mendès-France vient d'aboutir. La première bombe atomique française explose, « saluée quarante-trois minutes plus tard d'une autre explosion, de joie celle-là à l'Elysée : « Hourra pour la France ! » câble le général De Gaulle » [99, p. 281]. A l'automne, il faut, toutefois, faire repousser pas moins de trois motions de censure pour que la loi sur la « force de frappe » soit finalement votée.

La fin de la guerre d'Algérie permet le redéploiement des crédits militaires mais aussi la réorganisation partielle des missions de l'armée autour de l'équipement nucléaire. Pour faire pièce à la force nucléaire multilatérale que les Américains organisent dans le cadre de l'OTAN, le général De Gaulle accélère la construction des sous-marins nucléaires et l'équipement de l'armée de l'air. Avec la Chine communiste, il refuse d'adhérer au traité de Moscou sur l'arrêt des expériences nucléaires non souterraines conclu le 4 août 1963 entre les Etats-Unis et l'URSS. Il accélère le désengagement de la France de l'organisation militaire de l'Alliance atlantique. En juin 1963, la flotte de l'Atlantique Nord est retirée du dispositif de l'OTAN et un an plus tard, les officiers de marine français quittent les états-majors interalliés. Mais il faut attendre le printemps 1966 pour que le retrait de l'OTAN devienne définitif : le 1er juillet, les bases américaines en France sont fermées et les états-majors et les installations de l'OTAN sont invités à se retirer du territoire français avant le 1er avril 1967. La mise en place de cette politique de « dissuasion nucléaire » a d'importantes conséquences économiques. Dans plusieurs industries, – aéronautique, construction navale, électronique... – les commandes militaires constituent le fer de lance de leur croissance et de l'expansion de quelques entreprises.

Cette indépendance vis-à-vis du « parapluie nucléaire » américain, le général De Gaulle la juge possible parce qu'« il semble maintenant assez invraisemblable que, du côté soviétique, on entreprenne de marcher à la conquête de l'Ouest, dès lors que tous les Etats y ont retrouvé des assises normales et sont en progrès matériel incessant » [54, p. 213]. Elle a pour corollaire l'organisation de la détente avec l'Est de façon à réduire les risques de conflits mondiaux. Les nouvelles relations que le général De Gaulle établit avec l'URSS n'ont pas que des bénéfices diplomatiques. Au plan intérieur, la coopération avec l'Est ouvre des débouchés aux exportations et réalise une certaine neutralisation du parti communiste. A

la République présidentielle

la fin du mois de mars 1960, le général De Gaulle reçoit Nikita Khrouchtchev et propose une conférence au sommet des « quatre grands ». Mais à la moindre crise, le général De Gaulle resserre les liens avec les Alliés et manifeste une grande fermeté vis-à-vis de l'URSS dont il dénonce le « joug totalitaire » : crise du mur de Berlin en août 1961, crise des fusées soviétiques à Cuba en septembre 1962. En janvier 1964, il franchit un pas de plus dans son ouverture vers le bloc communiste, en annonçant que la France reconnaît la Chine populaire. Le « poids de l'évidence et de la raison » impose cette décision. Mais le général De Gaulle a, néanmoins, attendu la rupture ouverte entre l'URSS et la Chine qu'il « interprète très traditionnellement [...] comme un conflit de puissances et non comme un conflit idéologique » [97, p. 208]. Constatant que « le monolithisme du monde totalitaire est en train de se disloquer », il veut favoriser la dissociation des deux blocs antagonistes, et en fin de compte, la remise en cause du partage de Yalta qu'il n'a jamais accepté. Le gouvernement français multiplie les accords culturels, commerciaux, industriels, technologiques avec Moscou, mais aussi Prague, Varsovie, Budapest, Sofia, Bucarest qui ouvrent de nouveaux marchés à l'industrie française... largement devancée par les Anglais et les Allemands, en dépit d'une diplomatie beaucoup plus active.

L'Europe est la manifestation éclatante et la première victime de cet affrontement des deux blocs ; le général De Gaulle propose de l'organiser pour la soustraire à la prépondérance américaine et l'affirmer face à l'Europe de l'Est. « Au cœur du problème et au centre du continent, il y a l'Allemagne » [54, p. 182] ; les liens préférentiels entre la France et l'Allemagne, amorcés par la visite du chancelier allemand Konrad Adenauer, les 14 et 15 septembre 1958, sont la base de cette construction. Multipliant les contacts avec les différents chefs d'Etat et de gouvernement européens, il précise ses projets le 5 septembre 1960 au cours d'une conférence de presse : « Construire l'Europe, c'est-à-dire l'unir, est pour nous un but essentiel », mais il faut pour cela, « procéder non pas d'après des rêves, mais suivant des réalités ». Ces réalités, « ce sont les Etats ». Le général De Gaulle préconise une coopération entre les Etats dans les différents domaines et propose une concertation régulière et organisée des gouvernements européens, la délibération périodique d'une assemblée formée par les délégués des parlements nationaux ; enfin, « un solennel référendum européen de manière à donner à ce démarrage de l'Europe le caractère d'adhésion et de conviction populaires qui lui est indispensable ». Mais le projet d'une union politique n'aboutit pas – échec de la conférence d'avril 1962.

S'il n'est pas le dernier à pousser à l'accélération de la mise en place du Marché commun, c'est avant tout pour préserver l'Europe des Etats de la domination américaine. Le 14 janvier 1963, il dit « non » à l'entrée de la Grande-Bretagne dans le Marché commun. Mais en dépit de l'accord de coopération politique franco-allemande signé le 22 janvier 1963, il ne peut empêcher que le gouvernement de la République fédérale se tourne vers Washington chaque fois que ses intérêts sont en jeu. Le 30 juin 1965, n'ayant pu obtenir satisfaction sur le règlement financier agricole, la délégation française rentre à Paris.. jusqu'à ce qu'un compromis intervienne, fin janvier 1966, sur les pouvoirs de la Commission de Bruxelles et sur la procédure de vote au sein du Conseil. Toutefois, ce nationalisme sourcilleux dès que la souveraineté de la France est en cause n'entend pas revenir sur l'ouverture des frontières et sur la libération des échanges. Pour nombre de modernistes qui se sont ralliés aux institutions, c'est là, en définitive, l'essentiel. Les intérêts économiques de la France n'ont jamais été premiers dans la politique étrangère du général De Gaulle. Ils n'ont jamais été absents non plus. La conquête de nouveaux marchés, qu'elle favorise, facilite le retrait, partiel, des anciens marchés coloniaux. Sans cette ouverture et cette politique de présence sur les quatre continents qui sous-tend une volonté de redonner son « rang » de puissance mondiale à la France, le désengagement colonial – économique autant que militaire et politique – aurait sans doute été beaucoup plus convulsif.

Le défi de la modernisation

Les nouvelles institutions politiques et le renforcement du pouvoir administratif donnent au gouvernement les moyens de conduire une politique économique dégagée des contingences des partis politiques et des groupes de pression de l'Assemblée ; la politique étrangère en commande les finalités : donner à la France les moyens économiques de sa puissance et de son ouverture sur le monde. D'entrée, il a fait son choix : la France respectera l'échéance du 1er janvier 1959 qui, en application du traité de Rome, prévoit la libération des échanges et une première étape dans l'abaissement des droits de douane. Il s'agit donc d'y préparer l'économie française et de relever le défi « compétition ou appauvrissement » lancé par le IIIe Plan et qui fait écho à celui de « modernisation ou décadence » de Jean Monnet dans le Ier Plan. Les modernistes du plan ont d'ailleurs trouvé des accents gaulliens pour justifier ce défi : « Notre pays, écrivent-ils, ne peut choisir une politique de protectionnisme et de repliement sans risquer du même coup de se retrouver dans quelques années appauvri, isolé, et comme rejeté de l'histoire » [137]. Pour le général De Gaulle, l'objectif est clair : « Expansion, productivité, concurrence, concentration, voilà bien évidemment les règles que doit dorénavant s'imposer l'économie française traditionnellement circonspecte, conservatrice, protégée et dispersée » [54, p. 142]. Il y faut une monnaie qui « ait désormais une valeur immuable, non point seulement proclamée en France, mais aussi reconnue par l'étranger » [p. 151]. Mais l'objectif est aussi politique : assurer le progrès social pour détourner la classe ouvrière du parti communiste.

Or, en arrivant à l'Hôtel Matignon, le général De Gaulle trouve une situation détériorée sans être dramatique. La guerre d'Algérie a creusé le déficit public, le maintien sous les drapeaux du contingent et le départ des nouveaux appelés privent le système productif d'une partie de sa main-d'œuvre à un moment où le chômage est faible et où la durée hebdomadaire du travail est quasi à son maximum. Les entreprises ont de plus en plus recours aux importations et ont tendance à augmenter leurs prix. Malgré le rétablissement des contingentements en juin 1957 et la dévaluation de fait de 20 % décidée en août par le gouvernement Félix Gaillard, le déficit de la balance commerciale s'aggrave. Au début de 1958, le gouvernement a dû se soumettre aux exigences des banques américaines et du Fonds monétaire international (réduction des dépenses publiques et du déficit budgétaire, libération des échanges) pour obtenir un prêt de 500 millions de dollars. Une « remise en ordre » s'impose pour éviter la banqueroute. Pour le général De Gaulle, elle signifie un retour à l'orthodoxie financière la plus stricte et la mise en œuvre d'un programme d'austérité.

Pour parer au plus pressé, le général De Gaulle fait appel à Antoine Pinay, nommé ministre de l'Economie et des Finances, « ce personnage éminent, notoire pour son bon sens [... dont] la présence à mes côtés doit renforcer la confiance » [p. 146]. Pour permettre au Trésor d'assurer les échéances du 30 juin sans nouveau découvert, un emprunt est lancé indexé sur le cours du louis d'or, dont l'exonération des droits de succession fait la fortune : le Pinay. Il rapporte 324 milliards de francs, dont 293 d'argent frais, tandis que la Banque de France récupère 150 tonnes d'or – soit 170 millions de dollars. En outre, la légalisation de la dévaluation Gaillard de 1957 entraîne un premier mouvement de retour des capitaux qui avaient fui. « Le règne commence, écrit Pierre Viansson-Ponté, par une prime au capital et une amnistie à la spéculation » [99, p. 117].

Mais le général De Gaulle a de la politique économique une conception plus ambitieuse que celle d'Antoine Pinay, qui le rapproche de celle défendue en 1954 par Pierre Mendès France et que les mendésistes s'emploient à faire prévaloir au sein de l'administration. Sans mettre en cause la liberté d'entreprise, il se méfie autant des patrons que des conceptions libérales. « L'action à entreprendre, écrit-il, commande directement le destin national et engage à tout instant les rapports sociaux. Cela implique donc une impulsion, une harmonisation, des règles qui ne sauraient procéder que de l'Etat. Bref, il y faut le dirigisme [...], et c'est une des raisons pour lesquelles j'ai voulu pour la République des institutions telles que les moyens du pouvoir correspondent à ses responsabilités » [54, p. 159].

Les « modernistes » triomphent. Pourtant, ce n'est pas vers eux que se tourne le général De Gaulle pour préparer le plan de redressement de l'économie française, mais vers Jacques Rueff, conseiller d'Antoine Pinay en 1952, le théoricien de l'orthodoxie libérale. Il est vrai que le « comité d'experts » [1] qu'il est appelé à présider et où se retrouvent banquiers, industriels et hauts fonctionnaires, a pour mission de « faire rapport sur l'ensemble du problème financier français ». Le plan intérimaire qui se prépare, par ailleurs, devra veiller au reste. Les mesures arrêtées fin

---

1. Outre Jacques Rueff et Antoine Pinay, le comité est composé de MM. Alexandre, président d'honneur de l'ordre des experts comptables, Guyot, associé-gérant de la banque Lazard, Gignoux, membre de l'Institut, Saliès, sous-gouverneur à la Banque de France, Brasart, président de la section des finances au Conseil d'Etat, de Vitry, président de Péchiney, Lorain, président de la Société Générale, Jeanneney, professeur d'économie politique. Le président du Conseil y est représenté par son directeur de cabinet, Georges Pompidou, ancien directeur de la banque Rothschild, et Goetze, conseiller technique du général cf. [139].

décembre et mises en œuvre par le gouvernement Michel Debré comportent trois volets qui visent à arrêter l'inflation, asseoir la stabilité du franc, enfin libérer les échanges extérieurs. A court terme, le plan Rueff se résume en une politique budgétaire déflationniste dont l'objet est de restaurer l'équilibre du budget et de freiner la croissance de la consommation des travailleurs pour faciliter l'investissement productif et l'exportation : limitation à 4 % de la majoration des traitements et salaires publics, baisse des subventions de l'Etat aux entreprises publiques compensée par un relèvement de leurs tarifs, réduction des prestations et des remboursements de Sécurité sociale.

Pour en compenser en partie les effets sur les « catégories le plus défavorisées », le SMIG est relevé de 4 %, les allocations familiales le sont de 10 %. Le gouvernement entérine l'accord conclu en décembre 1958 entre le CNPF et les syndicats créant l'assurance-chômage (ASSEDIC). Par ailleurs, le plan Rueff préconise une dévaluation du franc de 17,5 % – qui s'ajoute à l'opération 20 % – de façon à rendre les prix des produits français compétitifs dans la concurrence internationale où s'engage l'économie française. Un nouveau franc est créé, librement convertible, dont le général De Gaulle entend défendre la valeur, ce qui le conduit à interdire les indexations « comme autant de doutes affichés », à l'exception de celle du SMIG. Le protectionnisme est définitivement répudié, les contingentements des importations supprimés à 90 % avec les pays européens et à 50 % avec la zone du dollar.

Mais le plan Rueff va au-delà des mesures conjoncturelles qui permettent un rétablissement spectaculaire des équilibres. Il marque une véritable rupture dans la gestion des finances publiques et le retour à une stricte orthodoxie financière dans celle du budget de l'Etat. Les deux maîtres mots sont désormais, et pour de longues années, équilibre budgétaire et stabilisation de la pression fiscale. Il accentue le désengagement du Trésor dans le financement des investissements publics, désormais strictement plafonnés. Il amorce le démantèlement du « circuit du Trésor », le Trésor devant directement faire appel au marché financier, dont les conditions d'accès sont progressivement égalisées pour les différents emprunteurs. La nouvelle orthodoxie budgétaire recouvre en fait un double report de charges. D'une part, le financement des équipements collectifs incombe pour une part croissante aux collectivités locales qui doivent directement emprunter auprès de la Caisse des dépôts et consignations. D'autre part, certaines dépenses sociales qui relèvent des compétences de l'Etat, notamment en matière de santé ou d'aides aux familles, sont mises à la charge de la Sécurité sociale.

Le choix de l'orthodoxie budgétaire est aussi celui d'une fiscalité conservatrice qui privilégie les détenteurs de patrimoine. La tradition en est ancienne. Étudiant l'évolution de la composition du prélèvement fiscal depuis le début du siècle, Maurice Flamant constate qu'« il semble indéniable que la fortune acquise ne constitue pas en France à l'heure actuelle un titre à participer véritablement aux dépenses publiques » [48]. Le patrimoine n'est d'ailleurs pas imposé en tant que tel, mais uniquement à travers les manifestations juridiques de sa transmission : succession, mutation, timbre. Quant aux revenus qu'il procure éventuellement à son titulaire, ils sont imposés dans la mesure où ils sont connus et à proportion de l'importance de l'impôt sur le revenu. Introduit tardivement en France à l'occasion de la guerre de 1914 – après avoir été rejeté une première fois en 1909 –, il concourt pour moins d'un tiers aux recettes fiscales. De plus, il pèse plus fortement sur les salariés que sur les autres détenteurs de revenus du fait du privilège fiscal – auquel s'ajoute la fraude – qui permet aux agriculteurs et aux titulaires de revenus industriels et commerciaux et de revenus de la propriété d'échapper largement à l'imposition. Les salaires supportent en outre une taxe spécifique, acquittée par l'employeur, qui accroît les disparités. En fait, la fiscalité en France a toujours demandé aux impôts assis sur la consommation d'assurer la majorité des recettes. L'introduction de la TVA en 1954, qui remplace la taxe sur le chiffre d'affaires – mais qui n'est pas généralisée avant 1968 – a rendu cet impôt plus neutre vis-à-vis des processus de production et de commercialisation. De plus, leur poids s'était sensiblement allégé puisque les impôts sur la consommation ne représentent plus que 54 % du total des recettes fiscales contre 60 % en 1949, l'ensemble des impôts indirects – y compris droits d'enregistrement. – représentant 61 %. La fiscalité française présente ainsi une structure très différente de celle de la plupart des pays industriels qui accordent une place plus grande aux impôts directs, du fait d'une meilleure imposition du patrimoine et de ses revenus.

La modification du régime des droits de succession introduite en 1959 accentue les privilèges du patrimoine dès lors que celui-ci est transmis en ligne directe. Par le jeu des abattements et du plafonnement des droits à 15 %, ce régime exonère pratiquement les héritiers directs tandis qu'il frappe lourdement (65 % presque sans abattements) les héritiers collatéraux. Dans un pays où le pouvoir économique est entre les mains des détenteurs de patrimoine, ce choix va à l'encontre de la mobilité, souhaitée par les modernistes, des dirigeants d'entreprise. Ce choix est en fait celui d'un renforcement du capitalisme patrimonial. Il s'accompagne d'un refus d'envisager la moindre réforme de l'impôt sur le revenu que le gouvernement se contente de stabiliser. Le véritable changement par rapport à la politique fiscale de la IVe République provient de la stabilisation de la pression fiscale d'Etat au niveau atteint en 1959, c'est-à-dire au voisinage de 23 % du PIB total (et 26 % du PIB marchand), règle dont aucun gouvernement de la Ve République ne s'est jamais écarté. La politique fiscale n'est pas, pour autant, vouée à l'immobilisme, mais écrit Jean Bouvier, « plus que de grandes décisions législatives, il s'est agi d'un incessant martelage de la réglementation et de coups de pouce fréquents donnés à la pratique fiscale dans le sens de l'incitation à l'épargne et à l'investissement privé » [22, p. 1085]. Mais la stabilisation de la fiscalité d'Etat est un trompe-l'œil : elle n'enraye pas l'augmentation régulière du taux global des prélèvements obligatoires : 33 % du PIB total en 1959, 34,1 % en 1963, 35 % en 1967. Celle-ci est désormais entièrement reportée sur les cotisations sociales dont le poids dans le PIB total passe de 9,7 % en 1959 à 11,4 % en 1963 et 12,2 % en 1967. Choix de classe par excellence puisque elles pèsent uniquement sur les revenus du travail – et principalement sur les salaires – et exonèrent totalement les revenus de la

Tableau 5. — ÉVOLUTION COMPARÉE DES PRÉLÈVEMENTS OBLIGATOIRES AU SEIN DE LA CEE 1960 - 1971
(en % du revenu national)

	1960				1965				1971			
	Impôts sur la dépense	Prélèvements assis sur les revenus - impôts directs	Prélèvements assis sur les revenus - cotisations sociales	Total	Impôts sur la dépense	Prélèvements assis sur les revenus - impôts directs	Prélèvements assis sur les revenus - cotisations sociales	Total	Impôts sur la dépense	Prélèvements assis sur les revenus - impôts directs	Prélèvements assis sur les revenus - cotisations sociales	Total
France	21,4	8,1	14,9	44,4	22,3	8,5	18,4	49,2	19,2	8,7	19,7	47,6
RFA	18,4	11,9	12,4	42,7	18,2	12,8	12,6	43,6	17,2	14,4	15,5	47,1
Belgique	14,2	9,4	8,8	32,4	15,1	10,8	11,5	37,4	15,8	14,7	13,3	43,8
Danemark	15,2	14,4	1,9	31,5	17,8	17,0	2,4	37,2	22,5	30,6	2,5	55,6
Italie	16,0	6,9	10,8	33,7	15,2	8,0	12,5	35,7	14,7	7,9	14,4	37,0
Royaume-Uni	15,9	13,3	4,4	33,6	16,9	14,5	5,9	37,3	19,4	19,6	6,5	45,5
Pays-Bas	12,0	14,9	9,8	36,7	12,1	15,4	13,6	41,1	14,4	17,9	19,0	51,3

propriété. Mais là est aussi la logique d'une politique de déflation : faire payer les salariés pour permettre aux possédants d'épargner pour investir.

Ces mesures sont loin de faire l'unanimité. Dans les classes possédantes, les premières désillusions gâtent le sentiment de satisfaction ; dans la classe ouvrière, les épreuves commencent. Les mendésistes, malgré leur désaccord sur les conditions du retour du général De Gaulle, approuvent, François Bloch-Lainé en tête [16, p. 147] ; les libéraux critiquent. Antoine Pinay, bien que co-président du comité, n'a pas assisté à ses travaux, et est hostile à la dévaluation et aux impôts nouveaux. Cependant, devant la détermination du général De Gaulle, il s'incline, non sans lui adresser une lettre exprimant ses réserves et ses appréhensions. Entre eux, les divergences ne font que commencer. De leur côté, les socialistes font connaître leur refus. « Il m'est impossible, déclare Guy Mollet, d'approuver une dévaluation et des dispositions qui vont imposer de lourds sacrifices aux petites gens, et que ne compense même pas une dose suffisante de dirigisme » [54, p. 153]. Le général De Gaulle accepte la démission des trois ministres socialistes, mais leur demande de « rester en fonctions jusqu'à ce que, le 8 janvier, s'instaure la Ve République qu'ils m'auront aidé à fonder ». Qu'importe, désormais, que ceux qui ont rappelé le général De Gaulle au pouvoir s'en aillent maintenant, comme Guy Mollet, ou dans quelques mois, comme Antoine Pinay ? La IVe République est morte, et ces oppositions ne sont pas de nature à menacer l'existence du nouveau régime.

Les nouvelles dispositions prises par le gouvernement constitué par Michel Debré viennent d'ailleurs très vite confirmer que l'orientation économique du régime n'a rien de conjoncturel. Le « plan intérimaire » qui remplace le IIIe Plan pour les années 1960-1961 réaffirme la priorité accordée à la croissance des investissements productifs (+ 6,5 % par an) sur celle de la consommation des ménages (+ 4,6 % par an), et arrête un ensemble de mesures législatives et réglementaires concourant à alléger les charges financières des entreprises, et donc à relever leur taux de profit (avantages fiscaux pour amortissements des équipements, bas taux d'intérêts pour les emprunts de modernisation, aides financières à la décentralisation). Parallèlement à ces mesures qui visent à aider la nouvelle insertion du capitalisme français sur le marché européen et mondial, le gouvernement entreprend de s'attaquer au protectionnisme interne, Jacques Rueff est à nouveau appelé à présider avec Louis Armand, PDG de la SNCF, un nouveau « comité d'experts » chargé d'« examiner les situations de fait ou de droit qui constituent d'une manière injustifiée un obstacle à l'expansion, et de proposer les mesures suceptibles de les lever » [138].

Celui-ci stigmatise « les diverses situations de sclérose, de malthusianisme ou d'inadaptation dans les conditions de production et de distribution de certains biens et services, dans l'organisation de certaines professions, dans le régime des mutations immobilières, dans la répartition des temps de travail qui entraînent des distorsions des coûts et des prix ». Il y voit le résultat de « rigidités d'ordre psychologique : poids du passé, influence des droits acquis, attitude défavorable vis-à-vis du changement [... qui] aggravent suivant un processus cumulatif l'effet de la rigidité des structures ». Mais il y détecte aussi l'effet des interventions des pouvoirs publics qui, lorsqu'elles sont « systématiques et se généralisent, peuvent conduire, si elles persistent exagérément, à des distorsions profondes des structures économiques, et par là, nuire grandement à l'expansion ». Il dénonce « le rôle néfaste de certains prix ou tarifs homologués, de certaines subventions, du système fiscal et à certains égards de la législation sociale ». Ce rapport ne fait pas de propositions spectaculaires mais propose une ensemble de mesures qui sont autant de brèches dans l'organisation du corporatisme français. La lutte contre tout ce qui « encourage une mentalité malthusienne et protectionniste » et « fait obstacle aux desseins novateurs et à l'acceptation des risques » est engagée. Elle ne sera jamais abandonnée. Mais la modernisation ne viendra pas à bout de ces situations de rente et de sclérose, dénoncées dans ce rapport qui demeurent vingt ans après.

Tableau 6

ÉVOLUTION DE LA STRUCTURE GÉOGRAPHIQUE DES
ÉCHANGES COMMERCIAUX
1949-1973 (en %)

	1949	1958	1969	1973
IMPORTATIONS				
Pays développés	55,0	53,2	75,0	74,7
dont : C.E.E. à 9	26,5	32,0	55,6	54,6
reste OCDE	18,7	21,2	19,4	20,1
Ancien « empire français »	24,7	25,4	9,6	6,1
Autres pays	20,2	21,4	15,4	19,2
dont : pays pétroliers	7,9	9,6	6,0	8,4
autres PVD	10,3	8,5	6,1	7,7
pays socialistes	2,0	3,3	3,3	3,1
Tous pays	100	100	100	100
EXPORTATIONS				
Pays développés	47,2	51,6	72,8	75,4
dont C.E.E. à 9	33,4	34,7	52,9	55,6
reste OCDE	13,8	16,9	19,9	19,8
Ancien « empire français »	38,2	24,0	12,1	9,1
Autres pays	14,6	14,3	15,1	15,4
dont : pays pétroliers	0,8	1,6	2,0	2,6
autres PVD	8,9	9,0	8,5	8,8
pays socialistes	4,9	3,7	4,6	4,0
Tous pays	100	100	100	100

Sources : Douanes, extrait de *La Crise du système productif,* INSEE.

Un vent nouveau souffle sur le capitalisme français. Malgré les résistances d'une partie de la bourgeoisie industrielle, la mise en place du Marché commun s'accélère. Une étape supplémentaire d'abaissement des droits de douane de 10 % minimum est réalisée au 1er juillet 1960. Au 31 décembre 1960, l'écart entre le tarif douanier avec les pays non membres de la CEE et le « tarif extérieur commun » est réduit de 20 %. Si les échanges commerciaux avec les anciennes colonies continuent de s'accroître en valeur absolue, leur importance relative décroît rapidement : entre 1958 et 1962, les exportations vers la zone franc décroissent ainsi de 34 à 20 % du total des exportations, et les importations de 25,4 % à 22 %. La reconversion vers l'Europe est engagée. La double dévaluation de 1957 (20 %) et de 1958 (17,5 %) a rétabli durablement la compétitivité des prix français [127]. Mais le rétablissement spectaculaire de la balance commerciale est plus dû à la politique d'austérité menée en 1958 qu'à l'avantage de prix. La stagnation du pouvoir d'achat entraîne, en effet, un fort ralentissement de la croissance de la consommation des ménages qui se répercute sur les importations. Mais dès que les salaires augmentent à nouveau, le déséquilibre des échanges réapparaît. Dès 1960, il est visible que l'économie française n'a pas su capitaliser les gains de la dévaluation. Cette dégradation est la conséquence de l'inadaptation de l'appareil productif français à la concurrence internationale, elle-même résultat d'un taux d'investissement demeuré insuffisant dans les années 1949-1959.

Peu à peu pourtant, la bourgeoisie industrielle s'organise. Les nouveaux débouchés qu'offre l'ouverture des frontières relancent la production et incitent le patronat à investir pour accroître ses capacités de production, l'emploi industriel augmente, résorbant le chômage engendré par la baisse de la production en 1958-1959, mais vient très vite buter sur l'insuffisance globale des forces de travail. La durée du service militaire, le faible apport démographique pèsent encore sur l'emploi. L'amorce de la décentralisation industrielle vers la province permet au patronat de recourir en partie aux travailleurs expulsés de l'agriculture, comme il continue de recourir à l'apport de travailleurs immigrés. Les opérations de concentration se font plus nombreuses, mais la taille des établissements industriels évolue peu. La productivité de la force de travail n'augmente pas plus vite que dans les années cinquante, mais la diffusion des gains de productivité favorise une extension progressive des méthodes tayloriennes. Le capitalisme français est en pleine transition, sans que la bourgeoisie industrielle en soit encore pleinement consciente. Le rythme de l'accumulation reste trop lent pour créer des besoins de financement incompatibles avec les structures familiales des entreprises. L'entrée de capitaux étrangers, notamment américains, n'est pas pour l'instant ressentie comme une menace, quoiqu'elle soit importante dans certaines industries où le capitalisme français est faible (industrie chimique, machinisme agricole, électronique, industries des métaux et mécaniques). Le réveil dans le milieu des années soixante n'en sera que plus dur.

La bourgeoisie industrielle vit encore dans son carcan corporatiste, et le « plein emploi » que le général De Gaulle se targue d'avoir ramené reste la conséquence d'une stabilité de la population active totale. Cette situation est relativement favorable à une hausse des salaires et à un certain rattrapage du blocage imposé par le plan d'austérité de 1958. La CGT [27, p. 323] estime, fin 1959, à 12 % la diminution du pouvoir d'achat entre septembre 1957 et septembre 1959, et demande à ce que le SMIG soit porté à 1,85 F de l'heure et les salaires augmentés de 15 %. Début 1960, elle prend l'initiative d'une relance de l'action selon la tactique de harcèlement et de mouvements tournants, dont le point culminant se situe entre mars et juin : Peugeot, gaz de Lacq, Chausson, General Motors-Gennevilliers, Rateau, Babcock-la Courneuve, Dassault-Villaroche, Chantiers de l'Atlantique-Nantes, RATP, SNCF... Au total, les ouvriers obtiennent une augmentation moyenne des salaires de 7 % et la signature de nombreux accords d'entreprises.

Le gouvernement réagit au début de l'année suivante et, le 6 mars 1961, Michel Debré adresse une lettre au président du CNPF, où il demande qu'aucune augmentation de salaires n'excède 4 % pour l'année. Les syndicats dénoncent cette « police des salaires », tandis que, sans attendre, les ouvriers imposent par la lutte des hausses dépassant la limite fixée par le gouvernement. Entre mars et mai, une nouvelle vague de grèves se développe dans les industries chimiques, l'habillement, les métaux, les PTT, la fonction publique... puis à l'automne les journées d'action sont organisées par la CGT dans les entreprises publiques. Le 19 décembre, 2 000 mineurs occupent la mine de Decazeville pour en empêcher la fermeture. De grève locale, elle prend vite une dimension nationale, dont les conditions de la restructuration du capital sont l'enjeu. Fin février 1962, lorsque la grève prend fin, les mineurs ont imposé qu'il n'y ait pas de licenciements sans mesures de reclassement, mais ils n'ont pas pu empêcher la fermeture de la mine. C'est une demi-victoire. Mais en faisant de ce compromis l'objectif des luttes sur l'emploi, les syndiqués acceptent, de fait, la restructuration capitaliste, tout en cherchant à la monnayer au meilleur prix.

Malgré les difficultés dues à la lutte pour l'indépendance de l'Algérie et à la priorité accordée à la lutte antifasciste, le mouvement ouvrier a mis en échec la poursuite de la politique d'austérité prévue par le « plan intérimaire ». En acceptant la mobilité comme une « contrainte de la croissance », il souscrit à l'armistice social que leur proposent les modernistes : *l'accroissement de la productivité du travail contre des gains de pouvoir d'achat*. Dans ce pacte, il n'y a aucune place pour une intervention active des travailleurs et des syndicats dans les grandes orientations des entreprises, ni dans leur organisation. Mais c'est bien dans cette mesure, qui laisse intact le pouvoir du patronat, qu'il est apparu acceptable à ce dernier et s'est progressivement généralisé.

La défaite des agrariens

L'hostilité la plus forte à sa politique économique vient de là où le gouvernement l'attend le moins : du monde paysan. Celui-ci est, en effet, acquis au général De Gaulle, qui lui-même, par tradition, se sent davantage porté vers la campagne, « la source de la vie, la mère de la population, la base des institutions, le recours de la patrie » [54, p. 164], que vers la société industrielle. Les prix de campagne des produits laitiers et des céréales ont été fixés en hausse sensible pour 1959 : la fiscalité, déjà faible, a été atténuée ; et le gouvernement, « après avoir solennellement annoncé au début de septembre qu'il fallait supprimer le privilège des bouilleurs de cru, se ravise aussitôt, sans courage, et renonce [99, p. 213]. Mais dans le même temps, le gouvernement qui à la suite du rapport Rueff juge les structures archaïques, car trop parcellaires, et les coûts de revient des produits beaucoup trop élevés, décide de réduire les subventions de moitié et, surtout, de supprimer les mécanismes d'indexation. Les dirigeants agricoles protestent mais maintiennent le calme dans les campagnes jusqu'à l'automne 1959 où ils espèrent que dans le cadre du débat budgétaire, le Parlement reviendra sur ces décisions. En vain. Le départ d'Antoine Pinay, le discours prononcé par le chef de l'Etat sur l'autodétermination en Algérie leur ôtent leurs dernières illusions. Les grands propriétaires fonciers qui constituent la droite agrarienne et dominent la FNSEA ont trop d'intérêts communs avec les grands propriétaires français d'Algérie pour ne pas se sentir concernés par l'évolution que le général De Gaulle imprime au règlement de l'affaire algérienne. Les uns et les autres n'ont-ils pas les mêmes porte-parole à l'Assemblée ? Or les nouvelles institutions « perturbent la stratégie de la droite agrarienne. Elle ne peut plus utiliser son système de relations sociales pour faire pression sur la classe politique et obtenir le maintien des anciens équilibres » [56, p. 586]. Jusqu'au printemps 1960, les dirigeants agricoles se battent sur le terrain parlementaire et font campagne pour obtenir la convocation d'une session extraordinaire du Parlement. Le 17 mars le nombre de signatures requis est atteint – il y en a 287 – mais le général De Gaulle rejette la demande et coupe la dernière possibilité de compromis. Les classes possédantes viennent de subir leur premier échec. Mais les paysans qui « aiment l'ordre dans la rue » [2] ont déjà démontré qu'ils savaient manifester violemment comme à Amiens, où le 17 février un meeting réunissant quelque 30000 paysans se termine par des heurts sanglants avec les forces de l'ordre.

La nouvelle politique agricole qui se met en place à partir de là est exemplaire des transformations intervenues dans l'élaboration de la politique économique. Les couches bourgeoises qui dominent le gouvernement et les grands corps d'Etat n'accordent pas à l'agriculture la même importance que la bourgeoisie intellectuelle libérale, plus provinciale, composée d'avocats, de notaires, de médecins directement liés aux milieux agrariens. Elles souhaitent un secteur agricole efficace capable d'approvisionner le marché national au meilleur prix. L'accélération de la modernisation des exploitations est donc prioritaire, mais elle se heurte à des structures agricoles inadaptées et disparates. Seul le capitalisme agraire du bassin parisien et de la Picardie s'enrichit, grâce à une forte mécanisation, l'exploitation d'une force de travail salariée et une politique de prix qui lui assure une rente confortable. A l'opposé, toute une petite paysannerie, (moins de 20 hectares) n'a plus pour perspective que

---

2. Selon la formule de Maurice Blondelle de l'assemblée permanente des chambres d'agriculture [57]

le départ de la terre. L'insertion croissante de la paysannerie dans le marché capitaliste – pour la vente de produits, mais aussi pour l'équipement, l'achat d'engrais... – ne leur laisse pas d'autre choix. En fait, c'est la moyenne paysannerie qui est la plus sensible à ces disparités. Elle s'est fortement endettée pour sortir d'une polyculture artisanale, mécaniser et spécialiser son exploitation. Mais elle est aussi devenue plus sensible à l'évolution des prix, dont dépend son revenu. Ayant refusé de quitter la terre, elle n'a plus d'autre choix que d'en vivre.

Cette moyenne paysannerie joue un rôle clé dans l'élaboration des lois d'orientation de 1960 et 1962 et dans l'instauration de nouveaux rapports entre l'administration et les organisations agricoles. Elle dispose avec le Centre national des jeunes agriculteurs – CNJA – d'une organisation syndicale qui en exprime les conceptions et les intérêts. Ses responsables sont d'anciens animateurs de la Jeunesse agricole catholique – JAC – issue du catholicisme social et qui au lendemain de la Libération a pleinement épousé les idées de modernisation, en rupture idéologique profonde avec les milieux agrariens partisans de la corporation paysanne du régime de Vichy. Pour briser le conservatisme agraire du Parlement, le CNJA cherche une collaboration étroite avec l'administration, qui lui permette d'intervenir dans l'élaboration de la politique agricole. La Ve République lui offre le cadre institutionnel dont il a besoin et le général De Gaulle lui reconnaît, dès 1959, une représentativité nationale à égalité avec la FNSEA. En favorisant l'audience du CNJA, le gouvernement se donne le relais qui lui est nécessaire pour mettre en œuvre sa politique et consolider son influence dans les campagnes. Il en partage l'idée fondamentale, à savoir qu'« une politique agricole ne peut être uniquement, ni même avant tout, une politique de prix » [57, p. 94], et que par conséquent, elle ne peut pas être une politique libérale. L'intervention de l'Etat est indispensable aussi bien pour régulariser les marchés intérieurs et moderniser les réseaux de commercialisation – ce que fait le gouvernement en réformant le FORMA » [3] que pour rendre l'agriculture française capable d'affronter le Marché commun et de trouver dans l'exportation les débouchés dont elle a besoin. Enfin, l'agriculture, si elle doit se moderniser, doit rester dans le cadre de l'exploitation familiale.

Dès l'ouverture de la session ordinaire du Parlement, le gouvernement dépose cinq projets de loi, défendus par le Premier ministre, Michel Debré : loi d'orientation, loi-programme d'équipement, loi financière, loi sur l'enseignement agricole et loi créant une assurance maladie-chirurgie des exploitants. Largement inspiré des thèses du CNJA, cet ensemble législatif définit les principes de la politique agricole de la Ve République. Ces textes prévoient notamment la création de SAFER – sociétés d'aménagement foncier et d'établissement rural – qui doivent aider au remembrement des terres et à l'augmentation de la superficie des exploitations et d'une indemnité viagère de départ (IVD), destinée à favoriser le départ des agriculteurs de plus de 65 ans (disposant de plus de

---

3. Fonds d'orientation et de régularisation des marchés agricoles, créé en 1953, dont les compétences sont élargies à tous les marchés et à tous les produits. Les professionnels obtiennent en outre en 1961 un renforcement de leur représentation au conseil de direction.

3 hectares). La loi d'orientation prévoit en outre une aide financière de l'Etat dans le cadre d'une politique sélective des prêts du Crédit Agricole.

Pourtant le calme ne revient pas dans les campagnes. Cette fois ce ne sont plus les agrariens qui dirigent le mouvement, mais la paysannerie moyenne et le CNJA qui considèrent que les nouvelles orientations n'entrent pas assez vite dans les faits et que la « parité du revenu », inscrite dans la loi d'orientation n'est pas réalisée. La « révolution silencieuse » [43] dont parle Michel Debatisse, principal responsable du CNJA, trouve au printemps 1961 le chemin de la violence. Fin mai, des manifestations éclatent à Pont-l'Abbé et à Agde à l'occasion du deuxième tour des élections cantonales. Le 7 juin dans la nuit, la sous-préfecture de Morlaix est investie par les paysans, puis, après l'arrestation de deux dirigeants, le mouvement s'étend à toute la Bretagne. Les paysans du Rhône et du Massif central se solidarisent, ceux du Midi suivent. Le 22 juin, leur procès s'ouvre dans Morlaix en état de siège. Ce sera l'acquittement. La « jacquerie n'aura pas lieu ». Mais le gouvernement en tire les conséquences, en commençant par changer le titulaire du ministère de l'Agriculture. Le nouveau ministre, Edgar Pisani, sénateur de l'Aisne, reprend le diagnostic et les principes de la loi d'orientation. Il s'applique surtout à la faire entrer dans les faits. La « loi complémentaire » du 8 août 1962 s'applique à préciser les dispositions de la loi d'orientation, notamment en matière de structures de production. Les nouvelles manifestations qui éclatent au cours de l'été et de l'automne 1963 ne remettent pas en cause cette politique à laquelle les organisations paysannes sont étroitement associées. Concentrées principalement dans le Sud, elles sont, il est vrai, le fait des producteurs de fruits et légumes, qui font un peu figure de parents pauvres de la nouvelle politique agricole.

Le CNJA a-t-il triomphé et la FNSEA perdu ? La mise en place de la politique agricole européenne sur laquelle les agrariens ont reporté leurs espoirs montre qu'il n'en est rien. L'Europe leur offre à la fois la perspective d'une unification des prix, qui ne peut que leur être favorable dans la mesure où les prix des principaux produits agricoles sont dans les autres pays supérieurs aux prix français, et d'un accroissement des débouchés grâce à un mécanisme de compensation des échanges extérieurs de la Communauté entre prix mondial et prix européens (création du FEOGA » [4] le 14 janvier 1962). Contrôlant les deux grandes associations des producteurs de blé et de betteraves, ils ont obtenu dès 1962, au nom de l'unité de la paysannerie, de représenter le mouvement professionnel paysan à Bruxelles. L'adoption du plan Mansholt, à la suite du « marathon » du 15 décembre 1964, le premier d'une longue série, qui prévoit l'unification des prix des céréales à partir du 1er juillet 1967, leur donne satisfaction. Dès lors, Michel Debatisse peut bien accéder en 1964 au poste de secrétaire général adjoint de la FNSEA – puis au secrétariat général en 1963 et à la présidence en 1972 –, l'accord de Bruxelles présente pour le CNJA « des conséquences économiquement dangereuses et socialement injustes » [56, p. 482]. Néanmoins la FNSEA qui, dans sa

---

4. Fonds européen d'orientation et de garantie agricole.

majorité reste politiquement proche des « indépendants » et des « démocrates-chrétiens » demeure hostile au général De Gaulle auquel elle reproche notamment la crise européenne de 1965. Elle appelle à voter contre lui à l'élection présidentielle du mois de décembre.

L'ambiguïté de la politique agricole gaulliste est le reflet de l'hétérogénéité de l'agriculture française et de l'importance de la polyculture. L'évolution de la collecte du blé le montre bien. En 1967, les producteurs mettant sur le marché plus de 1000 quintaux de blé, c'est-à-dire qui consacrent plusieurs dizaines d'hectares à cette culture, fournissent 30,7 % de la collecte et représentent 2,4 % des vendeurs – contre 11,2 % et 0,4 % en 1950. Mais ceux qui livrent moins de 100 quintaux, cultivant moins de cinq hectares de blé, assurent encore 13 % de la collecte – au lieu de 40 % en 1950 – et représentent 68 % des vendeurs – contre 88 %. Ce dernier chiffre [56, p. 225, 226] montre que même si leur contribution à la masse commercialisée est en forte régression, plusieurs centaines de milliers de petits exploitants sont tout autant intéressés à l'évolution du prix du blé que les quelque 36000 grands producteurs. La forte dispersion des exploitants est encore plus évidente en ce qui concerne le lait – l'autre grand produit –, où les grands producteurs sont pratiquement inexistants. En 1973, ceux qui ont plus de 30 vaches laitières possèdent 13,4 % du troupeau et représentent 3,4 % des producteurs ; ceux qui ont moins de 5 vaches détiennent 7 % du troupeau et constituent 29 % des producteurs. En dehors de certains produits d'élevage, où la production s'est organisée sur un mode industriel – volailles, porcs – et des productions traditionnellement spécialisées – vigne, fruits et légumes –, la modernisation de l'agriculture française n'a guère accentué sa spécialisation.

L'accélération de l'exode rural – l'agriculture perd un tiers de ses effectifs entre 1954 et 1968, mais occupe encore 15 % de la population active en 1968 – a entraîné la disparition du tiers des exploitations. Les départs proviennent essentiellement de la disparition des exploitations de moins de 20 hectares (en diminution de 30 %) et surtout de moins de cinq hectares (dont le nombre baisse de moitié). Dans l'ensemble, la concentration demeure modérée et n'est significative que pour les exploitations de 50 à 100 hectares dont le nombre passe de 75000 en 1955 à 92000 en 1967, mais qui ne représentent encore que 5,5 % du total. La taille de l'exploitation moyenne, à la fin des années soixante reste ainsi peu élevée – environ 20 hectares contre 14 en 1955 – et les disparités entre agriculteurs aussi fortes.

Ne sous-estimons pas, cependant, l'ampleur de l'évolution, amorcée dès les années cinquante, mais que la nouvelle politique agricole a fortement accélérée. Elle a assuré la reconversion d'un monde, traditionnellement replié sur lui-même, et qui désormais travaille pour les grands marchés de consommation nationaux et internationaux. L'augmentation de la productivité du travail et la garantie des débouchés ont entraîné une croissance régulière de la production agricole. C'est un des mérites de cette politique que d'avoir permis à la France de devenir autosuffisante pour sa consommation alimentaire, malgré certains points demeurés faibles (viandes) et d'avoir renforcé la position exportatrice de l'agriculture française, non sans le maintien de fortes subventions de l'Etat. Un deuxième mérite est d'avoir facilité l'accès des ménages agricoles aux éléments de confort dont disposent les autres classes sociales. En dix ans, ils ont progressivement comblé leur retard en ce qui concerne les principaux équipements ménagers. Toutefois, près de la moitié des familles agricoles n'ont toujours pas l'eau courante à la fin des années soixante ; le plus grand nombre ne prend pas de vacances et se déplace rarement en dehors du « pays » ; le célibat, enfin, y reste beaucoup plus fréquent qu'en ville, et le taux de suicide, plus élevé.

En fait, la paysannerie continue de vivre plus pauvrement que la moyenne de la population, et de mourir plus riche. Le financement des équipements et de l'achat des terres pèse d'un poids considérable sur le revenu agricole. L'attachement à la propriété foncière qui ne s'est guère démenti constitue une véritable servitude pour l'exploitant agricole, contraint de racheter aux cohéritiers ce qui est pour lui un outil de travail. La moitié du patrimoine détenue par les agriculteurs est consacrée à la possession et l'acquisition de la terre... un tiers seulement à son capital d'exploitation. Le recours au crédit a connu un développement considérable : les prêts à court terme consentis par le Crédit Agricole ont été multipliés par 25 en vingt ans, ceux à moyen terme par 200, une partie ayant servi à financer un important appareil coopératif de commercialisation et de transformation des produits agricoles. La modernisation a eu pour conséquence d'endetter les agriculteurs. Alors qu'en 1954 les intérêts payés représentent 2 % des charges d'exploitation, vingt ans après, ils absorbent 21 % des charges ; en 1969, l'endettement de la branche agricole atteint les deux tiers de la valeur de la production agricole finale [56, p. 153]. Dès lors, les agriculteurs n'ont eu d'autres choix que d'accentuer la course à la productivité et à la spécialisation pour tenter d'accroître leur revenu et payer leurs dettes. Ils se sont engagés dans des productions requérant de plus en plus de capital, d'énergie, de produits agricoles transformés et, dans une proportion croissante, importés, qui les a finalement davantage endettés. Avec retard par rapport à d'autres pays, les agriculteurs sont désormais totalement engagés dans la production capitaliste à travers la vente et l'achat des produits industriels, même si leur forme de production demeure celle de la petite production familiale.

Planification et économie concertée

Pourtant, si la politique agricole est exemplaire des nouveaux rapports avec le pouvoir exécutif, la planification focalise l'essentiel des débats et des propositions visant à mieux associer les forces sociales à l'élaboration de la politique économique et sociale. Le plan, écrit le général De Gaulle, « embrasse l'ensemble, fixe les objectifs, établit une hiérarchie des urgences et des importances, introduit parmi les responsables et même dans l'esprit du public, le sens de ce qui est global, ordonné et continu » [54, p. 143]. Il offre aux forces sociales une prise directe sur les grandes orientations du développement du pays et sur le choix des priorités, là où la concertation avec un ministère leur donne, au mieux, une possibilité d'intervention très ponctuelle, portant davantage sur la mise en œuvre d'orientations que sur le choix de celles-ci. Il en fait des « partenaires » du gouvernement – dont certains vont rêver d'être à égalité avec lui. Mais s'agit-il pour autant d'une « planification démocratique » ?

À cette question, la CFTC répond à l'occasion de son trentième congrès confédéral – juin 1959. Le rapport sur la « planification démocratique », qui est au centre des débats, « trace une perspective d'organisation économique qui doit permettre à l'organisation syndicale de conserver son autonomie dans un régime d'économie planifiée » [34, p. 47]. Rejetant le libéralisme qui « aboutit à l'injustice sociale, au gaspillage des forces productives, au déséquilibre des différents secteurs d'activité et finalement provoque le désordre social et politique » et récusant toute assimilation entre planification et « étatisme, dirigisme étatique ou technocratique ou une quelconque forme de totalitarisme », la CFTC attend du plan qu'il définisse des « fins » économiques et extra-économiques poursuivies par une politique d'ensemble, et qui « doivent répondre aux besoins de la nation ». Le rapport Declercq propose en outre de reconnaître la « fonction publique » de l'investissement – et donc la nationalisation complète du système bancaire –, de créer une « caisse nationale d'investissement », et de « mettre sur pied un certain nombre de réformes tendant à nationaliser et à démocratiser l'appareil économique » (reconnaissance de la section syndicale d'entreprise et d'un rôle économique au comité d'entreprise, création de comités industriels tripartites et de conseils économiques régionaux). Critiquant la politique économique et algérienne du Général de Gaulle, le rapport plaide pour une liaison étroite entre revendication, programme économique et nécessité d'une politique nouvelle.

Le rapport de René Bonety, présenté au congrès de 1961, explicite ce thème à propos de la politique des salaires. « Laisser l'État décider seul, écrit-il, c'est lui faire faire jouer le rôle d'un « État-Providence » que nous refusons. C'est aussi admettre le fait que c'est à partir de préoccupations financières et budgétaires qu'une politique sociale s'élaborera ». La CFTC ne revendique pas pour autant de « négocier » au sommet entre État, patronat et organisations syndicales car le « contrat » qui en résulterait « viderait de leur contenu les conventions et les accords au plan de la profession. En fait, il s'agit d'apprécier en commun si la situation économique d'ensemble, à un moment donné, est susceptible de permettre tel niveau minimal de majoration de la masse salariale, compte tenu de la politique qui sera menée pour diriger l'évolution des autres formes de revenus » [34, p. 120].

La préparation du IVe Plan représente un pas important dans la direction souhaitée par la CFTC. D'une part, l'ensemble des organisations professionnelles et sociales – après la réintégration de la CGT dans les travaux du plan – sont étroitement associées à cette préparation ; le Conseil économique et social est consulté avant le début des travaux sur l'évolution de la consommation des ménages (rapport Jacques Delors) et sur le taux de croissance optimal (rapport Dominique Charvet), puis invité à donner un avis sur le texte du plan lui-même. D'autre part, l'orientation des premiers plans – dit « de modernisation et d'équipement » – axée sur les investissements productifs et, à partir du IIIe Plan, sur les équipements collectifs, est élargie à l'ensemble du « développement économique et social ». Les finalités y sont nettement affirmées, « nationales, [qui] dépassant les destins personnels, se définissent par la survie, le progrès, la solidarité, le rayonnement » et « individuelles, [qui] se définissent par l'amélioration des conditions de vie ». Aux premières correspond « la priorité donnée à l'expansion, et par conséquent à l'effort » ; aux secondes « l'utilisation des fruits de l'expansion [...] et un large recours aux services des équipements collectifs » [140, p. 4].

La recherche d'une croissance économique élevée (+ 5,5 % par an) et la poursuite de l'ouverture des frontières conditionnent la stratégie du IVe Plan : maintien d'un « effort » d'investissement important, croissance des exportations, adaptation des structures industrielles et commerciales. Mais l'effort est principalement demandé aux salariés, sous la forme d'une limitation des hausses de salaires et du maintien d'une durée du travail élevée. Le IVe Plan propose ainsi que « les hausses de salaires ne dépassent pas en moyenne les progrès de la productivité », pour permettre aux capitalistes de financer les investissements « sans tensions excessives » et de limiter un surcroît d'endettement. Il s'oppose à une réduction de la durée du travail qui « irait à contre-courant [et] entraverait l'expansion, alors que nous devons au contraire, en recourant à l'immigration, nous efforcer d'imprimer à l'économie française l'élan maximum pour assurer ensuite l'emploi d'une jeunesse plus nombreuse, de la main-d'œuvre libérée par la modernisation de l'agriculture et des disponibilités pouvant résulter à tout moment de démobilisations et de rapatriements ».

En contrepartie, le IVe Plan recherche une amélioration du mode de vie, qui repose plus sur les équipements collectifs que sur la consommation privée, choix auquel il apporte une justification philosophique : « On peut penser, en effet, explique le rapport sur le IVe Plan, que la société de consommation, que préfigurent certains aspects de la vie américaine et qui a trouvé aux Etats-Unis ses critiques les plus pénétrants, se tourne à la longue vers des satisfactions futiles, elles-mêmes génératrices de malaise. Sans doute, poursuit le rapport, vaudrait-il mieux mettre l'abondance qui s'annonce au service d'une idée moins partielle de l'homme. »

Et de conclure : « L'occasion doit être saisie d'accomplir une grande œuvre durable au sein de laquelle les hommes vivront mieux ! » [140, p. 6]. Ce choix se traduira par un taux de croissance élevé des investissements sociaux (+ 50 % en trois ans), qui devait permettre de rattraper un retard important. Il faut y voir, précisait le rapport, « un début d'inflexion de la structure de la consommation finale. Cette inflexion prend tout son sens si l'on précise qu'à l'intérieur même de cette catégorie d'investissements, une priorité particulière a été accordée à l'équipement urbain et rural, à l'éducation nationale, à la santé, aux sports, à la culture » [140, p. 26] (dont André Malraux est alors ministre). A cela s'ajoute un programme de 350 000 logements par an, bénéficiant « d'une amélioration des normes de dimensions et d'équipements, et représentant un accroissement de 25 % des dépenses d'investissement et de 10 % du nombre de logements construits ».

Le IVe Plan avait ainsi l'ambition d'être, sous l'impulsion de Pierre

Massé, commissaire général au Plan, un « projet de civilisation » qui, en même temps qu'il ferait accéder la société française à l'ère de la consommation de masse, l'infléchirait dans un sens moins individualiste. Pour marquer son attachement à l'œuvre de planification, qu'il a créée en 1945, le général De Gaulle, entouré du gouvernement, se rend solennellement, le 17 novembre 1961, au Conseil économique et social pour y entendre exposer ses avis et définir lui-même les objectifs à atteindre. Proclamé, « ardente obligation », le plan est désormais soumis à l'approbation de l'Assemblée nationale (déclaration d'investiture de Georges Pompidou, 26 avril 1962). Mais le plan n'ayant pas un caractère obligatoire et les dépenses publiques ne pouvant pas être engagées que par la loi de finances annuelle, la loi votée par le Parlement ne peut définir que le « cadre des programmes d'investissements pour la période 1962-1965 et un instrument d'orientation de l'expansion économique et du progrès social ». Il n'en devient pas moins un « acte politique ».

Le IVe Plan ne répond toutefois que partiellement aux vœux de la CFTC : les syndicalistes chrétiens critiquent certaines orientations du IVe Plan, notamment en matière de politique des salaires ; mais surtout ils dénoncent les insuffisances de la consultation et des procédures et demandent une meilleure représentation des organisations ouvrières » [5] l'accès à des postes de présidents et de rapporteurs dans les commissions de façon à mettre fin à l'omnipotence du patronat et de l'administration. Une telle réforme est-elle possible, le plan peut-il être réellement démocratique dans le cadre du capitalisme libéral ? En mars 1962, un colloque « pour la planification démocratique » » [6] se tient à Paris sous la présidence d'A. Jeanson, vice-président de la CFTC, véritable congrès du « modernisme ». De son côté, Pierre Mendès-France lance la formule « une assemblée, un gouvernement, un plan », dont la durée doit donc être celle de la législature. En 1963, syndicalistes chrétiens ouvriers (CFTC) et paysans (CNJA) publient ensemble une série d'études sous le titre « pour une démocratie économique » [39] qui développent les principales thèses avancées depuis plusieurs années sur la planification et la politique des revenus. François Bloch-Lainé parle d'« économie concertée » et publie une étude « pour une réforme de l'administration économique » [105, et 17] qui fait du plan la pièce maîtresse d'une vaste réorganisation ministérielle. Rarement l'identité de vues n'a été aussi forte et aussi visible entre les mouvements chrétiens et l'administration moderniste. Et pourtant, des observateurs lucides notent qu'« en définitive, le pouvoir économique réel appartient aux seules firmes. Malgré toutes les apparences et malgré le Plan, les chefs d'industries français conservent l'essentiel du pouvoir que leur garantissait le capitalisme libéral, et la démocratie économique n'existe pas ». Mais à la question « comment alors justifier la participation syndicale à l'œuvre de planification ? », les auteurs répondent qu'elle est « d'abord une garantie supplémentaire d'efficacité pour l'action syndicale revendicative » [112].

---

5. On dénombre 281 syndicalistes dans les commissions et groupes de travail pour 715 chefs d'entreprise, 562 représentants de syndicats professionnels, 781 fonctionnaires, 107 agriculteurs et 692 personnalités diverses.
6. Publié dans *Les Cahiers de la République,* n° 39 et 40-41.

la République présidentielle

Les organisations syndicales découvrent en fait les limites de leur participation qui reste plus formelle que réelle. Consultées sur les orientations du développement économique et social, elles n'influent pas fondamentalement sur l'élaboration des objectifs et des priorités. Ayant accepté d'agir dans le cadre des institutions qu'elles ne contrôlent pas, la CGT peut dans ces conditions dénoncer les « mystifications du pouvoir », mais elle hésite à retourner dans le ghetto d'où elle vient à peine de sortir et qui d'ailleurs ne lui offre pas de véritable alternative. La CFTC, quant à elle, veut y voir un instrument de dialogue qui doit permettre de concilier la « nécessaire ouverture sur l'extérieur » et la « prise en compte des besoins sociaux ». Elle ne perçoit pas les contradictions qui gisent au cœur des « ambitions » du IVe Plan. L'inflexion de la structure de consommation finale n'a-t-elle pas pour objet de faciliter une limitation des hausses de salaires ? Dès lors le développement important et soutenu des équipements sociaux n'est-il pas lui-même contradictoire avec l'effort d'investissement et la primauté reconnue à la loi du marché ? Le refus de la société de consommation contenu dans les choix du IVe Plan n'est-il pas en contradiction avec l'insertion plus grande sur le marché capitaliste mondial ?

L'après-guerre est fini. L'instabilité institutionnelle et les drames de la décolonisation qui ont déchiré puis emporté la IVe République sont résorbés. Le protectionnisme a été définitivement répudié et le Marché commun européen est en voie de constitution. Le général De Gaulle a désormais les mains libres pour accélérer la modernisation de l'économie ; il peut mener à bien ce que Pierre Mendès-France n'a eu ni le temps ni les moyens d'entreprendre. L'heure des modernistes a sonné. Celle des classes possédantes est passée. Déjà l'unité du monde rural s'est défaite. Leurs représentants politiques ont rompu avec le général De Gaulle, avant d'être pour nombre d'entre eux écartés par les électeurs au profit d'un nouveau personnel politique en partie issu de la haute administration. Pour les classes possédantes, dont, pendant près d'un siècle, le règne s'est identifié à la république, une époque s'achève.

L'après-guerre est également fini au plan des relations internationales. La guerre froide a cédé la place à l'organisation de la coexistence pacifique dont la course à la conquête de l'espace devient le symbole. A l'heure où l'on célèbre la prospérité américaine, les premiers craquements se font entendre : le dollar reste hégémonique mais n'est plus incontesté : face à la nouvelle concurrence européenne et japonaise, l'industrie américaine marque le pas... A travers le monde, la revendication d'émancipation et de libération se fait pressante. En quelques années, les principaux artisans d'une politique de paix disparaissent : le pape Jean XXIII, le chancelier allemand Konrad Adenauer, le Premier ministre britannique Harold Mac Millan, le président des Etats-Unis, John Kennedy en 1963, le premier secrétaire du Parti communiste d'URSS, Nikita Krouchev est démis de ses fonctions en 1964, Ahmed Ben Bella, le premier président de l'Algérie indépendante est renversé en 1965. Une nouvelle génération de dirigeants s'installe, de nouvelles majorités politiques se forment. Le général De Gaulle est toujours là, obstiné dans son refus d'admettre les antagonismes de blocs nés des accords de Yalta, seul survivant, avec le président Mao, d'une époque qui n'est plus.

Michel Debré s'en va, Georges Pompidou arrive. La passation de pouvoirs qui s'opère à l'Hôtel Matignon avant même la signature des accords d'Evian indique l'ampleur du changement. L'homme n'est pas un inconnu. Depuis l'époque où, à la Libération, il est entré au cabinet du général De Gaulle, il n'a cessé de travailler à ses côtés à la tête de l'équipe qui prépare les dossiers pour le jour où... En 1958, le général De Gaulle lui demande de diriger son cabinet. Il n'a accepté que pour six mois jusqu'à l'installation officielle du Général à la présidence de la République, mais il ne rompt pas les liens. De la banque Rothschild où il est entré en 1954, et où il retourne, il assure des missions, sur la négociation algérienne... et déjà l'économie, le problème pétrolier se mêlent au politique. Nommé Premier ministre, lui le normalien, petit-fils de paysan, fils d'instituteur, il fait de la modernisation économique sa première préoccupation, et très vite toute sa politique.

3

Le modernisme gaullien

La société française est entrée dans le monde moderne. A l'aube des années soixante, elle a basculé dans l'urbain, le salariat, les phénomènes de masse. C'est plus qu'une époque qui s'achève ; c'est un certain mode de vie qui disparaît. Une nouvelle génération arrive à l'âge adulte, née à la fin ou au lendemain de la guerre et qui n'a pas connu les privations et les drames des deux guerres mondiales ni de la crise. Enfants de la modernité, ils ont grandi avec la promesse d'abondance, au sein d'une société qui a toutes les peines du monde à épouser son temps. Celle-ci reste imprégnée par le malthusianisme et le conservatisme social. La modernisation doit se frayer un chemin à travers des structures archaïques, des privilèges et des inégalités. Elle progresse dans la mesure où elle les préserve, plus qu'elle ne les bouscule. Ce faisant, elle accumule des tensions et des impatiences, crée des frustrations et des mécontentements auxquels la jeunesse ne se résigne pas et qui finissent par exploser en mai 1968.

Un nouveau comportement de natalité

Le retournement, qui intervient à partir du milieu des années soixante dans les comportements de natalité, traduit, plus que tout autre changement, la rupture que représente le basculement des générations. La baisse du nombre des naissances est d'autant plus spectaculaire qu'elle succède à vingt ans d'augmentation, dont l'année 1964 marque le point culminant avec 874 000 naissances. En dix ans, le nombre des naissances diminue de 20 000 mais le taux de fécondité chute de 28 %, ramenant celui-ci de 8,17 enfants pour 100 femmes à 5,89. Ce phénomène n'est d'ailleurs pas propre à la France ni même le plus fort. Il a débuté aux Etats-Unis et au Canada dès 1957 – mais la fécondité y était aussi nettement plus élevée et n'a pas été touchée de la même façon par la guerre. Par contre, la natalité baisse pour l'ensemble des pays européens à partir de 1964. En Allemagne fédérale, au Danemark, en Suède, la chute de la fécondité est telle que, si elle devait se poursuivre, le renouvellement des générations ne serait plus assuré.

Cette cassure qui s'opère de façon synchrone en Europe en 1964 reste mal expliquée par des causes purement démographiques. Les démographes ont d'abord été frappés par la régularité du mouvement séculaire de baisse de la fécondité qui correspond à la disparition progressive des familles les plus nombreuses. Resituée dans cette perspective historique, l'augmentation du taux de fécondité [1] au lendemain de la guerre a pu apparaître comme une « anomalie » et la baisse comme un « retour à la tendance » [111], sans expliquer toutefois la brutalité du retournement, et moins encore sa date. Des travaux récents [110, 114, 116, 157] se sont davantage attachés à expliquer les changements de comportement des générations d'après-guerre. Ils ont mis en évidence une baisse proprement dite de la fécondité, c'est-à-dire du nombre d'enfants qu'aura eu finalement une femme – ce qui, pour la génération ayant eu 20 ans entre 1964 et 1974, ne sera pas connu avant l'an 2000 – et d'autre part un simple effet de « calendrier » entraînant un « retard » dans les naissances par rapport au comportement ancien. Si la famille reste le cadre privilégié de la natalité – 92 % des enfants naissent de parents mariés –, celle-ci connaît, en effet, de profondes évolutions du fait notamment de l'extension du salariat féminin et des transformations des modes de consommation. Les ménages qui s'endettent pour accéder aux nouveaux biens d'équipement, deviennent plus préoccupés de l'évolution de leur niveau de vie à un moment où le « plan de stabilisation » s'efforce de limiter les hausses de pouvoir d'achat. Les perspectives se sont brutalement assombries et la confiance en l'avenir des années précédentes a fait place à une certaine inquiétude. En outre, les prestations familiales dont le pouvoir d'achat ne cesse de prendre du retard sur celui du salaire, ne jouent plus le même rôle incitateur pour les catégories sociales les plus défavorisées, dont la fécondité avait la plus fortement augmenté après guerre. Cela est particulièrement sensible pour la classe ouvrière pour qui les prestations familiales représentent encore en moyenne 13,8 % du salaire en 1962 et seulement 11,5 % en 1970 et dont le comportement de fécondité rejoint progressivement celui des classes aisées, en baisse dès avant 1964.

Les liens entre fécondité et activité féminine sont évidemment centraux et jouent sans doute dans les deux sens ; une moindre fécondité rend les femmes plus disponibles pour exercer une activité professionnelle et le choix d'exercer ou non une activité induit des comportements différents face à la natalité. La descendance finale est en effet toujours notablement plus faible parmi les femmes actives que parmi les inactives, les différences étant en général moins importantes chez les femmes exer-

---

1. Taux de fécondité : rapport du nombre d'enfants nés vivants à la population moyenne féminine en âge de procréer (15 à 49 ans) pour 100 femmes.

çant une profession non salariée et chez les institutrices, c'est-à-dire lorsqu'elles travaillent à domicile ou ont une activité liée aux rythmes scolaires. Pour les femmes actives, les différences de natalité apparaissent plus liées à la nature de leur travail qu'à la catégorie sociale du mari. A l'exception des familles d'agriculteurs, celles où le mari est ouvrier ont une fécondité plus élevée tant que la femme est inactive, mais celle-ci devient très faible dès que la femme est elle-même ouvrière. Le choix entre la maternité et la vie professionnelle se pose par conséquent en termes très différents selon le métier de la femme : « Si son métier est pénible, mal payé ou lui impose trop de contraintes, elle l'abandonne ou elle aura peu d'enfants. Si, par contre, ses conditions de travail lui laissent une certaine liberté ou si elle gagne bien sa vie, elle pourra se permettre d'élever ses enfants et de rester active » [116].

Le second facteur susceptible d'expliquer la baisse de la natalité résulte de l'établissement d'un nouveau calendrier des naissances, les premières d'entre elles, en particulier, intervenant plus tardivement que par le passé. Trois éléments fortement liés entre eux ont sans doute contribué à ce décalage [114, 131]. La scolarité est de loin le plus important. Après 1964, on enregistre une très forte baisse du nombre d'enfants nés après cinq ans de mariage chez les femmes ayant le baccalauréat ou plus, et un allongement du délai moyen entre la date du mariage et celle de la venue du premier enfant. Or les femmes nées après guerre accèdent plus massivement que leurs aînées à l'enseignement secondaire et supérieur : en 1965 elles étaient 1 million dans les lycées et 170 000 à l'Université contre 340 000 et 40 000 vingt ans auparavant.

En second lieu, la diffusion des méthodes contraceptives et notamment l'utilisation de la pilule dans la seconde moitié des années soixante, si elles n'ont pas d'effet prouvé sur le taux de fécondité, permettent une meilleure maîtrise des naissances. Les femmes, à niveau culturel plus élevé, sont là encore les premières concernées, puisque les conceptions prénuptiales chutent à partir de 1965 chez celles ayant un diplôme d'enseignement supérieur et à partir de 1969 chez celles qui ont seulement le baccalauréat ; elles sont plus importantes et continuent d'augmenter chez les autres. Enfin, les changements intervenus dans les modes de vie, qui conduisent à privilégier la vie en couple par rapport à la constitution d'une famille dans les premières années de mariage, le développement de la cohabitation juvénile qui passe de moins de 20 % dans les années soixante à plus de 40 % en 1976 [130], contribuent à retarder les naissances. Ces pratiques nouvelles, qui apparaissent et se développent dans les milieux aisés et culturellement favorisés, se diffusent peu à peu dans les autres couches de la population. Si les différences restent fortes selon les milieux sociaux, le décalage des premières naissances est devenu progressivement un phénomène général. Reste à savoir dans quelle mesure il pèse sur la descendance finale : réponse à la fin du siècle.

Le coup d'arrêt à la modernisation

Alors qu'elle se fait plus nécessaire, la modernisation marque le pas. Le redressement économique intervenu entre 1959 et 1962 n'est guère contestable. Les chiffres l'attestent [2]. La croissance économique a été très élevée (+ 6,9 % par an), tirée par une forte augmentation de la productivité apparente du travail (+ 5,3 % par an), une croissance modérée des effectifs de l'industrie (+ 160 000) et des activités tertiaires (+ 280 000), et une légère élévation de la durée du travail (qui atteint, en moyenne, 46 heures hebdomadaires en 1962). Elle s'alimente à une augmentation de la consommation des ménages très soutenue (+ 6 % par an), due à des gains sensibles de pouvoir d'achat (le taux de salaire horaire augmente de + 3,6 % par an en pouvoir d'achat) et une forte croissance des transferts sociaux (+ 11,8 % par an), et à un effort très important d'investissement de la part des entreprises (+ 9,0 % par an), comme de celui consacré au logement (+ 8,9 % par an). Le chômage est en légère diminution, et les demandes d'emploi non satisfaites en fin de mois reviennent aux environs de 100 000. La hausse des prix à la consommation, inférieure à 4 % par an, marque un très net ralentissement par rapport à la période précédente. Enfin, la balance commerciale est à nouveau excédentaire et le déficit public a été réduit de moitié par rapport aux années 1956-1957.

Mais les déséquilibres des années cinquante demeurent, en particulier dans les échanges extérieurs qui voient les importations augmentées à un rythme nettement plus rapide que les exportations (+ 9,4 % par an contre + 7,9 %). Les rigidités sociales et le malthusianisme dénoncés par le rapport Rueff-Armand n'ont guère été bousculées. La concentration des établissements industriels apparaît remarquablement stable et est plutôt confortée par la croissance ; elle l'est tout autant dans les services et les commerces, en dehors d'une diminution des petits établissements. Les structures familiales restent prépondérantes et le recours à l'autofinancement demeure la règle. Les transformations qui affectent l'agriculture, dont les effectifs diminuent d'environ 150 000 personnes par an, sont la manifestation la plus tangible du bouleversement en cours. Les incidences économiques de la fin de la guerre d'Algérie ont, en fait, servi de révélateur des déséquilibres latents. La démobilisation des soldats du contingent consécutive à la réduction de la durée du service militaire et l'arrivée massive des rapatriés d'Algérie, amorcée dès avant les accords d'Evian, mais qui s'intensifie, provoquent une augmentation brutale de la population active. Celle-ci vient grossir l'entrée dans la vie active des générations de l'immédiat après-guerre : le nombre de jeunes arrivant chaque année sur le marché du travail passe de 500 000 au début 1960 à 800 000 en moyenne à partir de 1962. Le chômage qui avait sensiblement régressé depuis 1959 augmente brutalement : il passe de 97 600 demandeurs d'emploi au deuxième trimestre 1962 à 133 100 au troisième pour culminer à 158 400 au premier trimestre 1963.

Par ailleurs, les ressources monétaires importantes dont disposent les rapatriés, du fait des transferts qu'ils ont opérés et des dédommagements versés par l'Etat, provoquent un fort accroissement de la demande des biens de consommation et de logements, mais aussi de fonds de commerce et de terres... qui ne peut être satisfaite. Malgré un certain

---

2. Calculs effectués d'après *Le Mouvement économique en France, 1949-1979*, INSEE (il s'agit de taux de croissance annuel moyen sur 1959-1962).

ralentissement de la progression des salaires intervenu en 1962, celle-ci reste soutenue en 1963 alors que la productivité du travail connaît un net fléchissement. Ces évolutions divergentes alimentent les tensions inflationnistes, dégradent la rentabilité des entreprises et accentue le recul de la croissance des investissements des entreprises amorcé dès 1962. La demande supplémentaire de biens comme l'excédent de forces de travail butent sur l'insuffisance des capacités de production. Incapables d'y remédier à court terme, les patrons préfèrent augmenter les prix pour éponger la demande monétaire et améliorer leur taux de profit et laissent aux importateurs le soin de satisfaire la demande. Le mécanisme de la crise financière de 1955-1957 se reproduit identique à lui-même : d'un côté, l'inflation alimente la prospérité des profits et entretient les placements spéculatifs ; de l'autre, elle provoque une fuite devant la monnaie qui accentue les pertes de change dues à la dégradation de la balance commerciale. Mais à la différence des crises précédentes, le général de Gaulle refuse d'envisager une nouvelle dévaluation. Il ne peut accepter, écrit-il dans ses *Mémoires d'espoir,* « le tort infligé à notre monnaie, [dont] la solidité mesure dans le monde la réalité et l'efficacité de l'économie du pays, dont dépendent celles de sa politique [55, p. 211]. Mais la situation sociale ne lui permet pas de rééditer le plan d'austérité de 1958 et de faire supporter tout le poids de la « stabilisation » à la classe ouvrière.

Le gouvernement doit, en effet, faire face à une renaissance de l'action revendicative. Le « rendez-vous d'automne » 1962, que le gouvernement a présenté comme une « grande opération », n'a apporté que de maigres résultats, si ce n'est, dit la CGT, « remplacer la satisfaction des revendications urgentes par des flots de paroles plus ou moins prometteuses » [27]. Malgré l'apparition de listes syndicales plus ou moins suscitées par le gouvernement, les trois confédérations totalisent 80 % des suffrages aux élections des administrateurs des caisses de sécurité sociale et d'allocations familiales et la CGT y améliore sensiblement ses positions. Fin décembre 1962, la direction de la Régie Renault céde à la revendication de la quatrième semaine de congés payés, « laquelle rencontrait la faveur du ministre du Travail, Gilbert Granval, et l'hostilité du ministre des Finances, Valéry Giscard d'Estaing » [99, p. 102]. Cette victoire ouvre une brèche qui suscite l'essor des actions revendicatives. Dans le secteur public, le combat est d'autant plus ferme que les hausses de salaires ont été plus faibles, et qu'au fil des années des retards se sont accumulés. L'achat de charbon américain, qui concurrence la production française et confirme la volonté du gouvernement d'en organiser la régression, porte dans les mines le mécontentement à son comble. Devant les rigueurs d'un hiver exceptionnel, les mineurs retardent leur action, réduisant d'abord seulement leur rendement dans l'attente des résultats des pourparlers engagés avec la direction. Le 15 février, c'est l'échec : la direction propose une hausse de salaires de 1 % en réponse à la revendication de 11 % avancée par les mineurs. L'ensemble des syndicats appelle alors à la grève pour le 1er mars, la CGT pour un premier arrêt de quarante-huit heures, FO et la CFTC pour une durée illimitée. Le gouvernement répond par un ordre de réquisition, que le général de Gaulle signe de Colombey. L'épreuve de force est engagée. Elle dure trente-cinq jours, tandis que des « grèves d'avertissement » éclatent à l'EDF et à la SNCF. Finalement, le gouvernement cède et se réfugie derrière une « commission de trois sages » présidée par Pierre Massé, qui reconnaît un retard des salaires de 8 % pour les mineurs, 4,7 % à 5,2 % pour les cheminots, et 3,1 à 3,6 % pour les électriciens et les gaziers, mais propose d'en étaler le rattrapage dans le temps. Le mouvement syndical remporte là sa première grande victoire sur le général de Gaulle. Celui-ci prend sa revanche quelques mois plus tard, à la suite d'un arrêt de travail impromptu à la RATP qui provoque un certain mécontentement des usagers, vite grossi et exploité par le gouvernement. Pour prévenir à l'avenir toute grève surprise dans les services publics, il fait voter au Parlement, non sans réticence de la part du Sénat, une loi qui limite le droit de grève en instituant un préavis obligatoire de cinq jours (31 juillet 1963).

Mis en échec dans l'immédiat au plan des salaires, le gouvernement décide en avril une hausse de certains tarifs publics – ce qui revient à faire payer aux usagers les hausses de salaires accordées – et des mesures de restrictions de crédit destinées à casser l'inflation, et à enrayer la relance de l'investissement dans le but de réduire les importations, au prix de tensions persistantes sur les capacités de production. Ces mesures jugées insuffisantes, le gouvernement adopte le 12 septembre 1963 un « plan de stabilisation » plus contraignant, mis au point par Valéry Giscard d'Estaing, récemment promu ministre des Finances et des Affaires économiques. Outre le renforcement du resserrement du crédit, il procède à un blocage des prix destiné à prouver aux syndicats sa détermination de lutter contre l'inflation au moment où il prépare la mise en place de sa « politique des revenus », mais qui achève de casser la relance de l'investissement. Pour rétablir l'équilibre budgétaire et la confiance dans la gestion des affaires publiques, il décide également de sacrifier des équipements collectifs pour réduire les dépenses publiques. Ces « coupes sombres » sonnent ainsi le glas des « ambitions » du IVe Plan, même si l'achèvement des programmes engagés donne l'illusion que les objectifs quantitatifs prévus sont atteints. Ceux-ci ne le sont d'ailleurs qu'au prix d'un endettement considérable des collectivités locales, qui compromet la poursuite ultérieure de ces programmes. Enfin, au nom de la défense du franc, le général De Gaulle répond aux mesures américaines de limitation des emprunts étrangers sur le marché monétaire américain (taxe d'égalisation) en prescrivant à la Banque de France d'exiger des autorités monétaires américaines que leurs dettes au titre du déficit de leur balance des paiements soient pour 80 % soldées en or. La guerre monétaire avec les Etats-Unis commence.

Austérité, blocage, restrictions... ce plan suscite l'hostilité des syndicats ouvriers et agricoles mais aussi du patronat. En justifiant les mesures de blocage des prix, Valéry Giscard d'Estaing demande un délai de six mois pour en assurer le succès. Il les maintient vingt-huit mois, jusqu'à son remplacement en 1966 par Michel Debré. Ce « plan de stabilisation » a été largement négatif. L'inflation est freinée, mais la croissance aussi et le chômage, après un certain recul (le nombre de demandeurs d'emploi redescend à 110 000) reprend sa marche ascendante dès la fin de 1964. La modernisation de l'appareil productif n'est pas totalement remise en cause : le blocage des prix contraint en effet le patronat à accorder plus d'attention à l'amélioration de la productivité en accélérant la transformation des conditions de production – c'est-à-dire en privilégiant le recours à des équipements plus productifs par rapport à l'accroissement des capacités de production –. Mais son rythme est sensiblement affaibli du fait d'une moindre croissance des investissements productifs. L'adaptation sectorielle, dont la nécessité reste mal perçue, s'en trouve partiellement compromise et la pénétration du marché français par les importations s'intensifie. Dès lors, l'objectif de rétablissement de l'équilibre de la balance commerciale ne peut être atteint. Le « plan de stabilisation » accentue en définitive les faiblesses de l'industrie française et rend très vite sensible la nécessité d'un retour à une politique plus volontaire mais aussi d'une croissance industrielle plus forte. L'heure des modernistes a sonné.

Le Ve Plan, ou l'impératif de concentration

La situation de l'insertion de l'économie française dans le monde apparaît paradoxale. La compétitivité des prix français par rapport aux prix étrangers rétablie par les dévaluations de 1957-1958 se maintient du fait des gains de productivité et d'une progression des coûts salariaux moins rapide qu'à l'étranger. Dans le même temps, la part du marché national détenue par les producteurs étrangers s'accroît très fortement – elle double entre 1960 et 1969 passant de 17 à 34 % – alors que l'effort à l'exportation stagne aux alentours de 30 %, malgré une demande mondiale en expansion. Les insuffisances structurelles, à l'origine de ce paradoxe ont été perçues très tôt [73]. Les travaux économiques [127] réalisés dans les années soixante-dix permettent d'en préciser aujourd'hui la nature. Les mesures de redressement de 1958 n'ont pas suffi à corriger la mauvaise spécialisation de l'économie française, au moment où elle renonce aux protections douanières.

L'accroissement des exportations de produits agricoles et leurs contribution positive à la formation du solde extérieur, conséquences de la mise en place de la politique agricole européenne en sont la plus parfaite illustration. Ce résultat a en effet pour contrepartie une dégradation de la position des industries agricoles et alimentaires, qui ne parviennent pas à valoriser une production, qui reste exportée sous forme brute. La détérioration du solde extérieur est particulièrement forte dans l'industrie et avec les pays capitalistes sur lesquels se concentrent 90 % des échanges industriels. L'« indice de spécialisation » montre que l'industrie française est plus spécialisée que dans les autres pays dans les industries de biens intermédiaires et de biens de consommation et que le mouvement de spécialisation en faveur des industries d'équipement qui s'amorce dans les années soixante a été le plus rapide des pays du Marché commun. Mais s'il traduit une réelle capacité d'adaptation, il a été insuffisant pour combler le handicap initial. En particulier, malgré une forte croissance des investissements productifs entre 1959 et 1963 (+ 8,7 % par an), celle-ci n'a pas été plus rapide dans les secteurs exposés à la concurrence internationale et n'a pas permis de rattraper le retard accumulé sous la IVe République. Dans ces conditions, il n'est pas étonnant que les secteurs

85

« modernes », chimie, mécanique, construction électrique, aient des performances très médiocres et que la France soit, dans ces secteurs, importatrice nette. Le V⁰ Plan de développement économique et social, même s'il ne formule pas le diagnostic exactement en ces termes, a pour ambition de relever le défi que constitue la faiblesse de l'industrie française.

Tableau 7.

INDICES DE SPÉCIALISATION PAR RAPPORT À LA CEE

	France			Variation 1971/1965		
	1960	*1971*	*Variation 1971/ 1965*	*RFA*	*Italie*	*Benelux*
Agriculture	1,33	1,74	1,06	1,47	0,73	1,03
IAA	1,19	1,41	1,02	1,28	0,82	0,95
Énergie	0,64	0,49	0,68	0,78	1,03	1,33
Industries intermédiaires	1,04	0,99	0,87	1,04	0,95	1,07
Industries de consommation	1,29	0,99	0,83	1,19	1,08	0,92
Industries d'équipement	0,72	0,92	1,09	0,98	1,07	0,93

L'indice de spécialisation d'une branche est défini, par référence à une certaine zone géographique, CEE ou OCDE, comme le rapport de la part de la France, pour cette branche, dans les exportations de la zone et la part moyenne de la France, toutes branches réunies :

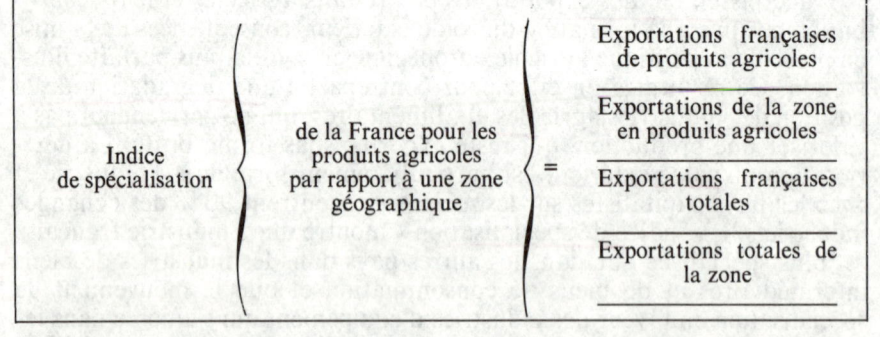

$$\text{Indice de spécialisation de la France pour les produits agricoles par rapport à une zone géographique} = \frac{\dfrac{\text{Exportations françaises de produits agricoles}}{\text{Exportations de la zone en produits agricoles}}}{\dfrac{\text{Exportations françaises totales}}{\text{Exportations totales de la zone}}}$$

Source : *Fresque historique du système productif* (INSEE, 1974, p. 207 et suiv.)

Le gouvernement a d'emblée voulu rappeler, dans le rapport sur les principales options du V⁰ Plan qu'« en optant pour une économie ouverte, nous avons renoncé à la sécurité ruineuse du repliement. Le Plan ne saurait la remettre en question » [141, p. 5]. Dès lors, « l'option faite en faveur de la libération des échanges ne nous laisse pas le choix : elle nous impose de gagner le pari fait sur la compétitivité de nos industries ». Le rapport sur le Ve Plan le redit avec force : « Dans le monde de la compétition où nous sommes entrés sans esprit de retour, l'objectif fondamental du Ve Plan est d'asseoir sur des bases solides la capacité concurrentielle de notre économie » [142, p. 5]. Pari, le mot n'est pas trop fort car, si l'objectif est clairement défini, les moyens pour y parvenir sont plus incertains : faut-il renforcer l'action de l'Etat ou, au contraire, s'en remettre davantage aux « lois du marché » ? Le gouvernement juge indispensable, à l'aube de la préparation du Ve Plan, de rouvrir ce débat. Il ne sera jamais vraiment clos.

En préface à la préparation proprement dite du Plan, le commissaire général pose les deux questions clés : un plan est-il encore utile ? Est-il encore possible ? L'intérêt de ces questions, c'est que les réponses précisent la conception d'une planification dans le cadre d'un système capitaliste. « Dans une économie de marché, orientée par le plan, précise le rapport du Ve Plan, la responsabilité première du développement industriel appartient aux chefs d'entreprise. De leurs initiatives dépend le succès de la politique dont les objectifs et les moyens sont décidés dans le Plan » [142, p. 72]. Mais le commissaire général au Plan estime aussi « contraire à la prudence de livrer l'économie à un laisser-faire dont on n'aurait pas cherché à supputer, et le cas échéant, à infléchir, les conséquences ». C'est pourquoi les initiatives des capitalistes doivent « pouvoir être conjuguées avec celles des professions et de l'Etat [...]. Bien entendu, on peut estimer qu'une politique du développement industriel ne réussira en France que si l'ensemble du pays prend une conscience nouvelle nécessaire pour son développement ». Dans ces conditions, « le rôle de l'Etat est double : il consiste en premier lieu à créer des conditions générales favorables au développement industriel, en second lieu à apprécier, en liaison avec les professions intéressées, les orientations de la politique à suivre dans les différentes branches et, le cas échéant, à appuyer les initiatives des entreprises conformes à ces orientations ». Le commissaire général au Plan ne préconise donc pas une forme nouvelle d'« économie mixte » : la complémentarité entre plan et marché reconnaît et organise la prééminence des lois du marché sur les objectifs du plan, et donc des décisions capitalistes sur la politique gouvernementale. Il suggère, à mots encore couverts, que cela suppose une transformation profonde du mode d'intervention étatique, qui fait bientôt l'objet de différents rapports. Mais n'anticipons pas.

Pour les planificateurs, la question centrale est celle de la cohérence macro-économique des objectifs retenus. Les premières « esquisses de croissance » ont en effet montré que la réalisation de l'« équilibre économique » compatible avec une croissance « souhaitable » du PIB de 5 % n'est pas acquise. Qu'il s'agisse des prix, du chômage, du budget, de la balance commerciale, les risques de « dérapage » apparaissent à l'évidence, et à nouveau l'impératif de croissance jugé nécessaire au renforcement de la compétitivité s'oppose au plein emploi et à l'amélioration du niveau de vie des salariés. Le commissariat général du Plan estime qu'il n'y a pas de choix et qu'il faut concilier ces deux impératifs considérés jusqu'ici comme inconciliables. « C'est certainement, dit Georges Pompidou, devant l'Assemblée nationale, un des traits particuliers du Ve Plan que de marquer les liens étroits qui existent entre ces deux objectifs, et la nécessité de ne jamais sacrifier l'un à l'autre [...]. Cela n'exige pas seulement de choisir l'expansion, mais aussi de s'en donner les moyens. C'est une des raisons pour lesquelles, dès la définition des grandes options, le Ve Plan a mis ou mettra l'accent sur les objectifs de structure [3]. »

Parmi ces objectifs, ceux qui visent à organiser « un effort vigoureux de modernisation, de concentration, et le cas échéant, de conversion des entreprises », surclassent tous les autres. Posant les jalons d'une « nouvelle stratégie industrielle », le Ve Plan ne propose rien moins que « la constitution, ou le renforcement lorsqu'ils existent déjà, d'un petit nombre d'entreprises ou de groupes de taille internationale capables d'affronter les groupes étrangers dans les domaines où s'établit la concurrence : autonomie technique, dimensions des unités de production et de commercialisation, polyvalence et équilibre entre différentes clientèles et différents marchés géographiques, réserve de puissance pour pouvoir riposter rapidement à la sortie d'un nouveau produit, etc. Dans la plupart des grands secteurs de l'industrie (aluminium, sidérurgie, mécanique, construction électrique, électronique, automobile, aéronautique, chimie, pharmacie, etc.), le nombre de ces groupes devrait être très limité, souvent même réduit à un ou deux » [142, p. 68]. Ce choix privilégiant la constitution de quelques grands groupes industriels répond au constat, cent fois refait, de la faible concentration de l'industrie française par rapport à ses concurrents. Dans le classement des cent premières entreprises des dix principaux pays capitalistes, la France ne peut en aligner que deux contre huit pour l'Allemagne, onze pour la Grande-Bretagne, soixante-quinze pour les Etats-Unis ; aucune n'atteint le milliard de chiffre d'affaires. Or on observe que la valeur ajoutée industrielle par personne employée et le profit par personne employée augmentent tous deux avec la taille des entreprises. Autrement dit, plus les entreprises sont grandes, plus elles apparaissent compétitives et capables d'affronter avec succès les marchés étrangers.

L'« affaire Bull », qui éclate au début de l'année 1964, renforce les pouvoirs publics dans ce choix. La Compagnie des machines Bull, avec ses 18 000 agents et ses filiales dans 27 pays [75], représente un potentiel et un atout importants dans un domaine en pleine expansion : l'ordinateur de gestion. En 1963, la société avait consacré 13 % de son chiffre d'affaires en frais d'étude et de recherche pour mettre au point le « Gamma 60 ». Son échec commercial met la société en difficulté. General Electric, qui cherche à concurrencer IBM sur le marché européen pour, à terme, revenir sur le marché américain, propose une participation de 20 % dans Bull. Dans un premier temps, le gouvernement s'y oppose, convaincu par l'embargo américain sur les livraisons d'ordinateurs scientifiques à usages militaires que l'industrie française ne doit pas dépendre de l'étranger dans un domaine aussi stratégique. Il tente d'impulser une solution française à partir de la CGE, de CSF, de la Banque de Paris et des Pays-Bas et de la Caisse des dépôts. Mais en dépit d'un pro-

3. *Le Monde* du 4 novembre 1965.

tocole d'accord, les deux sociétés industrielles s'efforcent de se dégager de cette opération et laissent finalement le champ libre à la firme américaine. Le gouvernement ne peut faire autrement que d'accepter. Cette histoire est à bien des égards exemplaire de l'ambiguïté de l'intervention de l'Etat dans la stratégie des entreprises, jalonnée de projets avortés et de refus qu'il ne peut maintenir.

Cette « affaire » attire l'attention sur un phénomène qui n'est pas encore mesurable, mais qui est perçu comme dangereux : la pénétration étrangère croissante en France. Le recensement des investissements étrangers au 31 décembre 1962 fait apparaître une très forte pénétration dans les industries mécaniques, électriques, automobiles, la chimie, le secteur pétrolier et les industries agricoles et alimentaires, secteurs qui apparaissent justement vulnérables à la concurrence internationale. Le Ve Plan se fait, dès le début des options, l'écho de cette inquiétude. Il est, peut-on lire, « difficile d'imaginer et sans doute aussi de souhaiter que la France puisse être en longue période bénéficiaire d'investissements étrangers en volume croissant, surtout provenant de pays extérieurs au Marché commun » [141] (sans que cela ne remette en cause la politique gaulliste d'indépendance à l'égard de la bourgeoisie américaine). Certes, précise le rapport sur le plan, « l'attitude à adopter à l'égard des investissements américains ne doit pas s'inspirer de considérations purement négatives. Ces investissements peuvent servir de véhicules à des apports techniques et industriels appréciables et concourir ainsi au progrès général de la productivité du pays. Mais une attitude plus réservée s'impose en revanche lorsqu'ils aboutissent, à l'issue d'opérations purement financières, à transférer à l'étranger le contrôle d'entreprises françaises situées dans certains secteurs clés, voire à établir dans ces secteurs un monopole de fait ».

Ainsi se met en place une politique industrielle qui présente une triple caractéristique : en premier lieu, sans renoncer totalement à une approche sectorielle, elle privilégie l'action en faveur de certaines entreprises ; en second lieu, elle se soucie moins de définir une stratégie industrielle – qui reste l'affaire de l'entreprise – que d'impulser des opérations financières de fusions et de regroupements ; enfin, elle concentre les actions de l'Etat et les aides publiques sur un nombre restreint d'entreprises susceptibles d'acquérir la taille internationale. En juillet 1965, la fiscalité des fusions est aménagée pour réduire le coût des opérations et la rendre plus incitative. Combinant action sectorielle et politique de groupes, les pouvoirs publics préparent des plans professionnels dans la sidérurgie et la construction navale destinés à rendre ces industries « compétitives dans des conditions régulières de concurrence ». En échange de prêts à bas taux d'intérêt, et d'aides importantes, ils imposent un programme d'investissements, une rationalisation de la production et un regroupement des entreprises autour de quelques pôles.

Dans l'informatique, le gouvernement reprend son projet avorté et élabore un « plan calcul » dont la réalisation est confiée à une société créée à cet effet, la CII., à partir des départements « calcul » de CGE, de CSF et de Schneider. Dans l'aéronautique et l'« espace » des « grands programmes », civils et militaires, sont arrêtés, dont certains prolongent des opérations déjà engagées – Concorde par exemple –. Les crédits d'aide à la recherche-développement, dont le V⁰ Plan demande le doublement, progressent très fortement jusqu'en 1967 – ils représentent alors 2,4 % du PNB. – et sont réorientés vers quelques groupes : Thomson, CGE, Rhône-Poulenc, PUK, Creusot-Loire, CEM, Schlumberger et Air-Liquide accaparent ainsi 67 % du total [4]. Enfin, les marchés publics sont davantage orientés en fonction des objectifs poursuivis. Par leur importance – plus de 50 % de l'ensemble des crédits publics à finalité industrielle – ils constituent un moyen d'action privilégié. Le recours massif aux marchés de gré à gré (70 % des marchés représentant 87 % de leur montant) et le monopole accordé aux entreprises françaises dans l'accès aux marchés publics assurent la sélectivité recherchée. Deux secteurs s'octroient la moitié des marchés : l'« aéronautique et spatial » et les « machines et appareils électriques et électroniques et de télé-communications » ; le secteur des industries mécaniques, un dixième.

Le mouvement de concentration qui s'accélère à partir de 1965 – entre 1965 et 1969 on dénombre en moyenne 50 % d'opérations de concentration en plus qu'entre 1959 et 1964 – mobilise une part importante des ressources financières des entreprises absorbantes. Les procédures administratives d'accès au marché financier, par le biais des calendriers d'émissions réservés en priorité au Trésor et aux entreprises et collectivités publiques, ne permettent guère aux entreprises privées de recourir à l'épargne obligatoire. De même, le cloisonnement du système bancaire limite fortement le recours à l'endettement. Elles doivent, par conséquent, très largement autofinancer leurs opérations de concentration : ainsi, pour les 400 plus grandes sociétés françaises [133], alors que sur la période 1965-1967 le rapport autofinancement/investissements augmente de dix points par rapport à la période 1957-1964 et atteint 98 %, l'autofinancement rapporté aux investissements plus autres valeurs immobilisées reste pratiquement stable : 68,2 % au lieu de 67,2 %. Mais, dès lors, ces opérations se font au détriment des investissements indispensables par ailleurs tant pour moderniser et rationaliser la production que pour en accroître les capacités. En particulier, les entreprises fortement exportatrices voient leurs investissements stagner alors que la concurrence internationale impose au contraire qu'elles les augmentent plus rapidement que les autres.

Le V⁰ Plan a bien préconisé un certain nombre de mesures réglementaires et fiscales destinées à drainer l'épargne vers le financement de l'industrie et un réaménagement du rôle respectif du Trésor et des banques au profit de ces dernières. Mais les mesures recommandées en même temps pour financer la construction de logement – qui aboutissent à la création de l'épargne-logement en 1965 – font très sérieusement concurrence à l'industrie. De plus, les réformes se mettent en place lentement : en 1964, les banques lancent des sociétés d'investissement à capital variable (SICAV), destinées à drainer l'épargne des particuliers vers l'industrie, en leur offrant des parts d'un portefeuille d'actions ; début 1966, Valéry Giscard d'Estaing, crée un système de détaxation fiscale des

---

4. Source DGRST.

revenus des valeurs mobilières, l'« avoir fiscal » qui représente un avantage considérable pour les détenteurs de patrimoine mobilier et donc un coût budgétaire très élevé pour attirer de nouveaux actionnaires ; il instaure enfin la possibilité d'opter pour un prélèvement libératoire (à taux unique) et une franchise fiscale sur les revenus de valeurs mobilières. Par contre, il faut attendre son départ du ministère des Finances où lui succède Michel Debré pour voir s'amorcer un décloisonnement des banques, qui ouvre la première brèche dans un système bancaire qui s'est figé à la fin du siècle dernier, sans que la nationalisation de 1945 n'y change rien [23].

Les décrets de mars 1966 autorisent les banques de dépôts à collecter des fonds à plus de deux ans d'échéance et aux banques d'affaires à rechercher des ressources à vue. Parallèlement les premières sont autorisées à prêter à plus de cinq ans. L'interdiction faite dans le même temps aux banques de rémunérer des dépôts à vue les conduit, à partir de 1968, à développer leurs ressources d'épargne. Avec la création des comptes sur livrets, des comptes à préavis, des bons, les banques drainent une partie de l'épargne liquide et concurrencent directement le réseau traditionnel des caisses d'épargne – qui conservent toutefois un avantage lié au privilège fiscal de ses livrets. La multiplication des guichets bancaires favorise cette collecte. Dès lors la part des dépôts à terme augmente rapidement (20 % en 1965, 40 % en 1969, presque 50 % en 1972). Du fait de la stabilité des ressources, elle permet la mise en place d'une nouvelle politique de crédit qui repose sur des prêts à moyen et long terme non mobilisables, et limite le refinancement par la Banque de France. Les mesures complémentaires prises en 1967 par Michel Debré contribuent à modifier la gestion bancaire. Le système du plancher de bons du Trésor est abandonné au profit d'un mécanisme de régulation de l'ensemble des crédits. Deux notions nouvelles sont introduites : d'une part, l'obligation de « nourrir » un portefeuille minimal d'effets à moyen terme qui remplace le coefficient de trésorerie introduit au début des années soixante, d'autre part des « réserves obligatoires » calculées sur les dépôts ou les crédits ouverts, déposées à la Banque de France. Ces nouveaux modes de contrôle de la création monétaire se révèlent peu efficaces et subissent d'incessantes modifications. Celui-ci échappe de plus en plus à la Banque de France, tandis que se développe un refinancement entre banques et une intervention croissante sur le marché monétaire – politique d'« open market ». Le décloisonnement du système bancaire n'est que relatif. La spécialisation d'un certain nombre d'organismes financiers et les privilèges réglementaires dont ils bénéficient, leur procurent une place à part dans le financement des crédits à moyen et long terme non mobilisables. Prêts aux collectivités locales, logements, prêts à l'agriculture, certains crédits d'équipement aux entreprises. Quant à l'affectation de ces crédits, elle profite davantage à la construction privée qu'aux entreprises : en dépit des multiples avantages fiscaux accordés aux revenus des valeurs mobilières, l'immobilier demeure un placement plus recherché que l'industrie.

Préparé un an après la mise en œuvre du « plan de stabilisation », le Ve Plan esquisse une autre politique économique. Le premier recourt à la déflation pour freiner la hausse des prix et rétablir l'équilibre de la balance commerciale, au risque de casser la croissance économique ; le second fait, au contraire, le pari d'une croissance forte et d'une relance des investissements pour adapter l'appareil productif à la concurrence internationale. Cette opposition souligne les divergences qui existent au sein du gouvernement, mais aussi les hésitations de celui-ci entre l'orthodoxie financière et la modernisation économique, dont aucune n'est exempte de contradictions. Confronté à l'hostilité du patronat au blocage des prix et au recul de la production à partir du dernier trimestre de 1965, le général De Gaulle décide de mettre fin au « plan de stabilisation ». Valéry Giscard d'Estaing part, Michel Debré arrive à la tête d'un ministère rebaptisé « ministère de l'Economie et des Finances » pour marquer la priorité du développement économique sur la gestion des finances publiques. Le 16 février 1966, dans la ligne tracée par le Ve Plan, le gouvernement adopte une série de mesures destinées à soutenir l'activité et à favoriser les investissements productifs et les restructurations industrielles. Mais il entend aussi se doter d'une véritable doctrine que le Ve Plan a tout juste esquissée au milieu d'une conception d'interventions étatiques plus traditionnelle. Le 2 mars, le Conseil des ministres met en place les comités d'experts, dont le principe a été décidé dès juillet 1965, mais qui sont restés, jusque-là, bloqués. Ceux-ci doivent suivre l'exécution du Ve Plan en ce qui concerne le développement industriel, les entreprises publiques et l'administration. En fait de suivi, ils élaborent une nouvelle politique des domaines concernés, qui répond d'ailleurs à la très large mission qui leur a été confiée :

• « formuler une appréciation sur l'évolution souhaitable à moyen et long terme des structures dans ces domaines » ;
• « définir les orientations et la politique à suivre dans les différents secteurs de leur domaine, ainsi que les moyens à mettre en œuvre pour y parvenir » ;
• « préciser les modalités d'une coordination des moyens dont dispose l'Etat pour appuyer les initiatives conformes à ces orientations » ;
• « envisager les conditions générales favorables pour renforcer l'efficacité de ces évolutions et de cette politique ».

Mais l'intérêt de ces comités, plus connus sous le nom de leurs rapporteurs, Xavier Ortoli puis René Montjoie pour le comité du développement industriel [145], Simon Nora pour le comité des entreprises publiques [146] enfin Claude Lasry pour le comité sur les administrations, c'est qu'ils représentent la première tentative d'unification d'une conception du développement capitaliste et de propositions de réformes qui se sont jusqu'ici manifestées de façon séparée. Pour la première fois, les intérêts que défendent des directeurs généraux du ministère des Finances, des responsables du Plan, des directeurs d'entreprises publiques, les responsables de la Banque de France, des dirigeants des groupes industriels en constitution apparaissent comme les intérêts communs d'une même classe sociale, unie par une même conception de la direction de la production capitaliste et de l'organisation des rapports sociaux, auxquelles la présence de Pierre Lebrun, ancien président du groupe CGT, au Conseil économique et social, et de Robert Botherau, secrétaire général de FO de 1948 à 1963, apporte par avance une caution syndicale.

Le fonctionnement de ces comités facilite d'ailleurs cette unification [92] : homogènes dans leur composition, ils peuvent définir, sans avoir à se soucier de rechercher des compromis – comme dans le cadre du Plan –, les bases de la politique qu'ils souhaitent voir mise en œuvre et que le gouvernement s'efforce de faire admettre à l'occasion de la préparation du VIe Plan. A l'« impératif industriel », selon l'expression de Lionel Stoleru, qui publie sous son nom les conclusions empruntées au comité de développement industriel, correspond la réhabilitation du profit « ferment de dynamisme et d'efficacité ».

Toutes les actions publiques devront désormais être subordonnées à cet « impératif ». Le comité des entreprises publiques s'en fait l'écho en préconisant de soumettre celles-ci aux lois capitalistes, notamment dans leur gestion de la force de travail et des équipements. Si, dans ces deux domaines, les transformations en cours ont déjà créé les bases d'un consensus général au sein de la bourgeoisie financière renaissante, il n'en va pas de même en ce qui concerne la réforme de l'administration. Si rien n'a filtré des travaux de ce troisième comité, on peut néanmoins penser que les divergences ont été très profondes, puisqu'il n'a même pas pu achever ses travaux. La réforme de l'administration n'est mise en œuvre que par touches successives. La doctrine, elle, vient d'un comité qui s'est autoconstitué autour de François Bloch-Lainé et qui publie en 1968 un document au titre provocateur : *Nationaliser l'Etat* [19].

Cette fois les modernistes triomphent. L'écho que rencontre le rapport de Simon Nora, l'ancien collaborateur de Pierre Mendès France, qui propose d'adopter une gestion « concurrentielle » dans les entreprises publiques, est très significatif. La liquidation de la guerre d'Algérie et la nouvelle légitimité acquise par le général De Gaulle avec sa réélection au suffrage universel, ont levé les ultimes réserves à un ralliement à la Ve République. Si de nombreux mendésistes gardent des sympathies à gauche, ils ne dédaignent plus jouer un rôle de conseiller, dès lors qu'ils sont écoutés, sans abandonner pour autant leur plume pour critiquer. Le club Jean-Moulin qu'ils ont créé au lendemain du 13 mai 1958 pour lutter contre la menace militaire et le danger fasciste qui se profilent derrière le général De Gaulle, regroupe hauts fonctionnaires, professeurs d'université, journalistes et même quelques patrons et hommes politiques. Il fait figure d'« intellectuel collectif » du modernisme avec ses colloques et ses livres qui élaborent et proposent de multiples réformes... qu'ils espèrent un jour mettre en œuvre. A cet élan moderniste, qui a fini par rallier les gaullistes, le directeur de *L'Express,* Jean-Jacques Servan-Schreiber donne, dans son style journalistique, un objectif aux accents gaulliens : relever le « défi américain ». Les voies de la « contre-offensive » se résument en deux mots : organisation et Europe. Pour répondre au nouveau « débarquement » américain en Europe, il faut, dit en substance Jean-Jacques Servan-Schreiber reprenant les thèses du sociologue Michel Crozier, adopter le modèle d'organisation que propose la société américaine, renoncer à notre esprit de caste, transformer des modes d'action, de caractère bureaucratique et aristocratique, « totalement inadaptés à la société nouvelle qui est en train de naître ». Mais le « défi américain » est aussi un appel à une nouvelle génération politique, celle qui avait vingt ans au moment de la guerre et qui accède aux responsabilités, pour qu'elle unisse ses forces au niveau européen et fasse de l'Europe « le foyer d'une civilisation autonome ». Appel vibrant pour une « gauche moderne » qui, un demi-siècle après Franklin Roosevelt, « a elle aussi rendez-vous avec sa destinée » [95].

Politique des revenus et négociations salariales

Un problème demeure, celui-là même auquel le gouvernement n'a pas su répondre lors de la préparation du IVe Plan : par quelle procédure déterminer une progression des salaires qui concilie l'augmentation du pouvoir d'achat nécessaire à la croissance de la demande et la maîtrise des coûts salariaux indispensable à l'amélioration de la compétitivité des entreprises, double condition d'un élargissement de l'accumulation ? La réponse théorique est connue : la progression des salaires *réels* doit être subordonnée à celle des gains de productivité. Les modalités pratiques restent impossibles à définir, non pour des raisons techniques portant sur le choix des critères, mais pour des raisons politiques, liées au refus tant des organisations patronales que syndicales de prendre en compte toute espèce de normes dans les négociations collectives. Les conventions collectives, apparues en France à la fin du XIXe siècle, et dont les accords de Matignon de juin 1936 ont généralisé le principe sans en modifier la nature, constituent une procédure inadéquate à toute tentative de régulation des salaires réels. En ce qui concerne la détermination des salaires, elles restent une *convention tarifaire* définissant le salaire *minimal et une grille hiérarchique* fonction des qualifications – dont le principe général a été posé par Alexandre Parodi à la Libération – applicables dans la *profession*. Elles ne comportent aucune modalité de révision y compris en fonction de la hausse des prix – d'où l'importance du thème de l'indexation dans les revendications syndicales – et, surtout, elles ne correspondent pas aux salaires effectivement pratiqués dans nombre d'entreprises, notamment dans les plus importantes où, à la suite de l'accord d'entreprise intervenu chez Renault en 1955, se sont développés des accords analogues. Les conventions collectives françaises ne permettent pas de formuler des politiques salariales globales ni d'homogénéiser les pratiques salariales au sein d'une même industrie [5]. Elles maintiennent au contraire une très forte dispersion des salaires au sein d'une même branche qui, comme le niveau du salaire minimal, dépendent essentiellement des conditions de production et du rapport de force entre ouvriers et patrons dans les entreprises et dans la profession. Faute de modifier l'objet même des négociations salariales, toute tentative d'institutionnaliser une régulation des salaires est vouée à l'échec.

Or, en proposant aux différentes organisations syndicales, patronales et

---

5. Si de nombreuses conventions collectives sont nationales, dans la métallurgie, il n'existe que des conventions territoriales, le plus souvent départementales.

familiales une « conférence des revenus » au lendemain de l'adoption du « plan de stabilisation », le gouvernement cherche à contourner ce problème et à obtenir un accord qui se situerait au niveau des évolutions globales jugées compatibles avec la situation économique d'ensemble. Dès l'ouverture de la conférence, en octobre 1963 [143], les organisations syndicales et patronales ont rappelé leur attachement à la liberté de négociation acquise par la loi de 1950 et leur hostilité à toute politique normative. En revanche, elles se sont divisées sur la question des critères à prendre en compte. La CFTC, la CGC et FO acceptent l'idée d'une discussion simultanée avec le patronat des salaires, des profits, des amortissements et des investissements tenant compte, par conséquent, des résultats de l'entreprise. Au contraire la CGT a réaffirmé son opposition à une politique faisant dépendre les augmentations de salaire des accroissements de productivité, estimant que « les conditions nécessaires ne sont pas réunies ». L'ensemble des syndicats s'est retrouvé pour critiquer les conventions collectives qui, note le rapporteur, « ne permettent pas d'avoir une connaissance des mouvements des salaires réels », sans que ce dernier, en l'occurrence Pierre Massé, en tire la moindre conclusion. Le CNPF a, il est vrai, clairement indiqué la limite du débat en s'opposant « à tout lien entre contenu de la convention collective et politique des revenus », suggéré par la CFTC [6], tandis que la CGPME estime que « l'application des critères proposés et les recommandations qui les accompagnent aboutiraient à rendre totalement impossible l'existence des entreprises individuelles », puisqu'elles les soumettraient à des normes de productivité ou de croissance qu'elles estiment ne pas pouvoir suivre et à des augmentations de salaire auxquelles elles essayent d'échapper en l'absence d'implantation syndicale dans ce type d'entreprise.

Tableau 8

CROISSANCE DU POUVOIR D'ACHAT DES SALAIRES NETS
PAR CATÉGORIE SOCIO-PROFESSIONNELLE
1959-1973

	1959-1963	*1963-1969*	*1969-1973*
Cadres supérieurs	2,8	2,9	3,5
Cadres moyens	4,7	2,7	2,7
Employés	4,2	3,0	4,4
Ouvriers	4,3	3,0	4,9
ENSEMBLE	4,9	3,2	4,5

Source : C. Baudelot, A. Lebeaupin, « Les salaires de 1950 à 1975 », *Economie et Statistique*, n° 113, août 1979.

Le champ de la négociation salariale étant exclu de la politique des revenus, celle-ci n'est crédible, note Pierre Massé, que si elle est une

---

6. La CFTC a défini sa position au congrès confédéral de 1961 dans un texte d'orientation présenté par René Bonety sur la politique des salaires qui constitue le pendant du rapport sur la planification démocratique [34].

« politique de tous les revenus » ou, plus précisément, une comparaison des évolutions souhaitables des différents types de revenus primaires et des transferts sociaux. Ce point de vue partagé par les organisations syndicales et par l'Union nationale des associations familiales (UNAF) a également été soutenu par les organisations d'exploitants agricoles (FNSEA, CNJA) pour qui une telle comparaison est la base de la reconnaissance de la « parité de revenu » avec les autres catégories socio-professionnelles. Compte tenu des règles de détermination des prix agricoles en cours d'élaboration à Bruxelles, cette comparaison est en effet une condition nécessaire pour définir un niveau des prix qui leur assure une croissance suffisante du revenu moyen, ou à défaut, des compensations sous la forme de subventions.

Toutefois, prêt à définir des normes pour autrui, le gouvernement ne retiendra pas la demande formulée par les organisations syndicales et familiales de se donner des normes à lui-même en ce qui concerne le SMIG et les prestations sociales. Il s'en tient à l'idée d'une « programmation indicative en valeur » pour la préparation du Ve Plan, c'est-à-dire à des indicateurs de *résultats*, sans se prononcer sur les modalités de *formation* des revenus, qu'il s'agisse des salaires ou des prix. Ayant décidé le « blocage » des prix, progressivement assoupli à partir de 1965, il espère exercer une certaine influence sur le revenu brut des entrepreneurs individuels supposé évoluer parallèlement au salaire annuel par tête, soit 3,3 % par an, tandis que celui des agriculteurs augmenterait sensiblement plus vite, au rythme de 4,8 % par an. Toutefois, ce n'est pas sans d'infinies précautions et des réserves relatives à la situation économique d'ensemble que le gouvernement prend le risque de proposer de telles évolutions. En ce qui le concerne, il refuse de fixer un objectif de revalorisation du SMIG qui continue d'augmenter moins vite que le salaire moyen et ne concerne que 2 % des salariés. L'objectif de croissance des prestations sociales, de l'ordre de 6,2 %, doit faire l'objet d'études complémentaires. Mais cette « programmation en valeur » ne doit pas faire illusion. Au total, reconnaît le rapport du Ve Plan, « le gouvernement a estimé qu'il n'était pas possible d'envisager pour le moment l'application d'une politique contractuelle des revenus » [142, p. 23].

Parallèlement, le Premier ministre charge Henri Toutée, président de la section des finances au Conseil d'Etat, de définir les modalités de la mise en œuvre d'une politique des salaires dans les entreprises publiques [144]. Celui-ci s'arrête à la nécessité d'une commission pour mettre à jour l'évolution des salaires par rapport à celle de l'indice des prix INSEE et propose de répartir « avec la collaboration des syndicats » au niveau de l'entreprise, la masse salariale globale fixée *unilatéralement* par l'Etat, « dans le cadre de l'évolution du Plan », c'est-à-dire compte tenu des progrès de la productivité. Le rapport envisage cependant la possibilité de remédier, à l'« absence de dialogue », constatée par le Premier ministre dans sa lettre de mission, qui résulte du fait que dans les entreprises à statut « les décisions prises ne deviennent exécutoires qu'après avoir reçu l'approbation du ministre intéressé et du ministre des Finances et des Affaires économiques », vidant ainsi les discussions dans l'entreprise de tout contenu. Il examine notamment les projets de convention du type « contrat de progrès », élaborés à EDF en novembre 1962 et mars 1963 et

le modernisme gaullien

finalement rejetés, pour conclure que, si une telle évolution était envisagée, « les accords pourraient comporter une clause excluant le recours à la grève pendant la durée de leur application », ce qui, ajoute le rapport, ne porterait pas atteinte au droit de grève (récemment limité) puisque « ce seraient les intéressés eux-mêmes qui, après des négociations [...], s'imposeraient une discipline volontaire pour un temps limité et dans des conditions précises »... La CGT manifeste son hostilité à ces propositions et dénonce des procédures qui visent à renforcer l'autoritarisme étatique, tandis que FO et la CFTC émettent des réserves nuancées, mais s'opposent elles aussi à toute atteinte au droit de grève. Le gouvernement s'en tient finalement aux propositions minimales et renonce à l'idée des « contrats de progrès »... une idée que Georges Pompidou reprendra plus tard avec Jacques Chaban-Delmas et son conseiller pour les affaires sociales, Jacques Delors. Dans l'immédiat, la concertation garde le visage de l'intransigeance gouvernementale.

La volonté du gouvernement de ralentir la progression des salaires réels a indiscutablement pesé sur le comportement du patronat dans les années 1964-1967, même si les normes indicatives n'ont pas joué un rôle direct dans les négociations salariales. Au cours de cette période, le pouvoir d'achat du salaire annuel moyen a augmenté de 3,1 % par an et, semble-t-il, de façon assez homogène d'une branche à l'autre. Mais cette tentative de politique de revenu n'a pas modifié les conditions des négociations collectives. L'ébauche d'une institutionnalisation du lien entre évolutions des salaires et de la productivité du travail est demeurée sans lendemain. L'hostilité de la CGT, largement majoritaire dans le monde ouvrier, a sans doute moins contribué à cet échec que celle du patronat. Un très grand nombre d'entreprises, et pas seulement petites ou moyennes, sont dans l'incapacité de formuler une politique salariale globale faute d'une gestion prévisionnelle du personnel et de perspectives de développement à moyen terme. Les conventions collectives, par la rigidité même de la hiérarchie des qualifications qu'elles introduisent, constituent un moindre mal pour un patronat très autocrate. Tant que les conditions de production évoluent peu, ou par seule adjonction de nouveaux ateliers qui coexistent un certain temps à côté d'ateliers plus anciens, elles représentent un cadre stable de détermination des salaires de base, à partir duquel le patron peut développer une politique de primes et de promotion très individualisée. Ces pratiques expliquent assez largement une très forte dispersion des salaires d'une branche à l'autre, et au sein d'une même branche, en même temps que la relative stabilité de ces écarts dans le temps.

D'où vient alors l'homogénéité de la croissance des salaires que l'on observe malgré l'absence de procédures de négociation relativement centralisées ? Différents travaux ont établi le rôle moteur de certaines industries caractérisées par une forte productivité et une forte croissance, assez fortement concentrées et syndicalisées, exposées le plus directement à la concurrence internationale, qui pratiquent des salaires plus élevés que la moyenne et accordent des augmentations de pouvoir d'achat également plus importantes. Par l'attraction qu'elles exercent sur une partie de la main-d'œuvre locale, en période de fortes tensions sur le marché du travail, ou tout simplement par celle que constitue le constat d'importantes différences de rémunération, elles sont à l'origine d'une diffusion progressive des hausses de salaire aux autres secteurs. Ce mouvement se double d'une diffusion des hausses de la région parisienne vers la province. L'examen attentif des luttes ouvrières des années 1965 au début 1968 dans la région de Bordeaux, de Lyon, de Mulhouse, de Nantes-Saint-Nazaire, de Caen, corrobore très largement ces analyses statistiques. Elles montrent notamment le rôle que certains établissements provinciaux de grandes entreprises parisiennes ont joué dans l'amorçage d'un mouvement revendicatif centré sur la parité des salaires au sein des différents établissements d'une même entreprise, puis de son extension aux autres entreprises de la région.

Les nouvelles formes de travail

Ces hausses de salaire auraient toutefois été impossibles sans de profondes transformations qui affectent l'emploi, soit que celles-ci soient à l'origine de gains de productivité qui initient ces hausses, soit que ces dernières poussent à la recherche de tels gains ou de nouvelles formes d'emploi. Deux stratégies se mettent en œuvre, qui dans de nombreuses industries s'articulent et se complètent : d'une part, une stratégie de *productivité*, à travers un bouleversement des conditions de production, d'extension de la parcellisation du travail sous la forme du travail à la chaîne ou des processus en continu ; d'autre part, une stratégie de *mise au travail de travailleurs d'origine non ouvrière*, ruraux quittant les campagnes, jeunes femmes, immigrés.

Dans le premier cas, on assiste à la poursuite du mouvement de restructuration des procès de production, et donc des postes de travail, déjà largement engagé dès les années cinquante. Au sein de la catégorie « ouvriers non qualifiés », la montée des OS reste le phénomène dominant dans les industries de biens intermédiaires et de biens d'équipement : au recensement de la population de 1968, on enregistre 65 % d'OS dans les premières et 74 % dans les secondes contre respectivement 62 % et 70 % à celui de 1962. Dans le même temps, l'importance relative des « ouvriers qualifiés » au sein du total « ouvriers » s'accroît légèrement dans les industries de biens intermédiaires – elle passe de 30 à 34 % – et très faiblement dans celles des biens d'équipement – où elle passe de 46 à 47 % – inversant ainsi la tendance à la très forte déqualification des années 1954-1962 mais sans effacer celle-ci. Ces restructurations induisent ainsi un double processus de « déqualification-surqualification » [50], dont les statistiques rendent compte de façon très imparfaite et sommaire. Les évolutions divergentes d'une branche à l'autre montrent la complexité des mouvements de restructuration des postes de travail : dans les industries mécaniques, la construction électrique, la sidérurgie, l'industrie du verre et celle des matériaux de construction, on assiste à une augmentation simultanée de la proportion d'OS parmi les « ouvriers non qualifiés » et d'ouvriers qualifiés dans le total « ouvriers » (particulièrement forte dans les deux dernières industries [7] ; dans les industries chimiques et agro-alimentaires et dans le BTP, on observe une augmentation (ou une stabilité dans les IAA) de la proportion d'OS et une baisse de celle des ouvriers qualifiés ; mais les mouvements inverses se produisent également : augmentation de la part des ouvriers qualifiés et baisse ou stagnation de celle des OS dans le textile et l'habillement et baisse simultanée des deux dans le travail des cuirs et peaux et l'industrie du bois.

Graphique 2

DURÉE DE TRAVAIL HEBDOMADAIRE PAR GRANDS SECTEURS INDUSTRIELS DE 1955 À 1976
(OUVRIERS + EMPLOYÉS)

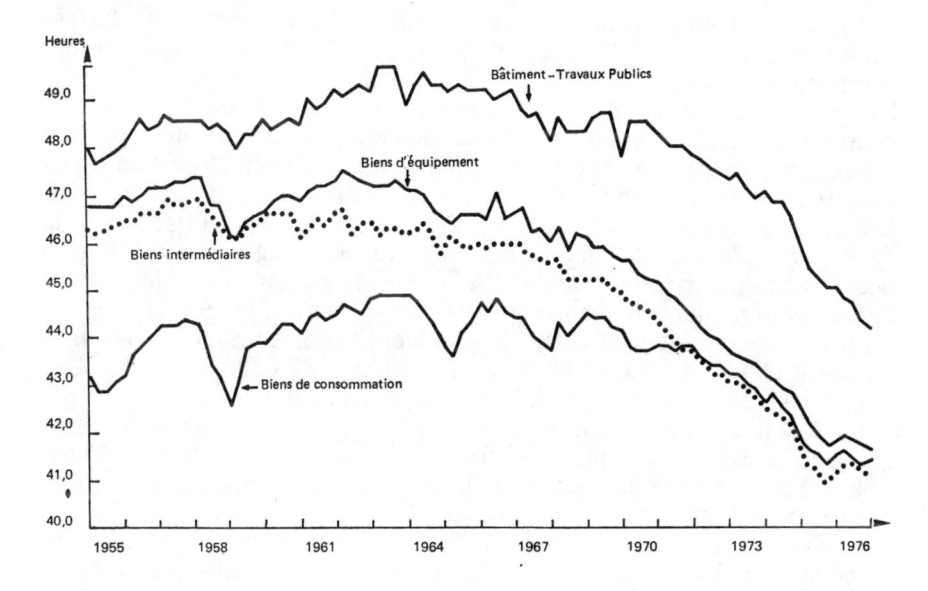

Source : INSEE
N.B. — Les regroupements utilisés sont les regroupements de l'enquête « emploi ». On notera que l'automobile figure donc dans les biens de consommation.

Dans le second cas, les transformations portent directement sur la main-d'œuvre, plus particulièrement la moins qualifiée, et se traduisent par la substitution à des catégories d'ouvriers — le plus souvent des hommes ayant une expérience — d'autres moins payés : jeunes ruraux et surtout immigrés. Le recours à la main-d'œuvre rendue disponible par l'exode rural accompagne la très forte délocalisation des établissements industriels observée sur la période (voir plus loin). L'appel aux ouvriers immigrés se fait indifféremment sur place ou à l'occasion d'une délocalisation : entre 1962 et 1968, la proportion d'immigrés dans les effectifs de

---

7. Dans les usines sidérurgiques de l'Est, la part des OS entre 1962 et 1970 passe de 81 à 88 % des ouvriers non qualifiés et celle des OQ de 30 à 33 % du total ouvriers.

l'industrie augmente de 7,7 % à 9,4 %, les industries les plus concernées étant celles de biens de consommation traditionnels (textile, habillement, cuirs et peaux, bois et ameublement et industries alimentaires) dont les conditions de production se transforment peu – en moyenne – au cours de la période. Par contre, le recours à la main-d'œuvre féminine n'augmente guère jusque vers la fin des années soixante, ces industries étant, à l'exception de l'industrie du bois et de l'ameublement, les plus fortement féminisées : 52-55 % dans le textile et le cuir, 87 % dans l'habillement. Enfin dans le BTP, la proportion d'ouvriers immigrés s'accroît très fortement – de 17,4 % en 1962 à 20,9 % en 1968 –, celle de femmes restant très faible. Mais à partir de 1965, cette politique se diffuse aux autres industriels qui, à mesure qu'elles déqualifient le travail, substituent une main-d'œuvre moins payée chaque fois que cela est possible.

Ces deux stratégies s'accompagnent souvent d'une extension du travail posté et du travail de nuit, allongeant ainsi la durée d'utilisation des équipements. Dans les industries où le travail posté est déjà très développé – sidérurgie, verre, chimie, textile – cette extension se fait par la création d'une troisième et d'une quatrième équipe ; par contre, là où il est encore peu utilisé – notamment industries des biens d'équipement et industries du bois – elle se fait par le recours au travail en deux équipes. Enfin, ces transformations n'entraînent aucune baisse significative de la durée du travail, en dehors de la généralisation progressive de la quatrième semaine de congés, avant 1967. Dans la plupart des industries, la durée hebdomadaire demeure entre 47 et 48 heures, les principales exceptions concernant le textile, l'habillement et les cuirs et peaux où la durée du travail se situe entre 42 et 43 heures et, à l'autre pôle, le BTP, qui connaît des durées du travail proches de 50 heures.

Lors de la préparation du Ve Plan, le gouvernement a d'ailleurs estimé qu'« une croissance économique de 5 % par an ne serait pas incompatible avec une réduction spontanée de l'horaire hebdomadaire qui atteindrait une heure trente en moyenne de 1962 et 1970 [8] », mais il a limité son intervention à l'abaissement de l'horaire hebdomadaire autorisé, ramené de 60 à 54 heures par semaine. La France reste ainsi tout au long des années soixante parmi les pays où la durée du travail, mesurée sur l'année, est la plus élevée, de 10 % en moyenne. C'est dire, en définitive, que le patronat est parvenu à imposer des conditions d'exploitation qui lui ont été particulièrement favorables.

La politique salariale qui se met en place avec le Ve Plan est indissociable de ces politiques de l'emploi qui l'accompagnent ou parfois la précèdent. L'évolution des salaires est un des éléments du coût salarial, mais elle n'est pas nécessairement le plus important. Plus le travail devient un processus complexe, plus la structure des emplois – part respective des OS et des ouvriers qualifiés – et plus le type de main-d'œuvre – hommes d'origine ouvrière ou rurale, femmes, immigrés – joue un rôle important. Le thème de la « mobilité de l'emploi », si présent dans les débats du mi-

---

8. Cf. enquêtes du ministère du Travail sur le travail posté – 1959, 1963 et 1970. *Revue française du travail,* avril-juin 1962 et avril-juin 1965 et supplément au *Bulletin mensuel de statistiques sociales,* novembre 1971.

le modernisme gaullien

lieu des années soixantes, exprime parfaitement l'importance que revêt cette question pour la maîtrise des coûts salariaux. Les hausses individuelles de salaire peuvent être d'autant plus fortes que la mobilité de l'emploi est plus grande, sans que le salaire moyen augmente particulièrement vite. Dans une pareille conjoncture, *l'institutionnalisation du lien entre salaire réel et productivité est sans doute moins décisive que l'entière liberté d'organiser la mobilité de l'emploi, de réorganiser le travail et de réorienter l'embauche.* Or sur ces différents domaines, les organisations syndicales sont relativement absentes. En échange d'une progression régulière du pouvoir d'achat et du maintien du plein emploi, elles ont accepté la mobilité des travailleurs dès lors que celle-ci est un tant soit peu organisée. Le Ve Plan s'y emploie en préconisant le développement des moyens de formation professionnelle pour adultes (FPA) et d'organisation du marché du travail (extension des bureaux de placement de l'Agence nationale pour l'emploi).

Qui dit mobilité de l'emploi dans les années soixante dit moins mobilité professionnelle que géographique. La déqualification des emplois et le recours à de nouvelles catégories de main-d'œuvre s'opèrent à travers un déplacement des unités de production de la région parisienne vers la province. Le système des zones d'abattement dans la fixation du SMIG, qui survit depuis l'époque de Vichy, est en soi un facteur d'attraction. Certes l'écart légalement autorisé a été ramené de 25 % en 1949 à 6 % en janvier 1963 puis à 4 % en juillet 1967. Mais l'écart moyen réel est encore de l'ordre de 18,7 % à cette époque. Toutefois, le mouvement de délocalisation n'aurait pas pris l'ampleur qu'il connaît alors si des réserves de main-d'œuvre bon marché n'avaient pas existé potentiellement. Une enquête réalisée sur la période 1961-1970 [123] montre que dans 80 % des cas le choix de la localisation est lié à la facilité de recrutement sur place de la main-d'œuvre, surtout OS et manœuvres. La délocalisation tend ainsi à se faire vers les régions en reconversion (Est, Rhône-Alpes...) ou en voie d'industrialisation (Basse-Normandie, Bretagne, Aquitaine...). Les différentes formes d'aide à l'emploi régional – primes à la création d'emploi, prêts bonifiés du FDES, déductions fiscales –, dont l'importance ne s'accroît qu'à partir de 1966, jouent un rôle finalement secondaire, même lorsqu'elles tentent d'orienter les créations d'emplois vers des zones particulièrement défavorisées [121]. Ces aides constituent pour l'entreprise une mesure d'accompagnement qui allège sa trésorerie au moment de l'installation mais elles ne sont pas décisives dans sa décision.

Cette forme d'industrialisation reste, en définitive, très extérieure à la région. Les nouveaux établissements apparaissent peu intégrés dans le tissu des entreprises locales, achetant et vendant très largement à l'extérieur de la région – à 90 % pour 30 % des entreprises dans l'enquête citée. L'emploi y demeure par conséquent très vulnérable et dépendant étroitement de la conjoncture nationale, puis, à mesure que les grandes entreprises qui ont été à l'origine de ce mouvement s'internationalisent, de leurs engagements sur les marchés mondiaux. Le rapport du Ve Plan n'a donc pas tort de considérer que l'aménagement du territoire traduit « sur le plan régional, comme sur le plan national, la priorité à la compétitivité... S'adapter pour nos régions, c'est d'abord faciliter les transformations d'activités résultant de l'ouverture des frontières » [p. 118]. Les priorités à l'industrialisation de l'Ouest, au développement des régions du Nord et de l'Est, à la modernisation de la région de Paris, la politique des métropoles d'équilibre (Lyon-Saint-Etienne, Marseille, Lille-Roubaix-Tourcoing, Metz-Nancy, Bordeaux, Toulouse, Nantes-Saint-Nazaire et Strasbourg) visent à fixer l'exode rural et à « encourager une décentralisation industrielle sélective » en évitant l'asphyxie d'un surpeuplement de la région parisienne.

Ces différentes transformations, qui affectent la qualification des emplois, leur localisation et le type de main-d'œuvre, amorcent une transformation profonde des rapports entre emploi et chômage. En une période où le « plein emploi » résulte d'une stabilité simultanée du niveau de l'emploi et du chômage - au-delà des variations conjoncturelles - succède une période de forte croissance de l'emploi s'accompagnant d'une progression régulière du chômage que les évolutions démographiques ne permettent pas d'expliquer totalement. Certes, à partir de 1962, les « ressources en main-d'œuvre » augmentent sensiblement plus vite que les emplois créés : entre 1962 et 1967, les premières s'accroissent de 1 650 000 personnes et les secondes seulement de 940 000, entraînant de ce fait une sensible progression du chômage. Mais l'inversion entre ces deux mouvements, qui se produit à partir de 1968, a conduit François Eymard-Duvernay et Robert Salais [119] à proposer une analyse plus complexe des liens entre emploi et chômage, qui se forment dès le milieu des années soixante, et qui lient le chômage à la mobilité des emplois à la fois géographique et professionnelle. Entre 1965 et 1970, la mobilité constatée pour les différentes catégories de main-d'œuvre apparaît de 50 % plus forte qu'au cours de la période 1959-1964. Or écrivent les auteurs, « dans la mesure où cette mobilité s'effectue par passage sur le marché du travail, elle induit une activité de ce marché et des flux d'entrée en chômage et de sortie du chômage plus ou moins élevés », mais particulièrement nets entre 1965 et 1967. La mobilisation croissante de forces de travail se fait au prix d'un rejet de celles qui sont devenues inadéquates au capital et par l'embauche de celles que requièrent les nouveaux procès de travail. De ce fait, elle induit un chômage croissant qui, de 200 000 en 1962, passe à 350 000 en 1967. Bien plus que la politique des salaires, la *mobilité de l'emploi* a été l'arme principale d'une dévalorisation globale de la force de travail, une véritable *police* de l'emploi.

L'impossible réforme de la Sécurité sociale

A la volonté d'infléchir la consommation finale au profit des consommations collectives, qui a fait la fortune du IVe Plan, succède désormais la subordination de l'évolution des dépenses sociales à « l'impératif de l'équilibre » économique et financier défini par le Ve Plan. L'accélération de la croissance des prestations sociales, souhaitée quelques années auparavant, inquiète : entre 1956 et 1960, elle a été de 3,5 % par an ; entre 1960 et 1965, de 11,2 % par an, alors qu'en moyenne la croissance

Tableau 9

EVOLUTION DU POUVOIR D'ACHAT* DES PRESTATIONS ET DES COTISATIONS SOCIALES 1959-1968

(Taux de croissance annuels moyens)

Pouvoir d'achat des retraites	*11,5*	*Pouvoir d'achat de la masse salariale brute*	*6,0*
Effectifs des retraités	4,3	dont effectifs salariés	1,4
Retraite par tête rapportées au salaire brut par tête	2,3	pouvoir d'achat du salaire brut par tête	4,6
Pouvoir d'achat des prestations maladie	*11,2*	*Pouvoir d'achat des cotisations des salariés*	*8,5*
Dépenses de soins	8,4	Taux effectif de cotisations des salariés	2,4
Prix relatifs des soins	0,7	*Pouvoir d'achat des cotisations des employeurs*	*8,4*
Taux de remboursement	1,8	Taux effectif des cotisations des employeurs	2,3
Pouvoir d'achat des prestations familiales	*4,4*	*Pouvoir d'achat des cotisations des non-salariés*	*11,1*
Population de moins de 20 ans	1,5		
Prestations par tête	2,9	Taux de cotisation relatif des non-salariés	2,5
Pouvoir d'achat des prestations chômage	*20,3*		
Effectifs des chômeurs	3,1		
Prestations chômage par tête rapportées au salaire brut par tête	11,6		

Note :
* Les évolutions en pouvoir d'achat sont obtenues en déflatant les évolutions réelles par l'indice des prix. Le taux effectif est le rapport entre la masse des cotisations et la masse salariale brute, le taux relatif des non-salariés est le rapport des cotisations de ces derniers sur celles des salariés et employeurs. L'un et l'autre incluent les variations des effectifs.

Source : M. FEROLDI, E. RAOUL, H. STERDYNIAK, « Sécurité sociale et évolution macro-économique », *Economie et Statistique*, n° 143, avril 1983.

du PIB a peu varié. Or les recettes de cotisations sociales tendent à augmenter moins rapidement, contraignant le gouvernement à majorer la cotisation employeur d'assurances sociales d'un point au 1er janvier 1961 et à procéder l'année suivante à un nouveau transfert de points au détriment de la branche « famille ». Mais le ralentissement de la croissance, à la suite de la politique de stabilisation, a relancé les difficultés financières du régime général. Les projections tendancielles ne laissent en outre aucun espoir de parvenir à un rééquilibrage spontané. Dans l'hypothèse retenue [147] d'une croissance économique au taux annuel moyen de 5 %, hormis les prestations familiales dont la croissance serait de l'ordre de 4,8 % par an, les dépenses d'assurance-maladie devaient progresser à un rythme de 8 à 9 % et les pensions de vieillesse entre 6,5 % et 7 %. Au total, les prestations sociales pourraient augmenter, entre 1965 et 1970, de 42 %, la masse des cotisations de 30 % seulement !

Le gouvernement reste en fait hésitant sur les conséquences qu'il doit tirer de cet écart. Il se contente de mettre à l'étude un accroissement de 38-40 % des prestations, c'est-à-dire à peine moins rapide que la prévision tendancielle. La commission des prestations sociales [9], créée à cet effet, résume toute la perplexité des experts gouvernementaux : « Une telle augmentation, peut-on lire dans son rapport, loin d'être critiquable, constitue l'un des plus sûrs moyens actuellement à la disposition des pouvoirs publics pour assurer une meilleure répartition des fruits de l'expansion entre tous. Cependant une telle ambition se heurte à des résistances et connaît des limites, psychologiques tout d'abord, qui tiennent à une certaine contradiction entre les comportements privés et les aspirations collectives [...] ; structurelles ensuite, qui résultent de l'existence de « trois France » (salariés, agriculteurs, indépendants) aux caractéristiques distinctes, chaque catégorie de population étant très attachée à ce qui est acquis et à sa propre conception des régimes sociaux ; économiques et financières enfin, qui doivent s'apprécier dans le contexte déterminé par le Ve Plan. » Or, à cet égard, le rapport prend nettement position : « Ce serait faire un mauvais pari que de rechercher le progrès social dans l'immédiat aux dépens de la croissance économique, gage de ce progrès social dans le futur. »

L'augmentation des prestations sociales comme instrument de la redistribution rencontre en fait une triple limite de financement : « Un accroissement plus fort des cotisations à la charge des entreprises entraînerait, soit un ralentissement de la hausse prévue des salaires, soit une renonciation à l'objectif de redressement de l'autofinancement considéré comme vital pour le développement des investissements productifs ; un recours – plus accentué que celui qui est proposé – aux cotisations personnelles mettrait en cause la croissance moyenne des revenus directs ; quant au concours de l'Etat, il ne peut être accru au-delà de ce qui est suggéré, sans que soient affectés les autres objectifs du Ve Plan, financés en grande partie par le budget de l'Etat, ou sans que soit envisagé en contrepartie un alourdissement de la fiscalité directe, et donc une amputation du revenu escompté des particuliers » [p. 19].

---

9. Que préside Robert Bordaz, conseiller d'Etat, et dont Jacques Delors, alors chef du service des affaires sociales au commissariat général du Plan, est le rapporteur général.

le modernisme gaullien

Pour ne pas avoir à renoncer à ses ambitions sociales, faute de savoir les repenser, le gouvernement a cherché à éluder les choix qui découlent de ses priorités économiques. Les représentants du CNPF lui en font la remarque : au terme des travaux de la commission des prestations sociales, ils soulignent qu'« il est assez vain de prendre parti sur le choix proposé entre une limitation pendant la durée du Ve Plan d'une progression de 38 % ou de 40 % des prestations sociales... [quand] la progression des ressources affectées ne dépassera pas 30 %... En présence d'un pareil écart on constate qu'en limitant la réduction des prestations, on accroîtra d'autant l'effort qu'il sera nécessaire de demander aux cotisations pour atteindre le niveau fixé » [p. 160].

Ce non-choix a un nom, voué à une longue carrière : « la maîtrise des dépenses sociales ». Dans les faits, le gouvernement se contente de *contenir* la progression des dépenses, dont il n'a guère la maîtrise. Trop de facteurs structurels interviennent sur lesquels le gouvernement n'a pas prise – évolutions démographiques qui remontent au début du siècle, développement du progrès médical et allongement de la durée de vie –, ou dont il ne se donne pas les moyens – organisation des systèmes de retraite et du système de santé. Le gouvernement pèse sur l'évolution du pouvoir d'achat des prestations famille et vieillesse, qu'il s'efforce de rendre parallèle à celle du salaire par tête, y compris en ce qui concerne le minimum vieillesse.

De même, il cherche à limiter la progression des honoraires médicaux, dans le cadre de la convention signée en 1960, celle du prix des produits pharmaceutiques et du prix de journée des hôpitaux. Au-delà, on entre dans le domaine des intentions de réforme du système hospitalier, reprises d'un plan à l'autre avec le même succès : nul. Le diagnostic de la commission des prestations sociales est sans ambiguïté : « Le coût élevé de l'hospitalisation en France est dû en partie à une mauvaise utilisation des équipements et des techniques : trop de malades chroniques ou de convalescents séjournent, sans bénéfice pour eux, dans des services conçus pour dispenser des soins intensifs ou spécialisés et dans lesquels, par conséquent, le prix de journée est élevé ; trop de séjours anormalement longs proviennent du retard avec lequel les malades sont soumis aux examens et aux soins nécessaires ; trop de patients sont hébergés à l'hôpital alors qu'il suffirait de les traiter en consultations externes ou par des soins à domiciles » [p. 28]. Dès lors tout un discours se met en place pour proposer une différenciation des services rendus par l'hôpital et un plus large recours à l'hospitalisation à domicile, la réduction des durées de séjour, l'aménagement de la tarification, une meilleure complémentarité entre médecine de ville et médecine hospitalière, entre hôpital public et cliniques privées. Seule cette dernière proposition donnera lieu à des mesures concrètes dans le cadre de la loi hospitalière de 1970 qui jette les bases d'une programmation plus systématique des équipements hospitaliers tant publics que privés.

Ces intentions de réforme se heurtent en fait à la priorité accordée par ailleurs aux investissements dans les centres hospitaliers universitaires (CHU) « justifiée tout d'abord par l'importance pour l'avenir de la réforme des études médicales, ensuite par le rôle prééminent que peuvent jouer les centres en matière de diagnostic et de traitement » [143,p. 106]. La réforme des études médicales, décidée en 1960, et dont le professeur Robert Debré a été l'initiateur, a en effet créé une pression considérable pour le développement de ce type d'établissement dont dépend la formation des futurs médecins en même temps que la recherche médicale. La nécessité d'adapter le nombre de postes d'internes et de chefs de clinique à l'augmentation du nombre d'étudiants conduit à augmenter le nombre de lits indépendamment des besoins réels. De plus, le fait d'avoir confié aux services extérieurs du ministère de la Santé le soin d'évaluer l'existant comme les besoins à satisfaire, et de calculer ceux-ci comme s'ils devaient être couverts uniquement par des équipements publics [74, p. 178] a abouti à des objectifs hors de proportion avec les programmes envisageables ainsi qu'à une création de lits en surnombre.

Tableau 10

STRUCTURE DES PRESTATIONS SOCIALES PAR RISQUE
(en %)

	1959	*1963*	*1969*	*1973*
Santé : dont :	33,0	34,9	36,0	37,5
Maladie	22,1	24,4	25,7	27,8
Invalidité, infirmité	6,6	6,0	5,9	5,3
Accident du travail	4,3	4,5	4,4	4,4
Maternité. Famille	28,3	25,1	20,1	18,2
Emploi	1,3	1,7	2,0	2,2
Vieillesse. Survie	37,2	35,7	41,4	41,7
Divers	0,2	2,6	0,5	0,4
TOTAL	100	100	100	100

Source : compte satellite de la protection sociale.

Cet « hospitalocentrisme » sera plus manifeste encore quelques années plus tard, lors de la préparation du VIe Plan : « Après avoir discouru sur la prévention, écrit B. Jobert, la commission s'est décidée à donner la priorité aux CHU, hauts lieux de la médecine curative et technique qui recueille 30 % des prévisions de dépenses » [74, p. 181]. Ayant renoncé à toute maîtrise de la dépense d'hospitalisation publique, tout l'effort de ralentissement de la dépense s'est trouvé reporté, d'une part, sur le médicament et, d'autre part, sur l'« autodiscipline » de la médecine de ville présentée par M. Bordaz, président de la commission des prestations sociales des Ve et VIe Plans, comme la condition pour « sauver la médecine libérale ». Ce choix n'est pas nouveau ; il est contenu dans les décrets Bacon du 12 mai 1960, qui instaurent le conventionnement individuel pour les médecins de ville. Si le paiement à l'acte demeure le fondement de la pratique médicale, le médecin n'a plus, dès lors qu'il adhère à la convention, la liberté de fixer ses tarifs. En échange, il peut espérer une clientèle plus nombreuse puisque assurée d'être remboursée à 80 %, voire à 100 % dans le cas où l'assuré cotise à une mutuelle. Ce « grand tournant de la médecine libérale », selon l'expression d'Henri Hatzfeld [70], qui fait entrer celle-ci dans le champ du salariat, n'a pas suffi à donner aux pouvoirs publics la maîtrise des dépenses de santé de façon à compenser le coût croissant de l'hospitalisation publique.

L'absence de choix qui caractérise les travaux de la commission des prestations sociales du Ve Plan vaut plus encore pour le financement. En dépit des difficultés éprouvées pour équilibrer les comptes des régimes sociaux à l'horizon de 1970, la commission a renoncé à faire évoluer le mode de financement, soit par un appel accru à la participation individuelle des assurés, soit par un accroissement du concours de l'Etat. Au nom du principe de « l'assurance dans la solidarité », elle écarte l'idée de laisser à la charge directe des assurés une partie des dépenses de médecine de ville, le « petit risque » : elle estime, en effet, qu'« il serait hasardeux d'attendre un infléchissement sensible du comportement de consommation des assurés [...] d'autant plus que l'aspiration profonde des Français à la sécurité en ce domaine les conduirait à rechercher une couverture complémentaire auprès des mutuelles » [p. 35] ; d'autre part, cette évolution « comporte le risque que se constituent deux « médecines » et exposerait le système français de Sécurité sociale à l'éclatement [...] et à une crise très profonde de la médecine libérale qui se serait trouvée définitivement supplantée par la médecine hospitalière, d'autant plus sollicitée qu'elle est mieux prise en charge par la Sécurité sociale. Indirectement, ce refus de privatiser le « petit risque » a été la seule limite mise à la toute puissance de l'hospitalo-centrisme.

Quant à l'opposition à tout accroissement significatif des concours de l'Etat, elle tient à la conjonction d'une double hostilité : celle, d'une part, des organisations syndicales pour qui le financement par cotisations assises sur les salaires est le fondement de l'autonomie des régimes sociaux et de leur rôle de gestionnaire ; celle, d'autre part, du gouvernement qui, fidèle aux principes du plan Rueff, n'entend rien faire qui entraîne une augmentation de la pression fiscale d'Etat. Contrairement aux souhaits des organisations syndicales, ce dernier principe a pour conséquence de laisser à la charge du régime général une partie des subventions d'équilibre des autres régimes dont le déficit tient pour certains plus à un effort contributif insuffisant qu'à un déséquilibre démographique. L'effort supplémentaire demandé au budget de l'Etat est ainsi strictement limité à la reprise des dépenses des services de la direction générale de la Sécurité sociale, à une quote-part de l'allocation de logement et à une légère révision de la subvention du budget aux régimes des mineurs et des salariés agricoles. En revanche, les dépenses d'équipements hospitaliers restent à la charge de l'assurance-maladie, dont l'amortissement pèse en définitive sur le prix de journée. Dès lors, la recherche de l'équilibre du régime général conduit la commission à préconiser une augmentation des cotisations à la charge des salariés (de 6 à 7 %) et à suggérer qu'elle s'accompagne d'un déplafonnement progressif des cotisations d'assurance-maladie. Devant les réserves de certaines organisations syndicales et la franche hostilité des autres à ces propositions, rendues publiques au cours de l'été 1966, et à quelques mois d'élections législatives qui s'annoncent difficiles, le gouvernement s'abstient de toute décision... autre que le relèvement de 0,75 point de la cotisation employeur. Ce recul provisoire annonce, en fait, une réforme plus profonde.

Devant l'impossibilité d'un accord sur l'évolution des prestations et des cotisations sociales, le gouvernement cherche, par une modification des structures et de la gestion de la Sécurité sociale, à soustraire celle-ci à la prédominance des syndicats ouvriers, et en premier lieu à la CGT. Les ordonnances du 21 août 1967 apportent en effet trois modifications essentielles par rapport à la législation de 1945-1946. D'abord, elles introduisent une gestion séparée des risques maladie, vieillesse et famille et donnent la possibilité aux trois caisses de moduler les prestations en fonction des contraintes de l'équilibre ; ensuite, elles modifient la composition des conseils d'administration par l'instauration d'une représentation paritaire des employeurs et des salariés ; enfin, elles suppriment l'élection des administrateurs au profit d'une désignation de ceux-ci par les organisations représentatives [10], qui assure le monopole de la représentation patronale au CNPF et organise un pluralisme syndical qui marginalise la CGT et permet à FO, en s'alliant au CNPF, d'accéder à la présidence de la Caisse nationale d'assurance-maladie et à près du tiers de celle des caisses primaires. Par ailleurs, la répartition des cotisations entre les trois caisses s'accompagne d'un nouveau transfert de points vers la maladie et la vieillesse, au détriment de la famille, d'un déplafonnement de 2 points employeurs et de 1 point salarié ainsi que d'une majoration de 0,5 point de la cotisation salariée.

Ces ordonnances reprennent en fait l'essentiel des propositions avancées en 1965 par le CNPF [158]. Elles ne donneront pas pour autant les effets que celui-ci en escomptait. Le paritarisme politise, au profit de FO, le choix des directeurs des caisses, dont les décrets de 1960 ont considérablement renforcé les pouvoirs sur la gestion du personnel. Par contre, le CNPF ne cherche pas à utiliser la possibilité de moduler les prestations. De plus, la gestion séparée des trois risques reste, au plan financier, totalement formelle, la péréquation entre les trois caisses demeurant la règle. Enfin, les choix hospitaliers du gouvernement compromettent la réalisation du compromis que le patronat envisageait de passer avec les médecins, « unique juge de la délivrance des médicaments » et qui, en outre, « ouvre ou refuse à son gré le droit aux prestations journalières ». Aussi le CNPF se déclare-t-il prêt à « appuyer les réformes tendant à procurer aux médecins une rémunération plus substantielle, si celle-ci avait comme contrepartie l'obligation pour eux de prendre mieux conscience de leur responsabilité économique » [74, p. 179]. Le gouvernement souhaite au contraire une progression modérée de ces gains et un contrôle accru de l'activité médicale. En définitive, aucun des problèmes posés par l'évolution des dépenses sociales n'est résolu. Le gouvernement peut se réjouir des difficultés que la CGT éprouve à mobiliser les travailleurs contre les ordonnances, mais c'est uniquement parce qu'elles ne touchent pas à la

---

10. A raison de 9 représentants des employeurs désignés par le CNPF et de 9 représentants des salariés à raison de 3 CGT, 2 FO, 2 CFDT, 1 CFTC et 1 CGC. Le conseil d'administration de la CNAF comprend en outre 2 représentants de l'UNAF et, au sein du collège employeurs, la répartition est de 6 sièges au CNPF et 1 siège pour les chambres de commerce et pour l'Union nationale des professions libérales.

le modernisme gaullien

couverture sociale. Il a gagné une bataille politique, mais il n'en tire aucun avantage économique.

Tableau 11

TAUX DE COTISATIONS DE SÉCURITÉ SOCIALE

1. *Des ordonnances de 1945 à celles de 1967*

(en % du salaire plafonné)

	Assurances sociales Salariés	Employeurs	Allocations familiales (Employeurs)
1.01.1945	6	10	–
1.10.1946	6	10	12
1.10.1947	6	10	13
1.03.1948	6	10	14
1.10.1948	6	10	16
1.10.1951	6	10	16,75
1.10.1959	6	12,50	14,25
1.01.1961	6	13,50	14,25
1.01.1962	6	14,25	13,50
1.08.1966	6	15	13,50
1.10.1967	6	15	13,50

2. *Après les ordonnances de 1967 (jusqu'au 1-08-1970)*

(en %)

	Salariés Maladie	Salariés Vieillesse	Employeurs Maladie	Employeurs Vieillesse	Employeurs Famille
Sur salaire sous-plafond	2,50	3	9,50	5,50	11,50
Sur totalité du salaire	1	–	2	–	–

Source : Annuaire INSEE.

La réforme de la Sécurité sociale n'aura pas lieu, mais les modifications apportées par les ordonnances montrent que vingt ans après les principes fondateurs ne sont toujours pas acceptés par le patronat. Le débat resurgit dans des termes identiques à ceux du début du siècle. Le patronat a toujours contesté la perspective d'une caisse unique, « réaction de principe contre une conception globale de la solidarité nationale qui lui semble teintée de socialisme » [69, p. 160], mais aussi rejet d'une institution géante sous tutelle étatique qui « appartient aux cauchemars du libéralisme ». Sur ce point, il a obtenu partiellement satisfaction. Mais il n'a pas plus admis le principe de l'obligation. Il ne peut plus le remettre en cause, mais il caresse l'idée d'en faire reculer le champ d'application en rétrocédant la couverture du « petit risque » aux assurances individuelles. Peu lui importe en fait que les dépenses de santé augmentent et que, ce faisant, il soit, éventuellement, conduit à accroître sa contribution financière ; son objectif est de limiter les charges obligatoires qui lui sont imposées. Il considère que le financement de la Sécurité sociale, dès lors qu'il est assis sur les salaires, ne peut pas être dissocié de la politique salariale et plus généralement de la politique de gestion de la main-d'œuvre. Plus le niveau de protection obligatoire est faible, plus le champ laissé à la protection contractuelle est étendu : aux entreprises et aux branches de décider l'effort qu'elles peuvent consentir en fonction de leur situation économique. Pour les travailleurs, une telle évolution signifierait une inégalité dans l'accès aux soins redoublant celle qui existe déjà dans les salaires et les régimes de retraite ; elle renforcerait les corporatismes professionnels au détriment de la nécessaire solidarité nationale. Mais qu'il s'agisse de la gestion des caisses ou de l'obligation, la conception patronale reste fondée sur « la responsabilité sociale du chef d'entreprise » et sur des mécanismes qui respectent les lois du marché. En définitive, note Henri Hatzfeld, « les assurances sociales ont posé au grand patronat un problème de pouvoir beaucoup plus qu'un problème d'intérêt ». Il a été conduit à adapter ses positions, mais il a toujours poursuivi le même but : « assurer la prééminence patronale dans la direction de l'institution » [69, p. 164].

Cette conception est à la base de la loi de 1966 créant le régime maladie-maternité des artisans et commerçants. La loi crée non seulement un régime autonome, distinct du régime des salariés, mais également séparé de l'assurance-vieillesse des artisans et des commerçants. La cassure est d'autant plus nette que le paritarisme ici n'a pas lieu d'être : les non-salariés se voient offrir le droit d'élire leurs propres administrateurs. La loi rend l'affiliation obligatoire, mais prévoit un niveau des prestations différent de celui offert aux salariés, compatible avec l'équilibre financier du régime : dans le cas d'une maladie de longue durée, le remboursement des frais sera de 80 %, dans le cas d'une intervention chirurgicale de 60 % ; quant au « petit risque », le régime n'a pas à en connaître, sauf pour les enfants de moins de 14 ans et les personnes âgées couvertes à 60 % : une assurance privée individuelle complémentaire est toujours possible. Or à peine votée, la loi provoque un fort mécontentement qui débouche sur les mouvements du CID-UNATI de 1969 [65]. Autonome, le régime doit assurer son équilibre financier en couvrant de la même façon les indépendants riches et pauvres : pour que la charge financière ne soit pas trop lourde, les prestations doivent rester faibles pour tous. Or les indépendants, qui se sont détournés en 1945-1946 d'un système de Sécurité sociale dont ils ne voulaient pas et ne veulent toujours pas, s'aperçoivent que celui-apporte à leurs salariés des avantages en cas de maladie supérieurs à ceux dont ils vont bénéficier. Comme, de plus, nombre de jeunes artisans et commerçants ont été salariés avant de s'installer à leur compte, ils ne saisissent pas l'intérêt qu'ils ont à préserver une spécificité aussi désavantageuse. Arc-boutés sur la défense de la liberté d'entreprise, ils lorgnent de plus en plus vers la condition du salarié. Insensiblement, sous la pression croissante du salariat (qui représente 76 % de la population active en 1968), la société française a basculé. Il lui reste à en prendre conscience.

4

Le basculement de la société française

Au printemps 1963 paraît un livre qui fait l'effet d'une bombe dans les milieux patronaux. Son titre : *Pour une réforme de l'entreprise* [18]. Son auteur, François Bloch-Lainé, n'appartient pas aux vieilles familles industrielles et bancaires qui règnent sur le « monde des affaires » ; il n'a aucune expérience de l'industrie : « Profession : fonctionnaire ». Inspecteur des finances comme son père, directeur du Trésor puis de la Caisse des dépôts et consignations – la banque des équipements collectifs et du logement social –, il a été pressenti à deux reprises par le général De Gaulle pour devenir ministre des Finances. Deux fois il a décliné l'offre. Mais il a gardé l'oreille du Général [1]. C'est dire l'écho que rencontre son petit brûlot, longuement débattu dans le cadre du Club Jean-Moulin.

Reprenant à son compte les thèses américaines sur « l'illusion du pouvoir du capital où les directions ont une réelle autonomie », François Bloch-Lainé s'attaque aux deux piliers du conservatisme patronal : le refus de reconnaître le fait syndical, et donc la place réelle des travailleurs dans l'entreprise, l'opposition à toute ouverture du capital social, donc du pouvoir qu'il confère à de nouveaux apporteurs de capitaux. Il stigmatise « les héritiers minoritaires [qui] conservent par tradition une prééminence que leur participation au capital ne justifie plus, les héritiers majoritaires [qui] se refusent à élargir le cercle des propriétaires par crainte d'être évincés ». Il considère que « la conjonction de la possession d'une grande fortune (permettant d'acquérir la majeure partie des moyens de production), le courage de laisser une grande partie de ses biens dans son

---

1. Dans *Profession : fonctionnaire* [16], François Bloch-Lainé rapporte que R. Tournoux raconte dans *Match* que le général De Gaulle avait accusé réception de son livre avec sympathie et intérêt : « Nous aurons à en parler », et que G. Pompidou avait cru nécessaire de faire savoir que l'auteur s'exprimait à titre personnel (p. 189-190).

affaire, enfin, la capacité d'être directeur... est de moins en moins normale » [18 p. 54], qu'elle ne correspond pas à la société qu'il souhaite. Pour bien se faire comprendre, il ajoute : « En d'autres termes, la communauté d'intérêts que constitue toute firme ne peut plus être livrée sans recours à la monarchie du prince le plus habile de la famille régnante, à ses entêtements, à ses abandons. Elle ne peut pas l'être davantage à celle d'un « maire du palais » qui abuserait de la fainéantise des princes » [p. 56]. Evidemment, « la plupart des petites entreprises vraiment personnelles ne sont pas en cause » ; autant dire que le propos vise les familles industrielles qui contrôlent et dirigent à l'époque la très grande majorité des entreprises françaises !

Le patronat entre libéraux et modernes

A côté de firmes qui s'identifient totalement à leur dirigeant – Michelin, de Wendel, Boussac, Béghin, Prouvost, Dassault, Lip... –, la liste de celle où les familles fondatrices ou héritières exercent directement la direction ou ont une influence prépondérante demeure impressionnante. Or ces familles ont su tisser tout un réseau d'alliances leur permettant d'élargir le capital, tout en maintenant son unité originelle. Elles ont une conception très *patrimoniale* de leur rôle, très éloignée du dynamisme de l'entrepreneur loué par Joseph Schumpeter. Le patron, pourront encore écrire dix ans plus tard, Jean Bunel et Jean Saglio, « incarne des valeurs fondamentales et les responsabilités qu'il assume tiennent au droit naturel, et en premier lieu au droit de propriété, fondement des hiérarchies et stabilisateur des sociétés. La propriété ce n'est pas un capital, un facteur de production, c'est surtout un patrimoine familial qu'il faut conserver, agrandir et transmettre à ses héritiers. De la valeur et de l'importance de votre patrimoine dans lequel les valeurs immobilières, les biens fonciers, ont en fait la prééminence sur les valeurs mobilières, industrielles ou commerciales, dépend votre rang dans la société et votre appartenance à l'une ou l'autre strate de la bourgeoisie ». On comprend que de telles familles soient avant tout soucieuses de préserver leur indépendance, d'éviter l'apport de capitaux extérieurs au cercle familial, de réduire les risques qu'elles font prendre à leur entreprise en limitant la concurrence – à travers l'organisation professionnelle – et l'innovation technologique, de transformer une partie du profit en placement « sûrs » – immobiliers et fonciers – qui garantissent et élargissent leur statut social. Détenant leur autorité de la seule propriété, et non des performances économiques de leur entreprise, ne possédant, le plus souvent jusqu'à la deuxième génération, aucune formation supérieure qui leur donnerait une légitimité intellectuelle, les patrons sont fort peu enclins à reconnaître les syndicats en tant qu'expression collective des salariés et centre de pouvoir avec lesquels il faudrait négocier. C'est dire que, face aux critiques accusatrices de François Bloch-Lainé, le patronat français, dans son ensemble, se sent très directement mis en cause dans son essence.

Mais il est plus horrifié encore par les propositions de l'ouvrage qui prétendent réduire les prérogatives des propriétaires et limiter le pouvoir autocratique du chef d'entreprise. D'une part, François Bloch-Lainé suggère d'« atténuer les différences entre « commanditaires » et « porteurs de titres négociables », de renforcer les droits des obligataires et leur participation aux bénéfices par la création d'obligations participantes. Comment ne pas s'inquiéter, alors que les principaux souscripteurs d'obligations sont des organismes d'épargne collective, et en premier lieu, la Caisse des dépôts et consignations qui prendrait ainsi pied dans les affaires familiales ? D'autre part, il propose de « donner aux syndicats les moyens de s'implanter fortement, notamment en reconnaissant la « section syndicale d'entreprise », mais sans compromettre la liberté individuelle des salariés » [18, p. 45] (c'est-à-dire la possibilité d'une expression directe) et va même jusqu'à demander de « renforcer les moyens financiers des syndicats » et de « donner plus d'importance aux comités d'entreprise ». Bref, il revendique pour les syndicats un « pouvoir compensateur » qui ouvre aux travailleurs la voie de la « participation ». Face à ce qu'il considère comme une « déclaration de guerre », le patronat contre-attaque très violemment dans les journaux patronaux. Pierre de Calan, alors PDG de la Banque cotonnière [2], lui répond dans « *Renaissance des libertés économiques et sociales* » [30], véritable plaidoyer pour la liberté d'entreprise, le retour du pouvoir aux propriétaires du capital, le rejet de tout dialogue avec les syndicats, enfin la défense des organisations professionnelles. « Un capitaliste, écrit Pierre de Calan, qui aventurerait ses capitaux dans l'affaire sans revendiquer le droit et la responsabilité de la diriger directement ou par personne interposée, serait un simple joueur ». Autrement dit, la propriété ne se partage pas ; elle doit rester une affaire de famille.

L'écho de la polémique ouverte par François Bloch-Lainé est amplifié par les débats qui secouent les organisations patronales, sous l'impulsion en particulier du Centre des jeunes patrons (CJP). D'origine chrétienne, cette organisation connaît en effet une évolution analogue à celle de la CFTC et du CNJA. Ces « jeunes patrons », qui prendront bientôt le titre très significatif de « dirigeants d'entreprise », font figure de nouveaux saint-simoniens, ouverts à toutes les formes financières de financement en même temps que partisans d'une reconnaissance de la réalité ouvrière et de ses organisations. Ils constituent l'aile moderniste du patronat. En mai 1963, Georges Villiers, qui préside toujours aux destinés du CNPF, leur ouvre les portes du bureau de l'organisation patronale. José Bidegain et Pierre Bruneau s'y engouffrent, et un an après réunis en congrès à Royan, les « jeunes patrons » critiquent la sclérose de l'organisation et concluent que le CNPF doit être « sérieusement modernisé ». D'autres initiatives vont dans le même sens, notamment celle de Paul Huvelin, PDG de Kléber-Colombes, qui a créé le Centre de recherches des chefs d'entreprise (CRC), celle, plus inorganisée de Marcel Demonque, PDG des Ciments Lafarge et membre du bureau du CNPF, qui a pris fait et cause pour l'ouvrage de François Bloch-Lainé. Face à cette percée des thèses modernistes qui minent l'unité de l'organisation patronale et font peser un doute sérieux sur sa représentativité, le bureau du CNPF décide de mettre en chantier une proclamation solennelle, ...qui devient vite « la grande affaire des libéraux » [26, p. 111].

---

2. Il devient PDG de Babcok et Wilcok en 1965.

La « charte doctrinale [3] « adoptée dans les premiers jours de janvier 1965 par l'assemblée générale annuelle du CNPF reflète cette crise interne autant qu'elle tente d'y mettre un terme. Rompant avec tout un passé de protectionnisme, cette charte proclame l'acceptation de l'ouverture des frontières et de l'adhésion au Marché commun, et affirme que « la concurrence est un facteur irremplaçable de progrès pour les nations qui savent y faire face ». Pour affronter cette « épreuve de vérité », elle dénonce, comme le rapport sur le Ve plan, l'« insuffisance des investissements productifs [...et] l'amenuisement des possibilités de financement ». Enfin, elle réaffirme le rôle irremplaçable du profit, « moteur essentiel de la croissance ». Pourtant ce qui retient l'attention dans cette « charte », c'est le rappel à la « vérité et [à] la liberté des prix », celui de la « nécessité d'une plus grande rigueur budgétaire et d'un allégement de la fiscalité », rappel aussi que, si « l'Etat doit veiller au maintien d'une saine concurrence, éclairer et faciliter les choix économiques et sociaux sans pour autant prétendre tout prévoir et tout orienter », il n'a par contre « ni à s'immiscer dans la gestion des entreprises privées, ni à leur opposer d'artificielles concurrences par le biais d'entreprises publiques et parapubliques », et que, « par-dessus tout, il faut renoncer aux illusions d'un dirigisme systématique » ; enfin, la réaffirmation que « l'autorité ne peut se partager ». Les thèses conservatrices de Pierre de Calan triomphent, les idées modernistes de François Bloch-Lainé sont rejetées. Dans les milieux patronaux, la réforme du statut du capital et la reconnaissance du syndicat dans l'entreprise ne sont pas à l'ordre du jour.

Née de la contestation moderniste, l'adoption de cette « charte » qui cherche à refaire l'unité du patronat fait rebondir le débat : Marcel Demonque démissionne du bureau du CNPF : « Cette plongée dans le passé à laquelle s'évertue le CNPF me consterne » [26, p. 113]. José Bidegain et Pierre Bruneau qui, devant le silence du texte sur la concertation avec les organisations syndicales, prennent position pour la « section syndicale d'entreprise » sont exclus du bureau. Dans *Le Monde,* le journaliste Pierre Drouin avoue sa déception, et dénonce comme des « traces d'archéo-libéralisme » ce « combat d'arrière-garde du patronat français ». Mais le Ve Plan lui-même ne réclame-t-il pas cette « vérité des prix », ne prône-t-il pas que l'Etat « éclaire et facilite les choix économiques et sociaux sans chercher à tout prévoir », n'a-t-il pas réaffirmé « la responsabilité première des chefs d'entreprise » ? Enfin, même partisans de la « participation », les gaullistes sont des défenseurs acharnés de « l'indivisibilité de l'autorité », et la question syndicale est loin de faire chez eux l'unanimité. Cette « charte doctrinale » n'est-elle qu'un combat d'arrière-garde de la bourgeoisie patrimoniale, la première offensive d'une bourgeoisie financière qui se cherche, ou bien un compromis dont chacun a sa lecture propre ? N'est-elle pas destinée à rassurer des patrons, qui voient éclater le carcan protectionniste auquel ils étaient habitués, au moment où déjà les rapports de force dans l'organisation patronale évoluent aux désavantages des plus conservateurs ?

La nouvelle politique industrielle de l'Etat, définie par le Ve Plan,

---

3. Le texte en a été publié dans *Le Monde,* du 20 janvier 1965.

éclaire l'importance que la « charte doctrinale » accorde aux rapports entre les entreprises et l'administration. Pour compenser les rigueurs nouvelles de la concurrence internationale, nombre de patrons ont réagi en cherchant auprès de l'administration les subsides et protections susceptibles de prolonger leur existence « paresseuse ». Le « plan de stabilisation » leur a été d'un concours inespéré, grâce aux relations étroites qu'ils entretiennent avec l'administration et qui leur ont permis d'obtenir les crédits, détaxations fiscales et autres allégements compensatoires aux effets du blocage des prix. Les structures professionnelles du patronat, qui assurent autant la défense des intérêts économiques des entreprises que la cohésion sociale du groupe de leurs dirigeants, et l'organisation de l'appareil administratif – notamment du ministère du Plan – calquée sur le regroupement des professions en « branches industrielles », créent « de véritables réseaux de clientèles entre les tutelles sectorielles et « leurs » professions, aboutissent à l'investissement progressif et réciproque des deux ensembles à leur périphérie » [51].

Cette structure favorable à des politiques de branche, dont l'application est négociée à ce niveau -- contingentement d'importations, prix, subventions... – est impropre à une stratégie que le gouvernement veut infiniment plus sélective, centrée sur quelques grandes entreprises avec lequelles l'administration prend l'habitude de négocier directement, sans la médiation de la profession. En dénonçant l'immixtion dans la gestion des entreprises privées et le dirigisme *systématique* de l'Etat, la « charte » vise les rapports traditionnels existant entre les professions et l'administration, qui constituent un frein à une restructuration et à une concentration accélérées. Les patrons ne peuvent récuser ce credo libéral. Mais il correspond si peu à leurs pratiques qu'ils ne comprennent pas que, pris au pied de la lettre, il est une condamnation de celles-ci. L'avenir ne tarde pas à le leur prouver. L'hymne au libéralisme qu'entonne le patronat ressemble fort à un marché de dupes ! Peut-être cela explique-t-il que quelques années plus tard Pierre de Calan ait renié ce texte « rédigé avec les pieds », ce que n'ont jamais fait des hommes comme Ambroise Roux et Pierre Jouven dont l'influence sur le CNPF et sur la politique industrielle de l'Etat s'est très vite affirmée.

Un homme a joué un rôle crucial dans cet appel aux vertus du profit de la concurrence et de la liberté des prix : Ambroise Roux. Polytechnicien et ingénieur des Ponts et Chaussées, il est issu du patronat français traditionnel, mais il a suivi la carrière administrative. A trente ans, il est directeur du cabinet d'un ministre du Commerce et de l'Industrie de la IVe République, Jean-Marie Louvel, qu'il suit en 1955 à la CGE (Compagnie générale d'électricité) ; il en devient directeur général adjoint, puis directeur général en 1963. A la différence de la grande majorité des patrons de l'époque, il connaît l'administration de l'intérieur et en mesure la force des habitudes. Pour mettre en œuvre les orientations du Ve Plan auxquelles il adhère, il faut bousculer celles-ci et réorienter l'action des organisations professionnelles. Dans cette perspective, le contrôle des instances dirigeantes du CNPF devint primordial. En janvier 1965, Ambroise Roux, dont la réputation d'autoritarisme n'est déjà plus à faire, accède à la vice-présidence de la commission économique générale d'où il impulse les nouvelles orientations du CNPF. En juin 1966, Georges

le basculement de la société française

Villiers, qui a consacré ses vingt ans de présidence à parfaire la corporatisation de l'organisation patronale, démissionne. Un homme de transition lui succède : Paul Huvelin, polytechnicien, ayant débuté comme ingénieur de fabrication, alors PDG de Kléber-Colombes, une entreprise contrôlée par Michelin et par la CGE. Mais l'ancienne équipe reste encore largement en place et le renouvellement limité. L'heure du changement n'a pas encore sonné, et des voies empruntées restent très différentes de celles préconisées par les « jeunes patrons » et les thèses de François Bloch-Lainé. Mais l'organisation patronale peut-elle anticiper sur le groupe social qu'elle représente ?

Le mouvement de *centralisation financière du capital,* qui s'amorce à partir des années 1964-1965, donne, à première vue, raison aux modernistes. Conformément aux objectifs du Ve Plan, la fusion d'actifs industriels va bon train : dans la sidérurgie, Usinor absorbe Lorraine-Escaut, tandis que de Wendel prépare l'absorption de la Mosellane de Sidérurgie ; dans l'électro-ménager, Thomson-Houston fusionne par Hotchkiss-Brandt ; dans l'industrie du verre, le groupe BSN se constitue par la fusion des Glaces de Boussois et de Souchon-Neuvesel ; dans les métaux non ferreux, Pechiney absorbe Tréfimétaux, tandis que les établissements Kuhlmann font de même avec Ugine d'une part, les Produits azotés d'autre part ; dans l'automobile, Citroën prend le contrôle de Berliet ; dans le textile, Willot absorbe les établissements Agache, et la Lainière de Roubaix, Masurel ; dans l'alimentation, les Brasseries de Champigneulles se regoupent avec celles de la Meuse, les biscuiteries l'Alsacienne avec la Nantaise et Brun ; Gervais fusionne avec Danone dans les produits laitiers et les actifs sucriers de Bouchon-Pajot, de Saint-Louis et des Sucreries réunies se regroupent. Mais la fusion n'est qu'une des formes de la centralisation du capital. Les échanges de participation et d'administrateurs entre groupes, la multiplication de filiales communes renforcent cette centralisation financière autour de quelques groupes tête de file. Ainsi, dans l'industrie mécanique et électrique, la CGE qui a absorbé la Société générale d'entreprise, s'associe avec la Société hispano-alsacienne... L'administration n'est pas non plus inactive et intervient directement dans le secteur public (constitution du groupe pétrolier ERAP en 1965), ou pour faciliter des rapprochements avec des groupes privés (Renault-Peugeot, Charbonnages de France-Produits chimiques d'Auby, fusion de l'ONIA et des Potasses d'Alsace), et entre groupes privés, notamment dans la sidérurgie et les chantiers navals.

Ce mouvement de centralisation du capital touche également les actifs bancaires et financiers. La Compagnie financière de Suez, sortie renforcée de la période de paiement de l'indemnité de nationalisation du canal de Suez (1958-1963), prend la première l'initiative. Elle acquiert des participations dans les principales banques privées de dépôts : Crédit industriel et commercial (CIC), Crédit commercial de France (CCF), Banque d'Indochine (contrôlée par le groupe Empain), et, à travers elles, prend pied dans le groupe d'assurances La Paternelle. En janvier 1966, elle procède à un échange d'actions avec la Compagnie Pont-à-Mousson qui, l'affranchit de la tutelle britannique, dernière séquelle de la période du canal (le gouvernement britannique y conserve néanmoins 11,8 % du capital). Enfin, en octobre 1966, elle fusionne avec la Banque de l'Union

117

parisienne et regroupe l'ensemble des actifs financiers dans la Compagnie financière de Suez et de l'Union parisienne. La Banque de Paris et des Pays-Bas y répond en prenant une participation minoritaire dans le CIC, et, à travers la prise de contrôle de la Compagnie bancaire, spécialisée dans le crédit à la consommation et le crédit immobilier, renforce ses liens avec les banques de dépôts nationalisées qui en sont également actionnaires. Parallèlement, elle prépare une réforme de structure ratifiée par l'assemblée générale du 24 juillet 1968, qui aboutit à la création d'"une société holding appelée Compagnie financière de Paris et des Pays-Bas, qui assure la direction générale et la coordination de l'ensemble du groupe, et contrôle directement les trois filiales, qui regroupent respectivement les participations bancaires (OPB), industrielles, commerciales, immobilières (OPFI) et les participations bancaires ou industrielles dans les sociétés étrangères (Paribas international).

Les banques nationalisées ne restent pas à l'écart de ce mouvement et profitent de l'élargissement apporté à leurs activités par le décret de 1966 pour mettre les dépôts considérables qu'elles collectent au service d'opérations financières soit en créant leurs propres banques d'affaires, soit en utilisant des banques qu'elles contrôlent déjà (Valorind pour la Société générale, Banexi pour la BNP), soit encore en rachetant une banque à cet effet (Société de banque et de crédit pour le Crédit Lyonnais). Parallèlement, elles ont développé des « sociétés cadres », holdings chargés de détenir et de gérer des participations permanentes (CIP pour la BNP, Sogevalmob pour la Société Générale, Sofinex pour le Crédit Lyonnais). De son côté, le Crédit Agricole s'engage dans une diversification de ses activités. D'autres banques de moindre importance leur emboîtent le pas, tout comme les compagnies d'assurances, dont certaines tentent de se constituer en de véritables compagnies financières.

Ce mouvement de fusions d'actifs industriels et bancaires traduit une ouverture du capital vers l'extérieur. Des entreprises qui avaient maintenu jusqu'ici un statut juridique d'entreprises familiales se transforment en sociétés anonymes pour procéder à des émissions d'obligations et se procurer les capitaux nécessaires à leur expansion : ainsi Peugeot en 1965, De Wendel en 1967... La « haute banque » abandonne elle aussi le statut de société en nom collectif pour celui de sociétés par actions : Rothschild, Worms, L. Dreyfus... Mais le patronat français ne se transforme pas pour autant. Les familles de la bourgeoisie industrielle ou bancaire ont élargi leurs alliances, bon gré mal gré. *Elles conservent le contrôle et même la direction de leurs affaires.* Renaud Gillet demeure à la tête de Pricel (holding qui contrôle Rhône-Poulenc). Robert Delorme à la tête d'Air-Liquide, Antoine Riboud de BSN, Pierre Jouven, descendant direct de Ferdinand Kuhlmann prend la direction d'Ugine-Kuhlmann... La liste est longue des propriétaires restés aux affaires. La bourgeoisie patrimoniale s'adapte au nouvel environnement international pour ne pas avoir à changer. Mais d'autres dangers s'accumulent qui la contraignent bientôt à céder sur le terrain où elle se croit le plus à l'abri : le fait syndical.

La crise de mai 1968

Depuis l'élection présidentielle de 1965 qui a vu François Mitterrand rassembler sur son nom, au second tour, 45,4 % des suffrages exprimés, le mouvement ouvrier a renoué avec l'espoir que ses luttes puissent un jour déboucher sur un changement politique. Candidat unique de la gauche, François Mitterrand a ouvert le chemin de l'unité. Les organisations syndicales s'y engagent les premières. Depuis novembre 1964, achevant une remise en cause, amorcée quelque dix ans auparavant, de pratiques qui la rattachaient à la « famille chrétienne » au profit d'un véritable syndicalisme de masse, la CFTC s'est transformée en Confédération française démocratique du travail (CFDT), malgré le départ d'une minorité – 10 % des effectifs – notamment de mineurs et d'employés, qui constituent « CFTC maintenue ». Se rapprochant des idéaux démocratiques et socialistes, auxquels le travaillisme anglais et la social – démocratie allemande fournissent les références, la CFDT « au lieu d'être un arbuste à côté de l'arbre, se greffe pleinement sur le mouvement ouvrier français, sa tradition et ses espérances ». Cette greffe se traduit par un rapprochement avec la CGT, impensable seulement quelques années auparavant, que facilite sur le terrain le développement de luttes revendicatives, qui se heurtent à une intransigeance patronale particulièrement vive. Le 10 janvier 1966, passant outre leurs divergences idéologiques, la CGT et la CFDT signent au siège de cette dernière une plate-forme d'action commune portant sur l'amélioration du pouvoir d'achat, des conditions de travail et de vie, la défense et l'extension des droits syndicaux dans les entreprises, la garantie du droit à l'emploi.

L'unité d'action n'exclut pas cependant des différences importantes dans la conduite des luttes. Du côté des partis de gauche, l'unité avance plus lentement. Sous l'impulsion de François Mitterrand, qui préside la Fédération de la gauche démocrate et socialiste – la FGDS –, un accord est signé avec le Parti communiste à la veille des élections de 1967. Mais les tentations centristes demeurent fortes chez les radicaux comme chez les socialistes de la SFIO. Les divergences avec les communistes, notamment en politique étrangère, ne permettent pas dans l'immédiat d'aller plus loin.

Cette évolution des rapports de force politiques traduit la détérioration de la situation économique et la renaissance des luttes sociales. A l'origine de l'une et de l'autre les conséquences de plusieurs années de faible progression du pouvoir d'achat et de restructuration. Le gouvernement, en mettant fin au plan de stabilisation, n'a pas cru devoir relâcher la pression sur les salaires. Les mesures de relance de l'investissement, les quelques mesures de revalorisation des prestations sociales, d'ailleurs modestes, ont vite épuisé leurs effets. Dès le dernier trimestre de l'année 1966, la consommation des ménages recule, entraînant le fléchissement de la croissance économique et corrélativement, une brusque poussée du chômage. Le gouvernement n'entend pas changer de politique, mais il lui faut l'adapter pour amortir les conséquences des restructurations sur l'emploi et stabiliser les charges des entreprises. Au lendemain des élections de printemps 1967, qui marquent un net recul des gaullistes, le gouvernement demande les « pleins pouvoirs » en matière économique et sociale pour six mois. Les ordonnances concernent cinq domaines : reconversion et lutte contre le chômage, adaptation des entreprises à la concurrence, modernisation des secteurs en difficulté, réforme de la Sécurité sociale et participation des salariés aux fruits de l'expansion. Concentrant la bataille politique sur le principe de cette délégation de pouvoir, le gouvernement s'épargne d'avoir à se battre sur chacune des mesures et éventuellement à composer pour maintenir l'unité d'une majorité qui tient à une seule voix. Gaullistes et giscardiens protestent contre ce dessaisissement, mais s'inclinent. Un ministre, indigné, démissionne : Edgar Pisani.

Malgré le mécontentement que suscitent chez certains les ordonnances relatives à la Sécurité sociale, la principale préoccupation des travailleurs est liée à la dégradation de la situation de l'emploi et plus encore aux problèmes posés par l'évolution des salaires. Un peu partout en province, les conflits se multiplient sur ce thème depuis deux ans. En avril 1965 aux usines Peugeot de Sochaux, à la suite d'une réduction des horaires de travail, les ouvriers déclenchent un mouvement de grèves tournantes qui dure deux mois pour exiger le maintien intégral du salaire ; l'année suivante, des grèves éclatent à la RATP (mars 1966), à EDF-GDF et à la SNCF (avril) pour faire échec à la politique salariale du gouvernement et culminent le 17 mai dans une grève générale à l'appel de toutes les organisations syndicales. Son ampleur inégalée depuis le début du gaullisme symbolise la puissance retrouvée du mouvement ouvrier. A partir de l'hiver 1966, les luttes ouvrières se mutiplient : Dassault à Bordeaux en décembre 1966, Rhodiaceta et Berliet dans la région lyonnaise en février-mars 1967, métallurgie à Nantes et Saint-Nazaire au printemps ; d'autres dans la région de Mulhouse à l'automne, à Fougères et dans la région de Caen en janvier-février 1968... Toutes ces luttes présentent en effet trois caractères spécifiques. D'origine exclusivement provinciale, elles ont les mêmes objectifs : aligner les salaires sur ceux de la région parisienne et faire échec à une restructuration qui crée du chômage et déqualifie la force de travail ; toute victoire, en supprimant les disparités de la région avec Paris, provoque aussitôt une extension de la lutte aux autres usines de la région. Ces luttes manifestent le rôle croissant que les militants CFDT y jouent désormais. Enfin, les ouvriers se heurtent aux forces de police, soit parce que les patrons les appellent pour faire évacuer l'usine en cas d'occupation, soit que le déploiement d'importantes forces de police provoque des affrontements à l'occasion de manifestations. La classe ouvrière ne prend pas conscience de ce qui peut constituer à ce moment-là un élément unificateur. Les luttes restent vécues comme des conflits locaux alors qu'elles dépassent déjà ce cadre et que chaque lutte nouvelle s'enrichit des acquis des précédentes, en même temps qu'elle en généralise les formes, ouvrant la voie à une offensive plus vaste.

Graphique 3

ÉVOLUTION DE QUELQUES POUVOIRS D'ACHAT DEPUIS 1954

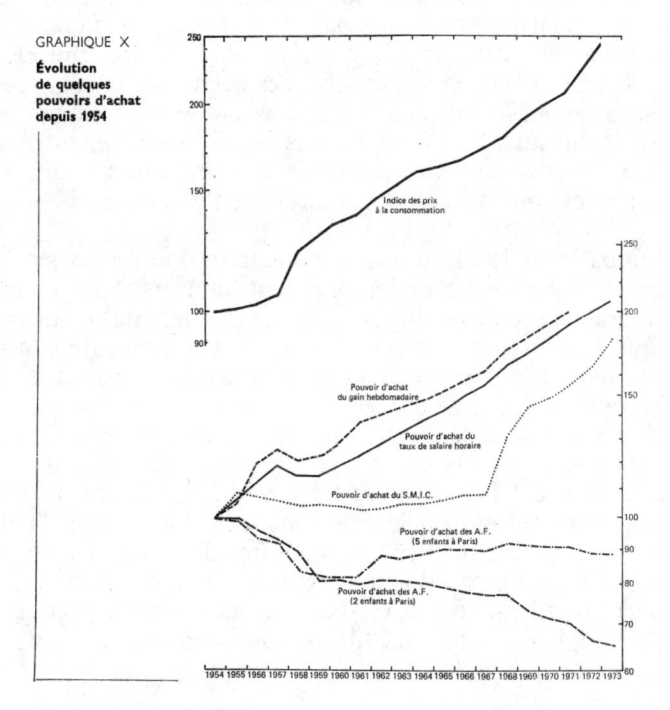

Source : INSEE, *Données sociales 1974.*

Le gouvernement en pressent-il le danger ? Le Premier ministre estime urgent de relancer les discussions entre organisations patronales et syndicales et de renouer avec une politique contractuelle inexistante depuis l'accord créant l'assurance-chômage en décembre 1958 ! L'emploi, devenu préoccupant, offre un terrain possible pour une telle relance. En septembre 1966, un accord de branche a été conclu dans l'industrie sucrière, puis en juillet 1967, le patronat de la sidérurgie lorraine a signé avec les syndicats une « convention sociale » destinée à accompagner le plan de restructuration. Le 3 août 1967, Georges Pompidou adresse aux différentes organisations une lettre les invitant à entreprendre des négociations sur cinq points : amélioration des indemnités pour les chômeurs, création de commissions paritaires de l'emploi pour suivre les restructurations et leurs conséquences, instauration d'un délai d'information en cas de licenciement collectif, mesures particulières en cas de fusion, indemnisation du chômage partiel. En procédant ainsi, Georges Pompidou déplace le débat sur les négociations patronat-syndicat, en proposant des négociations *hors des entreprises.* Mais en les situant au niveau national, il place le CNPF en porte à faux par rapport aux organisations professionnelles. Le patronat prend son temps avant de répondre et ce n'est qu'au début octobre qu'il fait savoir aux organisations syndicales qu'il est prêt à les recevoir successivement.

Le 24 octobre, il répond au Premier ministre que le premier point a été réglé dès juillet dans le cadre de l'UNEDIC, que les points 2, 3 et 4 relèvent des conventions collectives et qu'il n'est pas habilité à en traiter, mais que le point 5, relatif au chômage partiel, peut relever d'une discussion interprofessionnelle. François Ceyrac, porté à la vice-présidence du CNPF en décembre 1967 et responsable des négociations salariales, mène les négociations pour le patronat. Le 21 février 1968, un accord est signé avec tous les syndicats. Le Premier ministre peut s'estimer satisfait. Peut être s'en inquiète-t-il aussi : il vient d'administrer la preuve que le patronat peut faire des concessions... à condition de l'y pousser.

Quand début mai 1968, le gouvernement répond aux revendications étudiantes en faisant occuper les bâtiments universitaires et en réprimant les manifestations, nombreux sont les ouvriers qui n'ont pas à découvrir une répression policière et une intransigeance qu'ils ne connaissent que trop bien. Comment n'auraient-ils pas une certaine sympathie pour une jeunesse qui a été à l'avant-garde de la lutte contre la guerre d'Algérie et de la solidarité avec le peuple vietnamien et les luttes anti-impérialistes, qui porte une nouvelle espérance révolutionnaire et se bat contre la police ? Les organisations syndicales divergent dans l'appréciation qu'elles portent sur le mouvement étudiant. La CGT dénonce « ces fils à papa » et autres « révolutionnaires de la parole », tandis que Georges Marchais s'en prend aux « groupuscules », à Daniel Cohn-Bendit « l'anarchiste allemand », à Herbert Marcuse « philosophe allemand qui vit aux Etats-Unis » dans un éditorial aussi hargneux que stupide paru dans *L'Humanité* du 3 mai.

La CFDT apporte au contraire son soutien aux étudiants « qui par leur action [...] n'ont pas voulu seulement se préoccuper des considérations matérielles ou de leur avenir, mais remettre en cause d'une façon fondamentale les structures sclérosantes, étouffantes et de classe d'une société où ils ne peuvent exercer leurs responsabilités [...]. Les contraintes et les structures insupportables contre lesquelles les étudiants se révoltent existent parallèlement, et souvent d'une façon encore plus intolérable, dans les usines, chantiers, services et administrations... [4] ». Dans ce communiqué historique daté du 16 mai 1968, la CFDT prend position pour la première fois pour l'autogestion : « A la monarchie industrielle et administrative, il faut substituer des structures démocratiques à base d'autogestion. » Dix ans après l'énoncé de ces thèses sur la « planification démocratique » et la « politique des revenus », la CFDT réaffirme qu'elle n'a renoncé en rien à son projet de transformation sociale et que, pas plus qu'hier, sa réalisation ne peut pas reposer uniquement sur la conquête du pouvoir politique. Ce qui aurait pu être une simple divergence sans lendemain devient du même coup une opposition stratégique et un facteur permanent de division entre les organisations syndicales.

De l'université, le mouvement s'étend aux usines au lendemain de la

---

4. Cf. *Positions et Actions de la CFDT, au cours des événements de mai-juin*.

manifestation monstre du 13 mai 1968, la plus importante depuis dix ans. L'audace vient de Saint-Nazaire où le matin du 15 mai les ouvriers de Sud-Aviation occupent l'usine et séquestrent la direction, bientôt suivis par ceux de Renault à Cléon, aux portes de Rouen. Le 17 mai, les ouvriers de Billancourt appellent à la grève illimitée et occupent l'usine. En quelques jours, la grève est générale en France. Le mouvement ouvrier s'est engouffré dans la brèche ouverte par les étudiants. Mais il avait lui-même contribué à la créer par l'action syndicale menée tout au long des mois précédents. Ni la spontanéité du déclenchement des grèves – laquelle, loin de là, n'exclut pas une initiative active des syndicats –, ni les revendications, ni même les formes de lutte ne sont entièrement nouvelles. La nouveauté vient de la généralisation de grèves décidée entreprise par entreprise, sans mot d'ordre général des confédérations syndicales. Le contentieux revendicatif, accumulé depuis des années, est évidemment au centre du mouvement de grèves, et en premier lieu, la question des salaires. Mais ces grèves prennent très vite une autre dimension, d'une part par l'importance que prend la revendication de réduction de la durée du travail, d'autre part par celle du droit syndical et l'affirmation d'une volonté de contrôle sur la production. Si ce dernier thème est inégalement développé, il traduit une aspiration d'émancipation, de transformation des relations dans les entreprises, longtemps réprimée par l'autoritarisme patronal [46].

Lorsque le 20 mai, Georges Pompidou décide de jouer la carte de la négociation, il mise sur la capacité de la seule CGT à contrôler le mouvement de grève, à en canaliser les revendications et à imposer, le moment venu, la reprise du travail. Désireux de mettre fin le plus rapidement possible aux occupations d'usines, le CNPF donne son accord et traite lui aussi la CGT comme l'interlocuteur privilégié. Organisation la plus importante, son poids dans la grève est effectivement considérable. Georges Seguy se présente d'ailleurs à la conférence de Grenelle comme le seul (véritable) porte-parole des ouvriers en grève, et relate, quelques années plus tard, son agacement à propos des déclarations des différentes organisations : « Il y a quelque chose de fastidieux et de déprimant dans le fait qu'il faille six porte-parole syndicaux pour exprimer les intérêts des travailleurs face au bloc sans fissure que présentent le gouvernement et le patronat » [94, p. 92]. D'une organisation à l'autre, les priorités ne sont pas en effet identiques. L'accord sur le SMIG à 3 francs l'heure (soit + 35 % et + 56,2 % pour le SMAG) est vite réalisé ainsi que sur une revalorisation de 10 % des salaires, 7 % au 1er juin et 3 % au 1er octobre propose Eugène Descamps au nom de la CFDT, et sur la réduction de la durée hebdomadaire du travail de trente minutes d'ici à 1970. Par contre le gouvernement refuse l'abrogation des ordonnances sur la Sécurité sociale que demandent la CGT et la CFDT, mais non FO, la CFTC et la CGC. Enfin, la CGT ne manifeste aucun empressement à revendiquer la reconnaissance de la section syndicale d'entreprise qui constitue une priorité pour la CFDT. Sur ce point, Georges Pompidou s'engage vis-à-vis de cette dernière à déposer un projet de loi – adopté en décembre 1968 – pour favoriser son implantation dans les entreprises et y contrebalancer la présence souvent exclusive de la CGT [44, p. 119].

En ce qui concerne les salaires, les résultats sont appréciables... et les concessions patronales moins importantes qu'il n'y paraît. La fixation du SMIG n'a plus en effet qu'un lointain rapport avec les minimums de salaire pratiqués dans les branches. Indexé sur les prix depuis 1950, il accuse un retard de plus de 40 % sur la hausse moyenne des salaires. En 1968, 1,4 % des salariés sont payés au SMIG ; après le relèvement du SMIG, 12,5 % se trouvent concernés. La majorité des nouveaux smicards a bénéficié d'une augmentation, variable d'une branche à l'autre, mais inférieure à 35 % – en moyenne de 25,8 %. L'augmentation des salaires qui sera en moyenne de 14 % se traduit également par des gains de pouvoir d'achat beaucoup moins importants compte tenu d'une inflation de 2 % en début d'année qui atteint 3,3 % au second semestre. En moyenne annuelle, le gain du pouvoir d'achat du salaire moyen est en 1968 de 5,3 % contre moins de 3 % par an, au cours des années précédentes. Le point du protocole qui suscite évidemment le plus de remous dans les rangs patronaux, et qui sera vivement reproché à Paul Huvelin, est la reconnaissance de la section syndicale d'entreprise. Le patronat s'est incliné pour en finir avec les occupations d'usines. Seule la fédération du caoutchouc où François Michelin est tout-puissant – la propre fédération de Paul Huvelin – quitte le CNPF. Mais l'organisation patronale sort de la crise profondément affectée dans sa crédibilité : au nom de qui parle le CNPF si celui-ci ne peut pas engager les syndicats professionnels et si ceux-ci ne se reconnaissent pas dans les décisions prises ? La réforme des statuts décidée dès l'automne 1968 tentera d'y apporter une réponse.

Lorsque à l'aube du 27 mai les négociateurs se séparent, rien n'est conclu. Le « protocole d'accord » reste en l'état : *accepté, non signé,* mais néanmoins *appliqué.* Cette non-signature ne doit pas étonner : *elle résume à elle seule l'état des négociations sociales en France,* que les grèves de mai 1968 ont beaucoup moins transformé qu'on ne l'a dit. Ni le patronat ni les syndicats ne sont vraisemblablement désireux de signer un tel accord. Les organisations syndicales ont certes obtenu satisfaction sur des revendications importantes, mais elles ne souhaitent sans doute pas – du moins la CGT – signer un texte qui suppose l'acceptation du compromis. La non-signature maintient l'acquis, mais leur permet de revenir à une position revendicative et de relancer l'action pour obtenir de nouvelles concessions au niveau des entreprises. De son côté, le CNPF n'est pas en état de signer, ou plus exactement, sa signature aurait été symbolique mais n'aurait eu aucune valeur d'engagement pour deux raisons : d'une part, la fixation du SMIG est une décision unilatérale du gouvernement, après consultation des organisations patronales et syndicales, qui s'impose ensuite aux entreprises ; d'autre part, la négociation salariale relève exclusivement des branches professionnelles, voire des entreprises. Sur ce point, le « protocole d'accord » définit une base, mais ne dispense pas que des négociations véritables aient lieu au niveau des branches et des entreprises. Celles-ci laissent ouverte la possibilité d'aller plus loin qu'au niveau national, ce qui est suffisant pour dissuader les confédérations syndicales de se lier les mains au niveau national et les travailleurs de reprendre le travail, tant que les négociations de branches et d'entre-

le basculement de la société française

prises n'ont pas abouti. Près de trois semaines sont nécessaires pour que la reprise du travail soit générale. Chez Renault, les négociations débutent seulement le 12 juin...

La société française sort profondément ébranlée de cette crise dans ses fondements sociaux et culturels. La révolution n'a pas eu lieu, le pouvoir politique n'a même pas été renversé ; mais derrière la reprise du travail et les départs en vacances, le mouvement de Mai chemine et approfondit les brèches qu'il a ouvertes. Ces graines de mai, les étudiants qui se sont mobilisés contre la guerre d'Algérie et qui sont redescendus dans la rue contre l'intervention américaine au Vietnam, les ouvriers qui les premiers ont occupé leurs usines en 1966-1967, les avaient semées. En deux mois, toute une jeunesse les a fait fleurir, bien décidé à sortir la société française de l'« ennui » sur lequel Pierre Viansson-Ponté s'interrogeait [5] huit jours avant que les étudiants occupent la faculté de Nanterre, un certain 22 mars. Non, la jeunesse française n'est pas différente de celle qui manifeste et se bat en Espagne, en Italie, en Allemagne, aux Etats-Unis, au Japon, en Algérie, en Pologne, en Chine même. La génération de l'après-guerre mondiale est entrée de plain-pied dans l'histoire, bousculant des structures sociales et des valeurs engluées dans le vieux conservatisme que la modernisation en cours n'a pas fait disparaître. La crise sociale – au sens restreint de l'explosion revendicative – a pris la dimension d'une crise de société, d'une mise en cause radicale d'un mode de consommer et de produire, de rapports entre les individus régis par la possession et l'exclusion de l'autre. La réappropriation de la parole, du temps, de l'espace, c'est-à-dire en un mot *la reconquête de la liberté* a été le moteur du mouvement, son ferment et son unité. Partout, l'exigence d'une autre vie a surgi et s'est imposée comme la figure de la révolution sociale espérée.

Les modernistes connaissent là leur première défaite. Ils ont cru que la modernisation économique induirait progressivement une évolution des rapports sociaux qui finirait bien par avoir raison des résistances conservatrices. L'amélioration du niveau de vie devait réduire les inégalités et gommer les privilèges ; la transformation du travail devait créer plus de mobilité et la compétition internationale, un climat de concurrence. A terme, les antagonismes sociaux, sans disparaître, s'estomperaient et les clivages idéologiques disparaîtraient d'eux-mêmes dans une société enfin réconciliée. Mais la modernisation n'a pas produit les mécanismes d'intégration sociale attendus. Dans les entreprises comme à l'Université, elle s'est moulée dans les structures existantes sans parvenir à les faire évoluer, jusqu'au jour où les tensions accumulées ne pouvaient plus être contenues. Les propositions de réforme des modernistes sont restées lettre morte – la reconnaissance du syndicat dans l'entreprise – et quand elles sont adoptées – l'introduction de la sélection à l'Université décidée le 4 avril 1968 –, elles mettent le feu aux poudres dans un monde étudiant, inquiet de l'insuffisance des débouchés. Le mouvement de mai provoque les premières divisions. Ceux qui voulaient incarner le dépassement des divisions traditionnelles gauche-droite sont sommés de choisir par l'am-

---

5. *Le Monde* du 15 mars 1968.

pleur même de l'événement et des transformations dont il se revèle porteur. Dans une « lettre aux étudiants » [42, p. 237] que publie le Club Jean-Moulin, le sociologue Michel Crozier supplie les étudiants d'être raisonnables et de « mesurer et votre responsabilité et le risque que vous courez » en mettant en cause les enseignants, l'enseignement, les examens, les modes de recrutement, et leur demande finalement de ne pas empêcher une réforme qui introduirait une « certaine forme de concurrence » et, sans le dire, de sélection ! Dans les mois qui suivent, le club Jean-Moulin se dissout : les modernistes travaillent désormais à la succession du Général.

La dernière querelle

Après les jours d'incertitude où le pouvoir vacille, après sa « disparition » à Baden-Baden, le général De Gaulle reprend l'initiative : quatre minutes d'allocution à la radio, une manifestation gaulliste sur les Champs-Elysées, l'Assemblée nationale dissoute, les « généraux perdus » et les anciens responsables de l'OAS libérés puis amnistiés. Le 30 juin, le parti gaulliste dispose pour la première fois à l'Assemblée nationale de la majorité absolue : les élus de la peur. Dans les milieux patronaux, le doute subsiste. Les facilités de crédit, la suppression de la taxe sur les salaires et les reports d'échéances fiscales décidés par Georges Pompidou pour permettre aux entreprises d'absorber les hausses de salaire ont été bien accueillies, mais le rétablissement du contrôle des changes et surtout le blocage des prix provoquent le vif mécontentement du CNPF. Le projet de participation, que le général De Gaulle a proposé de soumettre à référendum le 23 mai, inquiète. Du doute, le patronat passe très vite à la défiance. La nomination d'un nouveau Premier ministre, Maurice Couve de Murville, connue le 11 juillet, et le limogeage qui transparaît dans les lettres, rendues publiques, échangées entre De Gaulle et Pompidou, font figure de désaveu de la politique suivie par ce dernier. Le relèvement de l'impôt sur les « gros revenus » décidé en juillet et élargi à deux millions de contribuables en septembre, la majoration des droits de succession donnent au patronat le sentiment que De Gaulle veut lui « faire payer » le coût des concessions de Mai, alors qu'il estime y avoir suffisamment contribué en augmentation de salaires.

La campagne que mène R. Marcellin contre l'« Octobre rouge » que préparaient, selon lui, les révolutionnaires ajoute à l'inquiétude et pousse de nombreux capitaux à profiter de la levée du contrôle des changes – décidée le 14 septembre – pour aller chercher refuge en Suisse. Enfin, quand le budget est révisé quelques jours après sa présentation au Parlement, les classes bourgeoises ont à nouveau peur, et se demandent si la « maison » gaullienne n'est pas devenue un « bateau ivre » qu'il est grand temps de déserter. La spéculation monétaire se déchaîne et ouvre une nouvelle crise politique. La dévaluation apparaît inévitable et le taux en circule déjà : elle sera de 9,785 %. Seul au sein du gouvernement, avec Edgar Faure, Jean-Marcel Jeanneney fait face et demande qu'on change le gouverneur de la Banque de France. Par l'intermédiaire de Raymond Barre, son ancien directeur de cabinet, alors vice-président de la commission européenne, il obtient l'assurance que l'aide promise par les banques européennes n'est pas subordonnée à la dévaluation. Dès lors la roue tourne : considérée comme inévitable par les ministres en entrant au Conseil le 8 novembre, la dévaluation est repoussée par chacun au cours du tour de table. Le communiqué qui annonce la décision, écrit Pierre Viansson-Ponté « fait l'effet d'une bombe ». De Gaulle a obtenu un répit. Pas pour longtemps.

L'autorité du général De Gaulle est désormais ébranlée. Ce n'est plus Valéry Giscard d'Estaing, que l'éloignement du pouvoir rend impatient et qui en septembre 1967 dénonçait « l'exercice solitaire du pouvoir », mais des rangs mêmes du gaullisme, des rangs des « barons » que partent les attaques. Jacques Chaban-Delmas s'inquiète à l'occasion d'un déjeuner de la presse anglo-américaine « de le voir faire une gymnastique curieuse sans filet et sans trapèze » [99, 2, p. 598]. Au plan international, il lui faut composer pour obtenir les soutiens dont il a besoin, avec l'URSS, dont Michel Debré, nouveau ministre des Affaires étrangères, qualifie l'intervention en Tchécoslovaquie d'« accident de parcours », avec la Grande-Bretagne avec qui il explore les voies de l'entrée éventuelle dans le Marché commun, avec les Etats-Unis dont Richard Nixon vient d'être élu président et avec qui débute une « nouvelle ère de bonne volonté » (Pierre Viansson-Ponté).

Contesté de toute part, le général De Gaulle a besoin de tester directement la confiance des Français en procédant à un référendum. La grande réforme de l'entreprise écartée avec la participation, le choix se porte à nouveau sur les institutions. Dans sa déclaration de politique générale, Maurice Couve de Murville a annoncé, le 17 juillet, qu'il procéderait à une réforme des pouvoirs régionaux et du Sénat. L'idée n'est pas nouvelle. Elle vient de la conception de la démocratie corporatiste dont le général De Gaulle a défini les contours dans son discours de Bayeux. « Cela implique, écrit-il dans ses *Mémoires d'espoir,* que le chef de l'administration locale – le préfet – reçoive l'autorité et dispose de l'armature adaptées [...] ; que la délibération des plans, le vote du budget régional, le contrôle de l'exécution appartiennent à un conseil nouveau associant aux élus politiques les représentants des organisations professionnelles et sociales ; enfin que le Sénat, jadis symbole et citadelle des errements de la troisième République et réduit depuis sa mort à un rôle parlementaire accessoire, réunisse en son sein les mandataires des collectivités locales et les délégués des branches d'activité du pays [...]. Ainsi naîtrait la grande assemblée économique et sociale qui élaborerait, en cette matière devenue capitale, la législation française. Ainsi fonctionnerait dans l'Etat l'instance suprême de la participation » [55, p. 189]. Dès 1963, le général De Gaulle a amorcé ce dernier pan de sa réforme institutionnelle par la mise en place d'une structure administrative de décision régionale, centrée sur la création du « préfet de région ». En 1964, une instance consultative est mise en place, les CODER (commissions de développement économique régional) dans le prolongement des « comités d'expansion » créés dix ans plus tôt par le gouvernement Pierre Mendès-France.

Vision étatiste, impulsée par la « haute administration » qui cherche une « périphérie » active pour contourner les départements contrôlés par les notables traditionnels et sélectionner un nombre restreint d'interlocuteurs qui se feront « sur le terrain » les agents relais de la modernisation. Pierre Gremion [64] a montré que cet espoir a été déçu et que l'alliance moderniste entre experts des administrations centrales, dirigeants d'organisations économiques, universitaires-experts, a été court-circuitée par la coalition départementale emmenée par les préfets alliés aux élus locaux. En s'attaquant à nouveau à la régionalisation, le général De Gaulle rejoint l'un des chevaux de bataille des modernistes... mais selon des modalités qu'ils réprouvent et qui les rejettent dans l'opposition : d'une part, le projet soumis à référendum abandonne la réforme des conseils généraux et de l'organisation municipale et laisse par conséquent subsister le pouvoir départemental dans sa forme traditionnelle ; d'autre part, il écarte toute idée d'élection du conseil régional au suffrage universel, au profit de la nomination d'un préfet « délégué du gouvernement dans la région ». Michel Crozier résume le sentiment des modernistes lorsqu'il écrit que cette réforme « ne ferait que nous enliser davantage dans l'impuissance bureaucratique... Les régions n'existeront vraiment que dans on leur aura reconnu la seule légitimité démocratique qui compte, celle du suffrage universel [6] ».

Mais l'enjeu réel de ce référendum est ni plus ni moins le maintien ou le départ du général De Gaulle du pouvoir. Les manifestants qui accueillent le général, lors de son voyage en Bretagne au début du mois de février 1969, le premier en province depuis mai 1968, donnent le ton. A l'annonce faite à Quimper que le référendum aura lieu au printemps, ils répondent par « De Gaulle démission » ! Le 10 février, Georges Pompidou, en voyage privé à Rome, annonce qu'il serait candidat à la présidence de la République « si le général De Gaulle se retirait », puis, trois jours plus tard, précise à Genève : « Il n'y a pas de problème de succession », avant d'ajouter : « J'aurai peut-être, si Dieu le veut, un destin national. » Le 27 février, devant le comité directeur de l'Assemblée des chambres de commerce et d'industrie dont il vient recueillir la caution, il se prononce dans un discours programme pour la rupture avec le nationalisme gaullien et le réexamen des relations avec l'Europe et les Etats-Unis. La relève est désormais assurée, tandis qu'à nouveau le mécontentement social grandit. Le 12 février les travailleurs manifestent à l'appel de la CGT, la CFDT et FO ayant refusé de s'associer à « cette décision unilatérale ». Le 11 mars, huit jours après l'échec de la conférence tripartite prévue dans l'accord de Grenelle – la réunion de Tilsitt – les trois centrales ouvrières appellent à la grève générale, qui est largement suivie. Le mécontentement gagne les commerçants qui manifestent le 5 mars contre les modalités de la mise en œuvre de leur régime obligatoire d'assurance-maladie, puis redescendent dans la rue, à deux semaines du scrutin, pour protester contre l'arrestation de Gérard Nicoud, le leader du mouvement de La Tour-du-Pin qui devient le CID-UNATI. Au mécontentement social s'ajoute celui des notables hostiles à toute réforme du Sénat. Après avoir cherché vainement un compromis, Alain Poher, qui succède en octobre 1968 à Gaston Monnerville à la présidence du Sénat

---

6. *Le Monde* du 22 avril 1969.

le basculement de la société française

se fait leur porte-parole déclarant que « le Sénat ne signera pas lui-même sa propre déchéance ».

Le dernier acte du théâtre gaullien approche de son dénouement. Qu'importe que Georges Pompidou appelle à voter « oui, par fidélité vis-à-vis de mon passé comme de l'avenir », pour mieux assurer la continuité, ou que Valéry Giscard d'Estaing se prononce « avec regret mais avec certitude » pour un « refus du oui » ! Le général De Gaulle n'est pas dupe. « Il sait, écrit Pierre Viansson-Ponté, que sa succession est prête ; que, là-bas, boulevard de Latour-Maubourg, quai de Béthune [7], on a déjà choisi le futur Premier ministre – ce sera Jacques Chaban-Delmas –, qu'on se distribue les portefeuilles, qu'on noue les alliances, les rencontres avec Edgar Faure, Valéry Giscard d'Estaing, Jacques Duhamel, les lettres pathétiques de Michel Debré, les visites d'Antoine Pinay, les déjeuners des « barons » de l'hôtel de Lassay [8], il guette tout cela du coin de l'œil » [99, 2, p. 623]. Une dernière fois, le général De Gaulle apparaît à la télévision, lance un ultime appel, le 25 avril 1969 : « Si je suis désavoué par une majorité d'entre vous, je cesserai aussitôt d'exercer mes fonctions ». Les résultats du référendum sont sans appel. Le « non » l'emporte avec 53,2 % des suffrages exprimés. Cette fois, c'est fini. La nouvelle tombe sur les téléscripteurs dans la nuit du 27 avril, à zéro heure onze, en deux lignes : « Je cesse d'exercer mes fonctions de président de la République. Cette décision prend effet aujourd'hui à midi », signé : « Charles de Gaulle. »

Un contrat avec la France

« La France et non les Français ? » Cette interrogation qu'André Malraux [83] se fait à lui-même dans son récit des dernières conversations avec Charles De Gaulle, résume toute l'ambition du Général ; être comme les anciens rois l'incarnation de la nation, l'interprète de sa volonté d'être et d'agir, rassembler autour de lui le peuple tout entier pour en transcender les divisions et exprimer l'unité profonde du pays. Mais le général De Gaulle se veut un monarque républicain lié à la France par un contrat que les Français peuvent rompre à tout moment. Contrat non écrit, non dit, dont seul le général De Gaulle se réserve de définir le contenu : « Ce contrat, dit-il à Malraux, était capital, parce qu'il n'avait pas de forme ; il n'en a jamais eu. C'est sans droit héréditaire, sans référendum, sans rien, que j'ai été conduit à prendre en charge la défense de la France et son destin. J'ai répondu à son appel impératif et muet. » A moins, ajoute André Malraux, qu'il ait répondu à un appel intérieur tout aussi impératif et muet : « Il avait vingt-quatre ans lors de la déclaration de guerre [de 1914], et je me suis toujours demandé si ce qu'il appelle ambition nationale ne se confond pas avec la volonté de revanche de son adolescence... » Ce refus de la défaite, de la décadence et finalement de

---
7. Sièges du secrétariat particulier et de l'appartement de Georges Pompidou.
8. Demeure du président de l'Assemblée nationale, alors Jacques Chaban-Delmas.

l'humiliation a été le point de rencontre avec la génération des modernistes, de ceux qui, à vingt ans, vécurent les drames de la crise, l'exaltation ou la peur du Front populaire, avant de voir le pays sombrer dans la débâcle de juin 40. Par-delà leurs divergences politiques et idéologiques, ils se sont constamment retrouvés sur les trois questions clés de la société française de l'après-guerre, la stabilité du pouvoir exécutif, la décolonisation et l'ouverture de la France sur l'Europe et sur le monde, enfin la modernisation économique. Cette convergence explique le soutien que les modernistes ont apporté au général De Gaulle, soutien qui n'excluait pas la critique du pouvoir personnel et du comportement monarchiste du Général, mais sans aller jusqu'à l'opposition résolue de Pierre Mendès France.

Les principales interprétations données du gaullisme ont, tour à tour, insisté sur l'une ou l'autre des ruptures réalisées par l'action du général De Gaulle. Leurs critiques n'ont guère eu de mal à montrer que ni la « mutation majoritaire » [35], ni le nationalisme [97], ni le « néocapitalisme [81], ne suffisaient à rendre compte de l'ensemble des transformations imprimées à la société française par le gaullisme. Les limites propres à chacune de ces thèses importent d'ailleurs moins que l'impossibilité de les isoler l'une de l'autre. L'importance du gaullisme, qui explique sans doute sa longévité, réside dans cette conscience très aiguë, qu'il ne partage qu'avec Pierre Mendès France, que les institutions politiques, la place de la France dans le monde et la puissance économique, « tout se tient ». S'il n'y a pas de « grandeur nationale » sans un gouvernement fort et stable et sans redressement économique, celui-ci suppose un gouvernement capable de faire des choix et qui soit débarrassé du poids des guerres coloniales. Le général De Gaulle a su réalisé ce que – sauf l'épisode Pierre Mendès France – les gouvernements de la quatrième République n'ont pas voulu faire. Il a redéfini l'ordre des priorités de façon à se donner les moyens politiques de son action. Il s'est donné la durée sans laquelle bien des crises seraient devenues des échecs politiques sans appel.

Pour autant, le gaullisme n'a pas été « l'expression de la France dynamique » que François Goguel a cherché à déceler dans l'évolution du comportement électoral [9]. La modernisation économique a profondément transformé les conditions d'existence des classes possédantes, mais le général De Gaulle n'a jamais cessé de s'appuyer sur elles. Il en a brisé l'expression politique, constituée par les partis de droite traditionnels, parce que leur immobilisme condamnait la France au déclin. Mais il s'est bien gardé de toucher aux valeurs fondamentales de ces classes auxquelles, par son origine, il adhère profondément. La propriété privée individuelle est restée la base sociale et culturelle d'une société dominée de plus en plus largement par le salariat. Cette conception patrimoniale d'une société demeurée rurale dans ses rapports sociaux et nombre de ses comportements a bloqué l'évolution, souhaitée par les modernistes, de la fiscalité, de la question foncière, des rapports d'autorité. Onze ans après,

---

9. Thèse énoncée dans *A la recherche de la France,* ouvrage collectif publié par Stanley HOFFMAN et François GOGUEL, et dont les résultats ont été présentés dans François GOGUEL [58].

les analyses et les conclusions du rapport Armand Rueff valent toujours. Si le général De Gaulle a su poursuivre la modernisation économique, c'est dans le cadre strict d'un conservatisme social. Celui-ci ne va pas sans une certaine sollicitude pour la question sociale, dont le général De Gaulle n'a cessé de penser que sa solution divise désormais le monde. Il a cherché à donner à la classe ouvrière plus qu'une amélioration de ses conditions de vie, l'espoir qu'implique leur participation à la société *telle qu'elle est* et qui puisse les détourner du communisme. Il s'est rallié une partie des ouvriers, mais il n'a pas réduit l'influence du parti communiste, qui, mis en position d'exclu, à continuer d'incarner l'alternative. De ce mélange de modernisme économique, de conservatisme social et d'ouvriérisme, du caractère présidentiel et autoritaire du régime, René Rémond [91] a vu dans le gaullisme la résurgence de la droite bonapartiste. Les communistes en ont longtemps dénoncé le caractère fasciste au « service du grand capital [10] ».

Le *conservatisme social* a finalement été la pierre d'achoppement du gaullisme. Arc-boutées sur la défense de la propriété privée et le maintien de rapports autoritaires, les classes possédantes sont devenues le principal obstacle à la stabilité sociale. Les valeurs de dynamisme, de risque, d'ouverture portées par le modernisme économique ont fait éclater le cadre étriqué de l'esprit de rentier et de patrimoine. Les effets déstructurants de l'urbanisation ont fait brusquement irruption dans la vieille société rurale en décomposition. Le général De Gaulle a vu dans la crise de Mai 68 le désordre, la « chienlit », qui défiaient son autorité. Il n'a pas compris que la société française venait de basculer dans le monde moderne, que la génération d'après la Libération venait prétendre à la relève, que la France, sa « grandeur », son « rang » les intéresse moins que l'aventure technologique et l'idée de liberté : le contrat était rompu.

---

10. Thèses du XVe Congrès du PCF, juin 1959.

5

Le choix industriel du président Pompidou

La présidence de Georges Pompidou est tout entière placée sous le signe de l'industrialisation. Dès sa première conférence de presse, en juillet 1969, il affirme que son « objectif fondamental » est de « donner à l'économie française une dimension internationale, et, ajoute-t-il, cela veut dire d'abord l'Europe bien entendu ». Le général De Gaulle avait l'obsession de la « grandeur nationale », le président Pompidou a celle de la « vraie puissance économique ». Même souci du « rang » de la France, mais qu'ils jaugent à des mesures différentes. Il y a chez le premier de la tradition militaire ; le second s'est formé à la longue fréquentation des affaires. L'un et l'autre sont des hommes ancrés dans la terre, dont ils ont gardé la prudence et un profond conservatisme. Mais l'ambition qu'ils ont pour leur pays les a conduits à épouser la modernisation. Le général De Gaulle en a fait une affaire d'Etat, elle se confond désormais avec les affaires... avec les grandes et les petites aux parfums de scandales.

L'industrialisation accélérée ne peut se faire sans une évolution des structures sociales du pays. Georges Pompidou en est convaincu depuis longtemps, plus encore après la crise de mai 1968. « Mon idée force, confie-t-il, à *L'Express* du 9 juin 1969, la transformation des rapports sociaux en France. Il n'est pas raisonnable qu'en 1969 les rapports entre patrons et salariés soient éternellement des rapports de combat. » Mais il ne rompt pas avec le conservatisme social du général De Gaulle et hésite entre la reconnaissance pleine et entière des organisations syndicales et la tentation d'une « participation » corporatiste. Il a, comme le général De Gaulle, la même hostilité profonde à l'égard de tout ce qui renforce le poids social et politique de la classe ouvrière. Il partage le même attachement à la propriété privée et au patrimoine. Rapports sociaux dans l'entreprise, libéralisation de l'ORTF, décentralisation du pouvoir dans les régions... les timides ébauches de réforme ne résistent pas aux premières réactions qu'elles soulèvent dans les rangs gaullistes. Les projets de « nouvelle société » de Jacques Chaban-Delmas sont arrêtés net au profit du retour à l'ordre ancien qu'incarne Pierre Messmer. Le ralliement des modernistes à Georges Pompidou a été un marché de dupes ou plutôt l'effet d'un aveuglement politique alimenté par un anticommunisme militant. Entre Charles De Gaulle et Pierre Mendès France, Georges Pompidou a choisi depuis longtemps. Les modernistes subissent là leur second échec. Mais la recherche de la « puissance économique » n'est pas « bloquée » ; elle s'effectue sous la houlette du conservatisme pompidolien.

Forces et faiblesses de l'économie française

Lorsque Georges Pompidou accède à la présidence de la République, la situation de l'économie française lui est connue. De la politique qu'il a menée comme Premier ministre depuis 1962, il peut dresser un rapide bilan : « C'est dans le domaine de l'industrie que l'effort le plus grand reste à faire en dépit des progrès accomplis dans les dernières années » [148, p. 6]. Le pari lancé en 1958 d'une ouverture progressive des frontières a été tenu. L'économie française s'est adaptée à la concurrence internationale et a réalisé une croissance forte qui a permis d'assurer la modernisation de l'appareil productif et d'améliorer sensiblement le niveau de vie. Mais « notre pays n'en reste pas moins confronté de façon durable avec les difficultés qui tiennent les unes à l'efficacité encore insuffisante de notre appareil de production, les autres aux caractéristiques propres de nos structures et comportements sociaux » [p. 41]. Ce diagnostic des « forces et faiblesses de l'économie française » ce n'est ni la première, ni la dernière fois que les experts du Plan le dressent avec ou sans le concours d'universitaires américains [82] : augmentation trop forte des prix en fin de période, finances publiques déséquilibrées, dégradation de l'emploi malgré une croissance soutenue, enfin « équilibre de la balance des paiements... compromis, notamment en raison du développement très rapide des importations que le rythme des exportations n'a pas réussi à compenser ». Les causes en ont déjà été dénoncées en 1958 ; ce n'est pas non plus la dernière fois qu'elles le seront : concentration insuffisante de l'appareil productif, mauvaise allocation des investissements, malthusianisme interne, financement mal orienté... A les entendre, ces insuffisances viennent de ce que la politique mise en œuvre à partir de 1964-1965 n'a pas encore porté pleinement ses fruits, ni obtenu une adhésion suffisante du corps social. Aussi, « il importe d'aller vite et loin, aussi vite et aussi loin que possible » [148, p. 7]. Mais ne faut-il pas aussi s'interroger sur les déséquilibres engendrés par cette politique ?

Les multiples travaux statistiques et économiques réalisés depuis une dizaine d'années permettent aujourd'hui d'aller au-delà du simple constat des résultats obtenus et de remonter jusqu'au cœur de l'analyse de l'accumulation du capital et de la compétitivité de l'industrie. Trois types d'approche peuvent être distingués, selon qu'ils portent sur le mouvement d'ensemble de l'économie, la dynamique de l'accumulation du capital proprement dite, enfin le problème particulier des échanges extérieurs, talon d'Achille de l'industrie. Mais les éléments de conclusion qu'ils apportent demeurent, sur certains points, insuffisants. D'une part, l'impact de la politique économique – fiscale, budgétaire, monétaire... – sur les comportements des entreprises n'a jamais fait l'objet d'une évaluation systématique en dépit de l'importance de certaines controverses. D'autre part, les analyses au niveau des entreprises sont quasi inexistantes sur cette période et, plus qu'en tout autre domaine, nous devons nous contenter de conjectures, indispensables, toutefois, pour éclairer les conséquences d'une politique entièrement reconstruite autour du renforcement de quelques groupes de taille internationale.

L'économie française a connu au cours des années 1963-1969 une croissance soutenue, quoique moins forte qu'au cours de la période précédente, de 5,7 % par an en moyenne au lieu de 6,7 % par an entre 1959 et 1963 [1]. Cet infléchissement est cependant loin d'être général. Il touche les investissements des entreprises (6,8 % au lieu de 8,5 % par an) et la consommation des ménages (5,0 % contre 6,4 % par an), mais non les investissements en logement de ces derniers qui connaissent une vive progression : 9,5 % par an au lieu de 8 %. De même les échanges extérieurs voient leur rythme de croissance augmenter sensiblement : de 7,8 % à 9,8 % par an pour les exportations de biens et services, et de 11,1 % à 12 % pour les importations.

Ces inflexions dans les évolutions macro-économiques n'affectent guère la poursuite des transformations sectorielles amorcées dans les années cinquante. La part de l'agriculture dans la valeur ajoutée totale et dans les effectifs employés continue de baisser : elle ne représente plus que 7,2 % de la valeur ajoutée en 1969 et 14,1 % des effectifs. La part de l'industrie poursuit sa progression, de 23,6 % de la valeur ajoutée totale en 1959 à 29,1 % en 1969 malgré une relative stagnation de la part des effectifs employés (26 % en 1969). Le secteur des commerces et des services marchands voit au contraire sa part de valeur ajoutée se réduire sensiblement de 43,1 % en 1959 à 37,9 % en 1969, en dépit d'une augmentation des effectifs employés (de 36,3 % à 40,9 % en 1969). Quant au secteur du BTP, sa part dans la valeur ajoutée demeure stable autour de 8 % mais celle des effectifs augmente de 7,6 % en 1959 à 9,6 % en 1969. *Au total*, l'industrie consolide sa progression, mais son importance demeure plus faible qu'en Allemagne fédérale. Elle est le secteur qui a le plus souffert du ralentissement des investissements, alors qu'il est le plus directement soumis à la concurrence internationale. Elle voit également peser sur elle, les déséquilibres qui résultent d'une évolution plus rapide des effectifs que de la valeur ajoutée dans les services et commerces et dans le BTP qui, à l'abri de la concurrence internationale connaissent une croissance plus forte de leurs prix.

Les travaux dirigés par Christian Sautter sur « la fresque historique du système productif » [45] et ceux de Bernard Guibert sur « la mutation industrielle de la France » [67] apportent un éclairage important sur la na-

---

1. Données calculées à partir des séries macroéconomiques 1949/1979. *Le Mouvement économique en France*, INSEE, mai 1981.

ture des inflexions qui se produisent autour des années 1963-1964. Ces études font en effet apparaître une rupture importante dans la dynamique d'accumulation vers 1964 : à partir de cette date, on observe en effet, au niveau de l'ensemble de l'économie, une nette accélération du capital par tête qui traduit un phénomène d'augmentation de l'intensité capitalistique ou encore d'une plus grande substitution du capital au travail. Pour un même niveau de production, la modernisation de l'appareil productif a entraîné un alourdissement sensible des immobilisations en capital par rapport au volume de l'emploi. Mais, de façon quelque peu paradoxale, cette modernisation, appréhendée au niveau de l'ensemble de l'économie, n'a pas entraîné d'accélération de l'efficacité technique de l'appareil de production, mesurée par la croissance de la productivité horaire apparente du travail. L'augmentation des gains annuels de productivité se manifeste vers 1967, mais résulte alors de la baisse de la durée hebdomadaire du travail plus que de l'investissement. « Tout semble s'être passé, écrit Christian Sautter, de telle façon qu'en moyenne un effort supplémentaire d'investissement par rapport aux années antérieures n'a donné aucun bénéfice marginal d'efficacité » [132]. Dans ces conditions, l'alourdissement de l'intensité capitalistique se traduit par une baisse de la productivité apparente du capital (valeur ajoutée par unité de capital). La conséquence de ce retournement est double : d'une part, à un moment où la croissance de l'investissement fléchit, il accentue le ralentissement de l'augmentation des capacités de production ; d'autre part, il rend plus difficile la rentabilisation du capital investi. Une pression très forte s'exerce, de ce fait, sur l'évolution de la masse salariale pour en limiter la progression et tenter de déplacer le partage salaire/profit au bénéfice de ce dernier. Si un tel déplacement n'a finalement pas eu lieu, la volonté de contenir la progression de la masse salariale n'en a pas moins été à l'origine des politiques déjà décrites relatives au freinage du pouvoir d'achat des salaires et surtout à la restructuration des postes de travail et de mise au travail de nouvelles catégories ouvrières. Mais alors, « si, comme cela a été le cas, le surplus n'a pas été augmenté, les revenus supplémentaires du capital appelés par l'exigence de rentabilité devraient être obtenus par réduction relative des autres affectations du surplus » [132]. La politique fiscale a été à cet égard déterminante : de 1963 à 1967, la pression fiscale apparente rapportée à la production a diminué lentement : en 1968, elle connaît une forte baisse, suite à la suppression du versement forfaitaire sur les salaires décidée par le gouvernement pour compenser les augmentations de salaire ; puis elle diminue à nouveau lentement (jusqu'en 1971). Autrement dit, face à un alourdissement des processus productifs, la rentabilité moyenne du capital a été maintenue au prix de tensions croissantes dans le partage de la valeur ajoutée, que seul l'allègement de la fiscalité a, provisoirement, atténuées.

Cet alourdissement global de l'intensité capitalistique de *l'ensemble* de l'économie masque des évolutions très différentes selon les secteurs, dont la prise en compte confirme l'existence de déséquilibres qui ont pesé sur la restructuration de l'industrie. Le changement de rythme dans l'évolution du capital par tête est nettement plus accentué dans le secteur du

Tableau 12

CROISSANCE-EMPLOI ET CAPITAL (1950-1973)

	Taux de croissance annuels		
	1950-1957	*1957-1964*	*1964-1973*
Croissance de la valeur ajoutée[2] (à prix constants 1959)	5,5	6,0	5,9
Croissance des effectifs..............	1,0	1,4	1,4
Croissance du capital fixe productif brut (à prix constants 1959)	3,4	5,3	7,0
Substitution du capital au travail (croissance du capital par tête)..........	2,4	3,9	5,5
Productivité apparente du travail[3] (croissance de la valeur ajoutée par tête)......................	4,4	4,5	4,4
Productivité apparente du capital (valeur ajoutée par unité de capital)	2,0	0,7	– 1,0
Productivité totale du travail et du capital[4]	3,8	3,5	3,0

Notes :

1. 1950, 1957, 1964 et 1973 sont quatre années de haute conjoncture.

2. La valeur ajoutée est aux prix réels, et hors appréciation sur stocks.

3. En toute rigueur, les variations de la durée annuelle du travail devraient être prises en considération. La durée hebdomadaire fléchissant à partir de 1966, la productivité par heure travaillée, le capital par heure travaillée, accélèrent de ce fait : de 1959-1964 à 1964-1973, la productivité par heure travaillée passe de 5,0 % l'an à 5,3 %. De 1961-1967 à 1967-1972, elle passe de 4,7 % à 5,7 % l'an.

4. La productivité totale est obtenue en pondérant productivité apparente du travail et productivité apparente du capital par la répartition de la valeur ajoutée de 1959 au coût des facteurs entre revenus du travail (73 %) et du capital (27 %).

Source : C. SAUTTER [132].

bâtiment et travaux publics et dans ceux des services et des commerces que dans les secteurs énergétique et industriel dont la modernisation est engagée depuis la fin des années cinquante, et que dans le secteur des transports et télécommunications où la croissance du capital par tête reste faible. Mais, alors que dans les *secteurs de l'industrie, de l'énergie et des transports et télécommunications, la modernisation induit une accélération sensible des gains de productivité horaire du travail,* elle s'accompagne au contraire d'une *décélération de ces gains dans le BTP et d'une stagnation dans les services et les commerces,* ce qui explique que ces secteurs soient les plus créateurs d'emplois malgré une croissance plus rapide de la substitution du capital au travail. Avec l'apparition des grands chantiers de construction de logements et de travaux publics, l'extension très rapide des supermarchés..., on assiste à un changement d'échelle dans l'organisation de ces activités qui entraîne une forte élévation du capital investi. Mais, en même temps, elles se développent, du point de vue de l'emploi, sur un mode extensif. La distinction, introduite par

Raymond Courbis, [41], entre « secteurs exposés » à la concurrence internationale et « secteurs abrités » de cette concurrence fournit un élément d'interprétation de ces différences de comportement. Alors que l'industrie de plus en plus « exposée » à la concurrence internationale est fortement contrainte sur ses prix et conduite à rechercher des gains de productivité pour défendre et, si possible, améliorer sa rentabilité, ni le BTP ni les services et commerces ne subissent une telle contrainte. La concurrence, lorsqu'elle existe, s'exerce sur une zone limitée. Ces secteurs ont pu ainsi augmenter leurs prix plus rapidement que l'industrie, obtenir une rentabilité nominale élevée en dépit d'une faible efficacité économique et attirer à eux des capitaux nullement justifiés par le niveau de la demande. « On peut ainsi penser, conclut Christian Sautter, que l'ensemble de l'industrie privée et l'énergie ont subi de la part du BTP, des commerces et des services, des ponctions de surplus réel excessives, qui ont freiné leur propre développement durant les années 1960 [2]. Les politiques mises en œuvre dans les années 1963-1965 trouvent ici leurs premières limites. Le blocage des prix décrété par le « plan de stabilisation » s'est révélé largement illusoire dans le tertiaire, où les ententes, la dispersion des activités, l'importance des entrepreneurs individuels sont à l'origine de comportements malthusiens et inflationnistes. Le gouvernement, lors de la préparation du Ve Plan, a sous-estimé l'ampleur du problème et n'a pas su formuler les grandes lignes d'une politique moderniste comparable à celle adoptée pour l'agriculture et pour l'industrie.

A ce stade de l'analyse, une question demeure dont la réponse reste controversée : quelle a été l'origine de l'accélération de la croissance du capital par tête et donc de la substitution du capital au travail ? D'après la théorie néoclassique, la réponse est à chercher dans le coût relatif du capital et du travail. Or, sur la période, ces coûts connaissent des évolutions contrastées. Le coût d'usage du capital (en valeur nominale) reste en moyenne stable sur la période, du fait de la baisse du prix relatif des biens d'équipement et d'une fiscalité plus favorable à l'investissement à partir de 1960, date de l'institution de l'amortissement dégressif. Le coût salarial (nominal) s'est au contraire constamment renchéri, sous la double poussée de l'amélioration du pouvoir d'achat et du relèvement des cotisations sociales, et ce malgré la croissance de la productivité du travail. Le prix relatif du capital au travail a de ce fait baissé, assez peu jusqu'en 1967, mais très fortement entre 1969 et 1970. Cependant les tentatives de vérification économétrique de l'existence d'un lien entre coûts des facteurs et substitution capital-travail demeurent précaires. Mis en évidence par certains travaux [102], il est au contraire contesté par d'autres [104] qui récusent toute relation entre la croissance du coût salarial et celle du capital par tête. L'interprétation avancée par Bernard Billaudot [104] est que l'augmentation de l'intensité capitalistique serait « intervenue principalement en conséquence des changements introduits pour élever la productivité, mais de façon différenciée selon l'industrie et

---

[2]. Avec des réserves pour les commerces tenant à la moins bonne qualité des données et de la part, peut-être, de la spéculation foncière, quoique les transactions sur les terrains ne soient pas incluses dans la comptabilité nationale. Christian SAUTTER, [132].

selon la plus ou moins grande capacité à augmenter les prix de vente ». Dans cette dernière hypothèse, la fiscalité de l'investissement aurait moins influencé le choix des techniques de production à travers une baisse du prix relatif du capital, qu'incité les entreprises à accroître leurs investissements en augmentant leur autofinancement.

La dynamique de l'accumulation dans les années soixante

Cette interprétation renvoie à la nécessité, pour rendre compte de la dynamique d'accumulation, d'articuler l'analyse des transformations des conditions de production – appréhendées à travers la mise en œuvre du capital et du travail – à celle de l'évolution des coûts salariaux, de la valorisation du capital et de la croissance de la demande. L'hypothèse générale peut être formulée de la façon suivante : *La progression du pouvoir d'achat des salaires et la concurrence internationale ont exercé une pression générale pour l'obtention de gains de productivité nécessitant un effort important d'investissement productif facilité par des marchés en expansion ; cet investissement a permis la mise en place de nouvelles unités de production et la transformation d'unités déjà installées par le remplacement de certaines machines, faisant appel à des techniques et à une organisation du travail plus productives, qui ont nécessité une redéfinition des structures de qualification et des postes de travail ; ces transformations ont entraîné une progression de l'intensité capitalistique qui a exercé de fortes contraintes sur la rentabilisation des nouveaux investissements ; celles-ci se sont traduites, dans la mesure où la progression des prix était limitée par la concurrence internationale, par une pression sur les coûts salariaux résolue par une accentuation des restructurations des postes de travail dans le sens d'une plus grande déqualification, permettant de faire appel à des catégories ouvrières moins payées.* Ces articulations, qui impliquent certains décalages temporels, rendent compte d'une dynamique *d'accumulation intensive,* caractéristique du stade fordiste du capitalisme.

Les travaux réalisés sur l'industrie par Alain Azouvi [6], à un niveau désagrégé, décrivent ces enchaînements pour les différentes branches d'activité. Toutefois, en dépit de différences parfois très sensibles, ils confirment l'existence d'analogies justifiant un regroupement des industries manufacturières en trois secteurs (auxquels s'ajoutent les industries agricoles et alimentaires, l'énergie et le BTP), mis en évidence par Alain Desrosières [115]. Le découpage entre biens de consommation traditionnels, biens intermédiaires et biens d'équipement, déterminé de façon empirique en fonction des destinations des produits, correspond à l'identification de grands types de comportement par rapport à un certain nombre de variables :

• les industries de *biens de consommation traditionnels* : textiles, habillement, cuir, bois, presse-édition, industries diverses, ont des équipements légers pour une main-d'œuvre, à majorité féminine, très abondante. Elles sont peu concentrées, peu endettées à long et moyen terme, et ont une croissance assez faible ;

• les industries de *biens intermédiaires* : sidérurgie, transformation des métaux, chimie, verre, métaux non ferreux, papier, matériaux de construction, ont les équipements les plus lourds, une main-d'œuvre peu qualifiée. Elles sont très concentrées, peu endettées à court terme et connaissent une croissance moyenne ;

• les industries de *biens d'équipement* : automobile, construction électrique, construction mécanique, construction navale et aéronautique, ont des équipements plus lourds, une proportion moindre d'ouvriers, sont assez concentrées, endettées, mais connaissent une croissance très rapide.

L'homogénéité des industries produisant des biens d'équipement à destination des entreprises et des ménages – et donc à la fois biens d'investissement et biens de consommation moderne – est particulièrement remarquable. Leurs performances conditionnent en effet les possibilités d'une transformation simultanée des conditions de production et de consommation et finalement le rythme d'extension du fordisme.

Les analyses de la dynamique d'accumulation sectorielle montrent bien le comportement spécifique des industries de biens d'équipement et le rôle moteur qu'elles ont eu dans la dynamique d'ensemble des années soixante. Ces industries connaissent la plus forte croissance de la valeur ajoutée (en volume) et des effectifs tout au long de cette décennie, malgré un certain fléchissement à partir de 1964, lié au ralentissement général. Elles ont ainsi un rôle d'entraînement dans le développement de l'industrie qui se traduit par une croissance de l'investissement près de deux fois plus rapide que dans les industries de biens intermédiaires et de trois fois dans celles de biens de consommation. Elles présentent une proportion plus élevée d'ouvriers qualifiés dans le total « ouvriers » et d'OS parmi les « ouvriers non qualifiés », l'une et l'autre continuant d'augmenter au cours de la période, et emploient moins de femmes (15 % contre 17 % dans les biens intermédiaires et 50 % dans les biens de consommation) et plus de travailleurs immigrés (environ 14 % en fin de période contre 10 % dans les deux autres secteurs). Ces conditions de production se sont montrées les plus efficaces : les gains de productivité y ont été pendant toute la période légèrement plus élevés que dans les industries de biens intermédiaires et nettement plus que dans celles de biens de consommation, et s'accélèrent à partir de 1967 du fait de la baisse de la durée du travail.

Ces résultats ont été obtenus au prix d'une élévation continue de l'intensité capitalistique moyenne, comme dans l'ensemble des secteurs d'activité. Elle a été cependant sensiblement moins forte dans les industries de biens d'équipement, du fait d'une extension du travail en équipes, qui, si elle s'est ralentie, a été plus importante que dans les autres industries (le taux de travail en équipes y est plus faible notamment que dans la sidérurgie, la chimie et le textile). Les industries de biens d'équipement ont ainsi été les seules à améliorer régulièrement leur efficacité productive mesurée par le ratio capital/produit : celui-ci baisse régulièrement de 1959 à 1969 alors qu'il se stabilise dans les biens intermédiaires et s'élève à partir de 1963 dans les biens de consommation. En définitive, malgré une baisse du prix relatif de la valeur ajoutée et compte tenu d'un taux d'accumulation sensiblement égal à celui de l'ensemble de l'industrie manufacturière, conclut Bernard Billaudot [14], « les industries d'équipement ont dégagé une rentabilité toujours supérieure à la moyenne. La baisse du salaire relatif, liée à la modification de la structure de l'emploi – dont nous avons vu qu'elle avait la même origine que l'efficacité dégagée – a largement contribué au maintien d'une telle situation plus favorable. Mais son origine essentielle provient du dynamisme de la demande, qui renvoie à la fois au caractère coûteux de l'approfondissement des transformations apportées aux forces productives – sous la forme d'une élévation du ratio capital/produit « à la marge » – et à la révolution progressive des modes de vie de toutes les couches sociales, sous la forme notamment d'une consommation élargie de biens durables ». Les industries des biens d'équipement ont ainsi connu un développement « vertueux » pour reprendre l'expression de Robert Boyer et Jacques Mistral [25], lié à leur « caractère très autocentré » et créant une dissymétrie fondamentale par rapport à l'ensemble des autres activités qui a permis une accumulation sans accélération de l'inflation jusqu'en 1968.

L'analyse en sections productives mises au point par Hugues Bertrand [103] qui découpe l'ensemble des activités entre celles qui concourent à la production des biens de consommation (alimentation, équipement ménager, services...) et celles destinées à produire les biens d'investissement, met en lumière la nature de la dynamique de l'accumulation et son caractère déséquilibré. La section des biens d'investissement a vu son importance croître régulièrement en effectifs et en valeur ajoutée, par rapport à celle des biens de consommation. Les transformations dans cette dernière – qui affectent tous les secteurs d'activité, de l'agriculture au tertiaire – se sont traduites par un alourdissement continu de la composition en capital et par des gains élevés de productivité, entraînant une forte demande de biens d'investissement. Un tel déplacement a nécessité une augmentation régulière de la part accumulée du revenu national allant au profit, exerçant une forte pression sur l'évolution des salaires et réalisé grâce à une baisse de la fiscalité supportée par les entreprises. Enfin, la croissance plus rapide de la section des biens d'investissement supposait qu'elle dégage une rentabilité plus forte fondée sur la différenciation à son profit de l'évolution des prix relatifs. La politique des revenus avait dès lors pour objet d'ajuster la progression des salaires – y compris à travers une restructuration des emplois – aux gains de productivité de façon à ce que la croissance de la section des biens de consommation alimente celle des biens d'investissement et permette une accumulation plus rapide dans cette dernière. La particularité de cette politique en France, il faut y insister, a été de rechercher ces ajustements en l'absence de toute procédure de négociation salariale centralisée et sans même se proposer de modifier la pratique existante.

Secteur le plus dynamique, les biens d'équipement ont éprouvé le plus directement les problèmes du financement de l'accumulation du capital. Le ralentissement de la croissance des investissements à partir de 1964 a permis un redressement du taux d'autofinancement rapporté aux investissements (avec ou hors stocks) par rapport à la période précédente. En revanche, le taux d'autofinancement, rapporté au total à financer, c'est-à-dire y compris les autres valeurs immobilisées, s'améliore entre 1964 et 1966, puis se dégrade ensuite. Les entreprises ont en fait consacré une partie de leurs ressources financières à des opérations de fusions d'actifs et de rachats d'entreprises, au détriment du financement des investissements, voire d'une croissance plus rapide des investissements. Or, au cours de cette période, elles ont plutôt eu moins tendance que par le passé à recourir à des émissions d'actions, entraînant une baisse de la part des fonds propres dans les bilans et par conséquent une augmentation de celle de l'endettement. Engagé dans une stratégie de croissance économique et financière, le patronat français n'a pas pour autant rompu avec son réflexe patrimonial d'hostilité à l'ouverture du capital social.

Dès lors, l'étroitesse du marché financier, sollicité en priorité par le Trésor et les entreprises publiques, a rejeté les entreprises vers les banques et l'endettement à court terme, processus favorisé par la réforme bancaire. Tant que les taux d'intérêt des capitaux empruntés ont été inférieurs au taux de rentabilité des capitaux investis, l'endettement s'est avéré profitable, multipliant par un « effet de levier » la rentabilité financière des capitaux propres. Celle-ci a pu être ainsi particulièrement forte, en même temps qu'extrêmement fragile et vulnérable à toute évolution défavorable des taux d'intérêt et de la rentabilité réelle. Mais l'endettement croissant a aussi entraîné une forte augmentation des frais financiers dès 1967 dans la sidérurgie et le textile, mais surtout dans les industries de biens d'équipement, très lourdement endettées. Il crée une source de tension supplémentaire dans le partage de la valeur ajoutée, qui accroît la pression sur les salaires tandis que les fortes hausses salariales de 1968 provoquent une accélération de l'endettement.

Compétition internationale et marché intérieur

Contraintes par l'ouverture des frontières à affronter la concurrence internationale, les entreprises ont fait preuve, à des degrés divers selon les activités, d'une forte capacité d'adaptation, accélérant la modernisation engagée dans les années cinquante, améliorant leurs performances économiques et financières, amorçant enfin un mouvement de concentration et de restructuration financières. Si, à la fin des années soixante, les déséquilibres et les tensions engendrés par cette accélération de l'accumulation sont déjà perceptibles, la principale inquiétude est d'une autre nature et révèle la faiblesse structurelle de l'industrie : pendant toute cette période, *la situation du commerce extérieur s'est dégradée.*

Alors qu'au début des années soixante, l'industrie apporte une contribution largement positive au solde des échanges extérieurs, celle-ci diminue régulièrement pour devenir négative en 1969. Cet effondrement est en partie la conséquence du redéploiement des échanges consécutif à la décolonisation et à la création du Marché commun, et plus largement, à l'ouverture des frontières. En dix ans tandis que la part des échanges avec les autres pays capitalistes passe de 50 à 70 % pour les exportations et à 75 % pour les importations, celle avec les anciennes colonies chute de 25 à 10 % pour les importations et de 34 à 12 % pour les exportations. Ce redéploiement n'affecte pas la croissance globale des exportations qui connaît même une sensible accélération entre 1963 et 1969 : + 9,9 % par an contre + 7,8 % par an entre 1959 et 1963. Toutefois, l'économie française, et en premier lieu l'industrie, n'a pas pleinement tiré parti de la forte croissance mondiale : globalement, la part des exportations françaises sur les marchés mondiaux recule de 7,3 % en 1961 à 6,6 % en 1969, la progression enregistrée sur les produits agricoles étant insuffisante à compenser le net repli de l'industrie qui baisse de 8,5 % à 7 %. La spécialisation relative à l'exportation en biens intermédiaires, automobiles et biens de consommation traditionnels, s'estompe progressivement ; celle en biens d'équipement s'affirme. Mais l'orientation de cette dernière en direction des pays en voie de développement traduit une réelle difficulté à affronter la concurrence sur les marchés les plus dynamiques.

Tableau 13
PÉNÉTRATION DU MARCHÉ INTÉRIEUR PAR GRANDE BRANCHE
IMPORTATIONS/MARCHÉ INTÉRIEUR au prix 1970 (%)

	1959	*1963*	*1969*	*1973*
Agriculture............	12,9	12,7	12,4	13,3
Energie...............	16,3	17,5	17,7	18,8
IAA.................	4,8	5,6	7,7	10,2
Industrie.............	8,2	11,6	19,0	24,6
Services..............	7,1	5,8	6,8	7,1
TOTAL	5,4	6,3	8,9	11,1

Source : INSEE, extrait de *La Crise du système productif.*

Tableau 14
TAUX DE COUVERTURE PAR GRANDE BRANCHE

Prix 1970 (%)

	1959	*1963*	*1969*	*1973*
Agriculture............	18,2	36,0	78,4	91,1
Energie...............	19,5	15,6	18,2	17,8
IAA.................	97,0	102,3	92,7	105,5
Industrie.............	194,9	130,0	96,7	101,2
Services..............	198,3	232,9	185,2	184,8
TOTAL	117,0	104,7	94,3	99,5

Source : INSEE, extrait de *La Crise du système productif.*

Cependant, la grande faiblesse de l'industrie française réside dans son incapacité à résister efficacement à la pénétration croissante des produits étrangers. Dès l'ouverture des frontières, les importations totale font un bond en avant et voient leur taux de croissance passer de 10,5 % entre 1949 et 1959 et 10,8 % entre 1959 et 1963, à 11,8 % entre 1963 et 1969. En dix ans, le taux de pénétration du marché intérieur par les importations s'élève de 5,4 % à 8,9 %. Cette dégradation est entièrement due à l'industrie dont les positions sont fortement menacées : les achats à l'étranger augmentent en moyenne de 17,2 % par an et le taux de pénétration atteint 19 % contre 8,2 % en début de période.

Même dans les industries agro-alimentaires, l'industrie française n'a pas résisté, faute de valoriser correctement le potentiel agricole. Les branches qui voient la pénétration étrangère augmenter le plus sont celles qui étaient déjà les plus perméables : minerais et métaux ferreux et non ferreux, chimie de base et fibres synthétiques, construction mécanique. Mais des branches peu concernées par ce phénomène au début des années soixante sont aussi fortement touchées : verre, matériels électriques professionnels, équipements ménagers, automobile, construction navale, aéronautique, armement, textile, bois, papier-carton. Rares sont les industries qui échappent à la pression étrangère : la pharmacie, la fonderie et le travail des métaux, la presse et l'édition. En termes de sections productives, la pénétration du marché intérieur est particulièrement vive au sein de la section des biens d'investissement et plus précisément dans les industries d'équipement qui concourent à la production de ces biens. La dynamique de l'accumulation se trouve ainsi de plus en plus dépendante de l'extérieur tant pour ce qui concerne la définition de normes étrangères relatives à des équipements qui structurent l'organisation du travail, que pour l'évolution des prix de ces équipements exprimés en monnaie nationale, donc pour la parité du franc avec les monnaies des pays fournisseurs, en premier lieu l'Allemagne et les Etats-Unis.

Comment expliquer cette pénétration du marché intérieur ? Jacques Mistral [127] a montré qu'on ne pouvait pas incriminer les prix. Les dévaluations de 1957-1958 ont rendu les prix français compétitifs, mais cet avantage s'est progressivement altéré au cours des années soixante. On ne peut pas non plus accuser les coûts salariaux d'avoir réduit les marges bénéficiaires face à la concurrence, puisque la rentabilité s'est au contraire améliorée, les charges salariales et sociales ayant été en moyenne moins élevées et ayant augmenté moins vite que dans les autres pays capitalistes [108]. Cette pénétration croissante interroge les politiques économiques mises en œuvre à partir de 1963. Le ralentissement de la croissance des investissements productifs provoqué par le plan de stabilisation a freiné l'élargissement des capacités de production à contre-temps. Et l'option choisie dans le Ve Plan en faveur d'une politique de grands groupes a renforcé, face à la pénétration étrangère, les aspects négatifs du plan de stabilisation. Les entreprises qui n'ont pas été englobées dans le mouvement de concentration ont dû affronter seules la concurrence. Dans de nombreux cas, elles n'avaient pas les moyens financiers pour investir et se moderniser et le plus souvent, elles n'étaient pas prêtes à en assurer le risque. Les patrons, même lorsqu'ils ont bénéficié de la croissance, n'ont guère modifié leurs comportements patrimoniaux de diversification de leurs placements ; seule une partie des profits était réinvestie dans l'entreprise, le reste allant généralement alimenter la spéculation foncière et immobilière. La constitution de quelques groupes n'a pas entraîné de restructuration du tissu industriel dans son ensemble.

Comparée à l'industrie allemande, américaine ou japonaise, l'industrie française reste très dispersée [67]. Si l'effectif moyen s'est sensiblement accru, cela résulte davantage de la disparition des établissements les plus petits que d'une augmentation de la taille des établissements de plus de 1000 personnes. Ceux-ci ont un effectif six fois plus faible qu'aux Etats-Unis, près de quatre fois moins qu'en Allemagne et moitié moins qu'au Japon. Les établissements se concentrent dans la tranche des 100 à 500 salariés alors que l'industrie allemande a sensiblement accru la part des établissements de plus de 1000 salariés. Si les restructurations des procès de travail n'entraînent pas nécessairement une augmentation de la taille des établissements, l'ampleur des disparités entre pays, à condition de productions voisines, est néanmoins significative de la permanence en France de structures plus archaïques.

Les groupes eux-mêmes n'ont pas, en leur sein, remédié à cette faiblesse. Leur constitution a été le produit d'une centralisation financière constituant des centres de pouvoir, plus que le résultat d'une concentration industrielle. Elle laisse subsister les unités de production existantes et lorsqu'une certaine rationalisation s'impose, celle-ci se réalise par la fermeture de certaines de ces unités et l'abandon des lignes de production jugées les moins rentables ou pour lesquelles le groupe est moins bien placé sur le marché. Le groupe affirme ainsi une spécialisation que sa politique d'investissement s'efforce désormais de renforcer. Cette stratégie, qui répond aux intérêts financiers du groupe, mais qui peut aussi échouer, interdit toute possibilité de restructuration des productions abandonnées en dehors du groupe dans la mesure où, au cours des absorptions et fusions antérieures il a capté une partie au moins des unités les plus importantes. De plus, les entreprises restées indépendantes qui se situent sur les mêmes lignes de production que celles abandonnées par le groupe n'ont pas, le plus souvent, les moyens financiers d'être des pôles de restructuration de ces productions. Si elles ne parviennent pas, par leur seule croissance, à capter la part de marché délaissée par le groupe, celle-ci revient à la concurrence étrangère.

En détruisant une partie de leur substance industrielle, les groupes ont détruit une partie du tissu industriel dans son ensemble et facilité une pénétration étrangère accrue. Ainsi, ce qui a été bon pour les groupes a été mauvais pour l'industrie. A la fin des années soixante, ce processus est déjà bien engagé, mais il n'est pas encore irréversible. Les infléchissements que Georges Pompidou donnent dès son arrivée à la politique économique auraient pu corriger les aspects négatifs de cette stratégie. Ils les accentuent au contraire, entraînant l'industrie dans une fuite en avant qui la rend de plus en plus vulnérable.

Dévaluer pour exporter

Toute la politique mise en œuvre par Georges Pompidou repose en effet sur la conviction que l'ouverture des frontières rend l'accroissement des importations inéluctable et que celui-ci traduit un « progrès », puisque la société française peut ainsi se procurer à meilleur compte les biens dont elle a besoin. Or, constate le rapport sur les options du VIᵉ Plan, « la France reste, au sein du Marché commun, le pays où la part des échanges de biens, rapportée à la production nationale, est la plus faible » [149, p. 43]. En d'autres termes, « en dépit des progrès réalisés », l'économie française demeure peu insérée dans les échanges internationaux et, en déduit le gouvernement, insuffisamment spécialisée. Loin de s'inquiéter d'une pénétration accrue du marché intérieur, il l'accepte pleinement et s'attend à ce qu'elle augmente. Dès lors, « il lui faut donc exporter. Or, en dépit de l'appoint fourni par notre agriculture et par certains services, le développement des exportations ne peut être fondé que sur une industrie puissante et compétitive. La constitution d'une telle industrie est donc à cet égard l'une des conditions essentielles de notre croissance économique » [p. 11]. Tout doit par conséquent être mis en œuvre pour favoriser les exportations, et en premier lieu, il faut disposer d'une parité monétaire compétitive, si besoin est en dévaluant.

Dès avant son élection à la présidence de la République, Georges Pompidou est décidé à dévaluer le franc pour redresser les échanges extérieurs par une vigoureuse stratégie d'exportation. Au lendemain des accords de Grenelle, il avait déjà été partisan d'une « petite dévaluation de l'ordre de 6 à 7 % » qui, avec la suppression du prélèvement sur les salaires de 5 %, aurait permis aux entreprises d'absorber les hausses de 1968 sans comprimer les marges à l'exportation. Mais « c'est une chose très différente d'avoir une opinion et de prendre une décision définitive à une date donnée ; et je n'étais pas au pouvoir » [3]. Mais la dévaluation est aussi rendue inévitable par les pressions spéculatives persistantes qui s'exercent sur le franc. Le départ du général De Gaulle n'a pas suffi à faire rentrer les capitaux évadés à l'automne 1968, et malgré le rétablissement du contrôle des changes les pertes se sont poursuivies. Fin juillet, la situation apparaît politiquement critique. La Banque de France dispose encore de réserves, mais celles-ci servent à gager les prêts internationaux qui viennent à échéance à la fin de l'année ; elle peut aussi compter sur un prêt d'un milliard de dollars ouvert par les banques américaines et encore non utilisé, mais un tel usage rappellerait trop les pires heures de la quatrième République pour être envisagé. Le solde de 0,7 milliards de francs, de quoi couvrir quinze jours de commerce extérieur, ne permet plus d'attendre. Il fallait, commente Valéry Giscard d'Estaing, à nouveau ministre des Finances, agir pour que « la France n'ait pas plus de dettes à court terme qu'elle n'aurait eu en réalité de réserves ». Le 9 août 1969, le franc est dévalué de 12,5 %... et le général De Gaulle désavoué pour la seconde fois.

La dévaluation ne peut à elle seule garantir la relance des exportations ni renforcer la compétitivité de l'industrie française. Georges Pompidou se dit convaincu que les exportations « pourraient être bien plus importantes si elles n'étaient pas limitées par notre capacité de production [4] ». La clé d'un équilibre durable de la balance commerciale se

---

3. Conférence de presse du 22 septembre 1969.
4. Conférence de presse du 10 juillet 1969.

confond par conséquent avec celle de la puissance industrielle ; elle a pour nom l'investissement. La dévaluation de 1969 s'inscrit ainsi dans une stratégie offensive prenant appui sur les entreprises exportatrices : en restaurant leurs marges bénéficiaires qui se sont amenuisées au fil des ans, elle leur donne les moyens financiers d'investir. Les mesures d'accompagnement décidées le 3 septembre viennent renforcer cette stratégie. A la différence des mesures d'austérité qui accompagnaient la dévaluation de 1958, le gouvernement ne cherche pas à freiner la progression du pouvoir d'achat des salaires et décide même de relever le SMIC de 3,8 % à dater du 1er octobre, soit un pourcentage supérieur à ce qu'impose la loi. Il maintient de ce fait une certaine pression pour inciter les entreprises à accélérer leur restructuration. Il considère en effet que le manque de capacités de production constitue le principal goulet d'étranglement et que, compte tenu des délais de mise en œuvre des programmes d'investissements lancés en 1968, leur augmentation ne peut pas être attendue avant la fin de l'année 1969. Enfin, compte tenu de la forte croissance des crédits, « il est naturel, constate le rapport sur les comptes de la nation pour le premier semestre 1969, que les trésoreries des entreprises (...) soient à l'aise » [p. 22].

Face à cette situation, le gouvernement se fixe un double objectif : d'une part, restreindre la demande intérieure en modifiant le comportement d'épargne des ménages et d'investissement des entreprises ; d'autre part, réorienter la production industrielle vers l'exportation. Le gouvernement utilise simultanément tous les instruments de la politique économique : mesures fiscales (majoration de la vignette, maintien de la moitié de l'impôt exceptionnel sur les hauts revenus) et action sur l'épargne (prime de fidélité pour le livret A des Caisses d'épargne, relèvement du plafond de l'épargne-logement, doublement de la franchise fiscale sur les revenus d'obligation...) destinées à ralentir la consommation des ménages ; mesures budgétaires de réduction des dépenses de 5,5 milliards, renchérissement et renforcement de l'encadrement du crédit, modification du régime fiscal des amortissements et suppression anticipée de la déduction fiscale sur investissements de façon à réduire la demande des entreprises. En revanche, les crédits à l'exportation restent hors encadrement et donnent ainsi un avantage aux entreprises exportatrices. Enfin, outre le relèvement du SMIC, le gouvernement annonce la revalorisation des prestations vieillesse et des allocations familiales prenant effet au 1er octobre, de façon à préserver le pouvoir d'achat des plus bas revenus.

Ces mesures provoquent dès le dernier trimestre 1969 un ralentissement très net de la consommation des ménages – notamment en biens durables – qui se prolonge jusqu'à l'été 1970. Le budget 1970, présenté en équilibre, et géré très strictement en début d'année, accentue la pression sur la demande. Dès la fin de l'année, l'équilibre extérieur se rétablit, du fait d'un très fort ralentissement des importations. En même temps, le développement de l'investissement productif se poursuit, tiré jusqu'au second trimestre par les industries exportatrices (production des métaux, machines et appareils mécaniques et électriques, automobile, construction navale et aéronautique, chimie, textile). Toutefois, ce rétablissement reste précaire : d'une part, les tensions inflationnistes demeurent fortes ; d'autre part, si la croissance des exportations se maintient à un niveau supérieur à celui de la période précédente (13,3 % en volume entre 1969-1973 au lieu de 9,9 % entre 1963-1969), la croissance des importations reste stable (11,8 % par an en volume). Certes, la politique d'accompagnement de la dévaluation a déjoué les craintes émises par Jean-Marcel Jeanneney qui redoutait de voir celle-ci « ralentir les efforts de rationalisation de notre industrie et de notre commerce [5] ». Mais elle n'a pas pour autant été « particulièrement adaptée aux problèmes à résoudre par le type de cohérence qu'elle introduit entre l'intervention conjoncturelle et l'action structurelle » [127]. Si cette stratégie a atteint, en effet, l'objectif assigné de développement des exportations, elle ne permet pas d'enrayer la pénétration croissante du marché intérieur par les importations. De plus, il apparaît très vite que l'objectif d'exportation n'est tenu qu'au prix d'un glissement permanent du franc par rapport au mark, c'est-à-dire d'une dévaluation récurrente qui entretient les tensions inflationnistes.

L'option européenne et la crise américaine

Cette stratégie de l'exportation s'inscrit dans un dessein plus vaste : « Faire que, dans les cinq ou dix ans qui viennent, la France parvienne à la vraie puissance économique. » Comme chez le général De Gaulle, ce dessein participe d'une conception d'ensemble de la place de la France dans le monde, de la nécessité d'« avoir les bases solides de notre politique et de notre indépendance [6] ». Mais cette puissance économique, Georges Pompidou ne la croit pas possible sans un plus grand engagement de l'industrie française sur le marché européen et plus largement sur les marchés internationaux et, par conséquent, sans l'acceptation d'une plus grande interdépendance. La diplomatie doit avoir pour but d'aider à cette insertion internationale. Par conviction autant que par tempérament, il la conçoit sans l'intransigeance qu'y mettait le général De Gaulle. S'il l'adapte, il n'en modifie pas les grandes orientations : poursuite de la politique de détente avec l'URSS et la Chine où il se rend en septembre 1973 ; consolidation des relations avec les pays d'Afrique dans la pleine reconnaissance de leur indépendance, développement d'une politique pro-arabe au Moyen-Orient avec maintien de l'embargo sur les livraisons d'armes. Les deux inflexions majeures, esquissées dès avant son élection concernent les Etats-Unis avec lesquels il cherche à rétablir des relations de confiance, et l'Europe dans laquelle il voit le seul contrepoids possible à l'hégémonie des deux « supergrands ». Mais la Communauté européenne est aussi une communauté économique, un vaste marché ouvert à l'industrie française, des groupes puissants auxquels il souhaite confronter et associer les groupes français. Ici, les rapports entre action diplomatique et politique économique s'entremêlent et finalement s'inversent. Le rêve de la « puissance économique » y prend le pas sur celui de la « grandeur nationale ».

---

5. Jean-Marcel JEANNENEY, « Et demain », *Le Figaro*, 13 août 1969, cf. [127].
6. Conférence de presse du 22 septembre 1969, *Le Monde,* 24 septembre 1969.

A peine installé à l'Elysée, dès sa première conférence de presse, le 10 juillet 1969, un an jour pour jour après son départ de Matignon, Georges Pompidou annonce son intention de relancer la construction européenne qui arrive au terme de la période de transition de douze ans prévue par le traité de Rome. Partisan depuis longtemps de l'entrée de la Grande-Bretagne dans la CEE pour faire contrepoids à la puissance économique et financière de l'Allemagne fédérale, il déclare qu'il n'y a pas, « en dépit de quelques mécomptes récents, d'objections de principe à l'adhésion éventuelle de la Grande-Bretagne [...], mais il convient d'abord que les Six, entre eux, se mettent d'accord sur les conditions de cette adhésion et ses conséquences [7] ». Il propose l'idée d'une rencontre des chefs d'Etat et de gouvernement, « sans ordre du jour, très librement, pour faire le tour des questions ». Celle-ci se tient à La Haye les 1er et 2 décembre. Georges Pompidou n'y prend aucun engagement public, mais, rapporte Jean Lecerf, lors d'un « aparté » avec Willy Brandt, il déclare à celui-ci : « Pour des raisons de politique intérieure, je ne puis pas m'engager dans des termes trop formels. Mais je vous demande de me croire : je suis d'accord pour que les négociations soient achevées le 30 juin 1970 pour les Six, pour qu'avec la Grande-Bretagne et les pays candidats on puisse commencer le 1er juillet » [78, p. 154]. Le calendrier est en tout cas respecté.

Au printemps 1970, après plusieurs « marathons », les Six se mettent d'accord sur les deux dossiers en suspens : l'établissement d'un budget propre à la Communauté et le règlement de la politique agricole commune. Dans le même temps, les Six mettent au point la procédure à suivre pour la négociation avec les pays candidats, et le 30 juin à Luxembourg, celle-ci est solennellement ouverte entre la CEE et les quatre candidats : Grande-Bretagne, Irlande, Norvège, Danemark. Un an plus tard, l'accord est conclu avec la Grande-Bretagne, et, le 22 janvier 1972, l'accord final solennellement paraphé au palais d'Egmont à Bruxelles entre les Dix, que le « non » des Norvégiens au référendum de ratification réduit bientôt à neuf. Le 23 avril 1972, Georges Pompidou fait approuver cet élargissement et l'ensemble de sa politique européenne par référendum (par 67,7 % des suffrages exprimés mais avec un fort pourcentage d'abstention : 33 %). Les 19 et 20 octobre 1972, Paris accueille un nouveau « sommet » de la Communauté européenne, ouvert par un appel de Georges Pompidou à la création d'une « union européenne » au cours de la présente décennie. Mais l'idée en est à peine émise que déjà les mises en garde se multiplient de la part du patronat dont son président estime qu'« il n'y a pas lieu d'uniformiser systématiquement les politiques sociales des différents pays de la communauté... [car], aligner tous les pays européens sur les mesures sociales les plus hardies prises dans chacun d'eux serait le meilleur moyen de tuer l'économie européenne [8] » ; de la part aussi de Michel Debré qui rappelle que « c'est parce qu'il ne peut guère y avoir de défense européenne, que l'Europe politique ne peut revêtir aucune forme précise [9] ».

---

7. *Le Monde*, 12 juillet 1969.
8. Interview de François CEYRAC à l'hebdomadaire *Les Informations*.
9. 21 octobre 1972, dans *La Revue de la Défense Nationale*, décembre 1972.

La construction européenne progresse en fait au rythme de la crise que connaissent les Etats-Unis. La confirmation du rapprochement entre la France et les Etats-Unis amorcé par le général De Gaulle, le rappel que la France « reste non seulement l'amie des Etats-Unis, mais l'alliée des Etats-Unis... [et que] cette alliance doit s'exercer dans le cadre du traité mais en dehors de toute organisation du type « OTAN », l'appréciation portée sur l'évolution de la politique américaine au Vietnam, « envisagée ici avec la plus grande sympathie », alors que les bombardements sur Hanoï font rage, permettent à Georges Pompidou d'être un interlocuteur privilégié du gouvernement américain et de retrouver une marge d'initiative dans les rapports entre l'Europe et les Etats-Unis. Or, une telle position d'intermédiaire obligé est particulièrement importante à un moment où les rapports économiques et monétaires internationaux issus de la Seconde Guerre mondiale entrent en crise. L'internationalisation voulue de l'économie française donne en effet à la gestion des parités monétaires une importance croissante et tout à fait nouvelle. La défense de la valeur-or du franc à laquelle se tient le gouvernement est de plus en plus symbolique et s'estompe derrière le problème fondamental de l'évolution des parités entre monnaies, et notamment entre les monnaies européennes, élément décisif d'une stratégie de croissance des exportations, dirigées pour moitié vers les pays de la Communauté européenne et en premier lieu vers l'Allemagne fédérale. Le gouvernement français est particulièrement soucieux d'éviter que les crises qui secouent la monnaie américaine n'annulent les effets favorables de la dévaluation du franc et, à l'inverse, s'efforce d'utiliser son autorité internationale pour tirer parti au mieux de ces crises en améliorant la position compétitive de l'industrie française sur les marchés européens. Sous couvert d'une « défense du franc » dans sa parité-or, Georges Pompidou adopte en fait une politique de *dévaluation systématique par rapport au mark allemand* et aux monnaies européennes qui lui sont rattachées.

La crise économique et monétaire dans laquelle les Etats-Unis s'enfoncent exerce sur l'Europe des effets contradictoires, selon qu'elle exacerbe les divergences d'intérêt ou au contraire contraint les gouvernements à un minimum d'attitude commune pour limiter les risques de déstabilisation. Ainsi, à l'automne 1969, lorsque le déficit croissant de la balance des paiements et l'endettement du Trésor américain qui finance la poursuite de l'engagement américain au Vietnam relancent la défiance à l'égard de la solvabilité du dollar, le gouvernement accroche la parité du franc au dollar et laisse l'Allemagne supporter seule le poids de la crise : le 29 septembre, le deutschmark « flotte » puis, le 26 octobre, est réévalué de 9,8 % pour le plus grand profit des exportateurs français : en trois mois le changement de parité franc/mark dépasse les 20 %.
Cependant, la chute des profits et les restrictions de crédits imposées par le Federal Reserv Board provoquent aux Etats-Unis une forte récession – la production industrielle chute de 10 % et le taux de chômage passe de 3,5 % à 5,5 % – et aggrave la crise financière [2 et 63]. Celle-ci culmine au printemps 1970 avec la faillite de la plus importante compagnie de chemins de fer, la Penn Central. A la bourse de New York, les

cours s'effondrent : en un mois la chute atteint 16 %. Pour parer à une nouvelle crise du dollar, les gouvernements européens décident le 9 février 1971 d'avancer vers l'union monétaire et de « former un ensemble caractérisé par la convertibilité totale des monnaies liées entre elles par des cours fixes en constituant une organisation communautaire des banques centrales ». Cette belle résolution ne résiste pas à l'épreuve des faits. Dès mars, les attaques contre le dollar contraignent à nouveau le gouvernement allemand à laisser flotter le mark. Début août, Georges Pompidou renoue avec la politique du général De Gaulle, interdit aux banques d'accroître leurs avoirs en dollars et fait échanger à Fort Knox 191 millions de dollars en or pour rembourser par anticipation sa dette au Fonds monétaire international. Le 15 août 1971, le président des Etats-Unis, Richard Nixon, annonce que « le moment est arrivé pour que les taux de change soient rectifiés », et donne « l'instruction de suspendre temporairement la convertibilité du dollar en or ou en autres instruments de réserve ». Il décide par ailleurs une surtaxe de 10 % sur les importations et « le gel de tous les prix et salaires aux Etats-Unis pour une période de quatre-vingt-dix jours », parallèlement à des allégements fiscaux « pour les investissements dans de nouvelles machines et dans des équipements qui procureront de nouveaux emplois pour des Américains ». L'Europe réagit à nouveau en ordre dispersé : d'un côté, le gouvernement allemand préconise un « flottement » concerté des monnaies – tout comme le Japon –, de l'autre, le gouvernement français s'accroche à la parité-or du franc et instaure un double marché des changes. Désormais la question de la dévaluation du dollar ne peut plus être éludée. Le 14 décembre celle-ci est acquise, à l'issue de la rencontre aux Açores entre Richard Nixon et Georges Pompidou et la surtaxe américaine sur les importations abandonnée. Les « Dix » réunis le 18 à Washington n'ont plus qu'à entériner l'accord franco-américain : le dollar est dévalué de 7,89 %, les autres monnaies sont réévaluées – le mark de 4,61 % – à l'exception du franc dont la valeur-or demeure intangible ! Les pays européens peuvent désormais envisager une attitude commune face au dollar et relancer les projets d'union monétaire (accord du 7 mars 1972).

Un an plus tard, tout est à refaire. L'offensive américaine tant commerciale – préparation des négociations du Nixon Round, restrictions d'importations de textile et d'acier – que diplomatique – notamment renégociations des dépenses militaires américaines en Europe, pressions contre la politique agricole commune – n'a pas permis d'empêcher une nouvelle dégradation de la balance commerciale et des paiements. Le 12 février 1973, le gouvernement américain annonce une nouvelle dévaluation du dollar de 10 %. Le yen japonais flotte, tandis que les parités du franc et du mark sont maintenues. Mais le gouvernement américain, à la veille de l'ouverture à Tokyo des négociations commerciales entend imposer sa loi et obtenir l'abandon de toute référence à l'or. Il refuse de soutenir sa monnaie et le dollar s'effondre, dix jours seulement après sa dévaluation. Le 12 mars, le gouvernement français se rallie aux positions allemandes et décide avec la RFA et quatre autres pays de la Communauté de laisser « flotter » solidairement leurs monnaies par rapport au dollar. Le système mis en place à Bretton Woods en 1944 a *le choix industriel du président Pompidou*

définitivement vécu. Au sein du gouvernement français, Valéry Giscard d'Estaing qui s'est fait l'avocat du flottement a gagné. Le « serpent monétaire européen » est né. En échange de ses concessions, le gouvernement français a obtenu une nouvelle réévaluation du mark de 3 % suivie d'une autre – la cinquième depuis 1969 ! – de 5,5 % en juin. Début juillet, le dollar vaut moins de quatre francs à Paris – contre 5,50 francs en août 1969. Mais par rapport au mark, *le franc a perdu 45 % de sa valeur depuis 1969 !*

Graphique 4

ÉVOLUTION DES TAUX DE CHANGE 1967-1980
ÉCARTS PAR RAPPORT À LA MONNAIE MONDIALE, TRIMESTRIELS
(1er trimestre 1967 = 100)

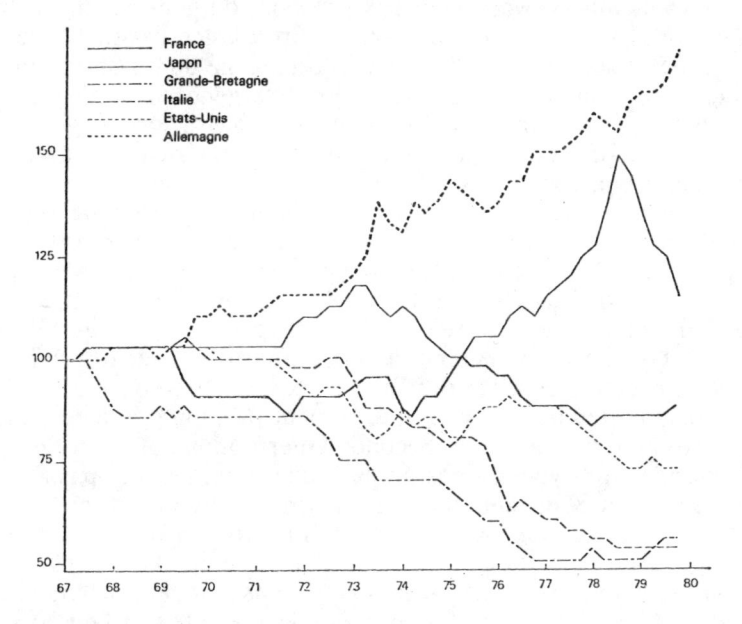

Source : INSEE, *La Crise du système productif.*

La guerre commerciale entre l'Europe et les Etats-Unis est engagée sur le terrain monétaire. Dans son discours à l'assemblée du FMI, qui se tient à Nairobi en septembre, le ministre des Finances confirme le revirement de la position française et son rapprochement des exigences américaines. Le président de la République après avoir reçu Henry Kissinger, le secrétaire d'Etat américain, a finalement cédé : la nécessité de s'en tenir au principe des parités fixes et la réaffirmation du rôle primordial de l'or sont abandonnées. Les vannes sont désormais ouvertes qui vont permettre aux Américains d'exporter chômage et inflation. Michel Debré s'insurge, Jacques Rueff prédit : « Nous sommes en 1931, attention au chômage. » Les gaullistes ont définitivement perdu. La crise économique mondiale commence. La politique économique nationale est désormais surbordonnée à la gestion de la parité du franc.

Dans la construction européenne, tout est également à refaire. Le « sommet » de Paris est resté sans lendemain, malgré l'unité de vues qui s'est dégagée sur les questions monétaires. La dégradation de la situation internationale, suite à la nouvelle guerre israélo-arabe, et le souci de ne pas rester isolé face aux initiatives américaines offrent à Georges Pompidou l'occasion de « faire la preuve et l'épreuve de la solidité de la construction européenne, comme de sa capacité à contribuer au règlement des problèmes mondiaux » (31 octobre 1973). Il propose une nouvelle rencontre au « sommet » où serait décidé « le principe, selon des règles précises, de rencontres régulières entre les seuls chefs d'Etat et de gouvernement », c'est-à-dire sans la commission de la Communauté européenne. Réunis à Copenhague le 14 décembre, les « Neuf » adoptent une déclaration sur « l'identité européenne » qui vise à affirmer la cohésion des pays membres. Mais face aux pressions du gouvernement américain qui par la voix de son secrétaire d'Etat a lancé l'avant-veille une mise en garde, rappelant que « l'unité européenne ne doit pas se faire aux dépens de la communauté atlantique », les divergences restent grandes. La crise pétrolière en apporte l'éclatante démonstration, le gouvernement français refusant de répondre à l'initiative américaine d'un « club des pays consommateurs » face à l'OPEP.

Mais la pierre d'achoppement de l'unification européenne reste la question de la défense européenne et du rôle que doit y jouer la présence militaire américaine, « fondamentale pour les Etats-Unis, mais non pour la France » déclare Michel Jobert, ministre des Affaires étrangères de Georges Pompidou, « nécessaire pour l'Allemagne », lui réplique Walter Scheel, son homologue allemand. La politique d'« ouverture à l'Est » inaugurée par le chancelier Willy Brandt, portée au pouvoir par la victoire des sociaux-démocrates en 1969, ne peut pas, malgré la reconnaissance des frontières issues de la Seconde Guerre mondiale, faire oublier aux Allemands qu'ils vivent dans un pays divisé qui ne peut pas assurer lui-même sa défense, puisque on ne lui permet pas de disposer d'armes nucléaires. Sur ce terrain, la diplomatie française, si ouverte soit-elle, reste isolée. Et au bout du compte, en tentant d'unir l'Europe, Georges Pompidou se retrouve face aux Américains, dans le même isolement que le général De Gaulle, sans toutefois partager la « secrète satisfaction » que celui-ci y trouvait.

6

Capital financier et bourgeoisie financière

Tandis que se prépare la traditionnelle veillée de Noël, le samedi 21 décembre 1968, le conseil d'administration de la société Boussois-Souchon-Neuvesel – BSN – annonce, dans un communiqué, qu'il se porte acquéreur du tiers du capital de la Compagnie de Saint-Gobain. La première grande offre publique d'achat – OPA – française vient d'être lancée. Elle se termine, fin janvier 1969, par un échec pour BSN : en moins d'un mois, la Compagnie financière de Suez a fait acheter pour 4,5 millions de titres et détient désormais 40 % du capital de Saint-Gobain. A l'échange de leurs actions contre des obligations convertibles à 4,5 % que leur propose BSN pour ménager ses ressources financières, les actionnaires de Saint-Gobain ont préféré la vente de leurs titres à un prix que, quelques semaines auparavant, ils auraient trouvé inespéré [1] : il en coûte à Suez près d'un milliard de francs ! Mais au-delà de son dénouement, l'affaire BSN-Saint-Gobain plante le décor des grandes manœuvres financières des années soixante-dix.

Les *protagonistes* d'abord. D'un côté, une vénérable institution fondée par Louis XIV, qui fait plus de 3 milliards de chiffre d'affaires, emploie 47 000 personnes dans le monde entier et dont la revue américaine *Fortune* [2] a pu dire : « Voici une compagnie dirigée par des sexagénaires au bord de la retraite sans état-major entraîné pour la succession ; une compagnie plus habituée à distribuer du verre qu'à en vendre, une compagnie habituée au mouvement glaciaire de la technologie des glaces soudain confrontée au développement radical de ses concurrents. » De

---

[1]. Les actions Saint-Gobain, qui cotaient environ 400 F dans les années 1961-62, valaient 147 F fin novembre 1968. Elles remonteront jusqu'à 235 F – juste au-dessus du cours de rachat proposé par BSN à 230 F.
[2]. Octobre 1965.

l'autre, une société née en 1966 des fusions successives réalisées depuis dix ans autour des « Glaces de Boussois » sous la houlette d'un dirigeant moderniste qui n'a alors que cinquante ans, dont on attribue plus souvent le dynamisme « à une exceptionnelle habileté financière qu'à des soucis industriels », prompt à procéder à des « dégraissages d'actifs » qui dégagent rapidement des liquidités dans les sociétés fusionnées, de bons arbitrages de titres dans les portefeuilles de sociétés plus ou moins bien gérées, à des choix catégoriques en faveur des activités les plus rentables [3].

L'enjeu ensuite que résume le communiqué de BSN : « Face au développement de la concurrence internationale, l'industrie française du verre ne maintiendra sa place dans le Marché commun que si elle est capable de renforcer ses structures. Qu'il s'agisse de la rentabilité des investissements, du développement de la recherche dans la technique du verre et dans les techniques voisines, de l'efficacité commerciale à l'intérieur et à l'extérieur de nos frontières, l'unité de décision s'appliquant à des ensembles industriels de grande dimension est une nécessité impérieuse de l'industrie moderne. » Autrement dit, les ententes et autres « accords de coopération, pour utiles qu'ils soient, ne sauraient à la longue assurer les résultats indispensables s'ils n'évoluent pas vers une harmonisation des structures industrielles ». A quoi Saint-Gobain oppose le souci de la diversification sur le marché des emballages où se développe une concurrence très vive entre le verre, les plastiques, le carton et le métal.

Les moyens mis en œuvre enfin à l'appui de cette bataille : moyens financiers qui se traduisent par un retour en force dans le champ industriel des groupes bancaires ; mobilisation sans précédent également des moyens publicitaires, de la presse, de la radio et de la télévision. Les portes capitonnées du monde secret des affaires se sont entrebâillées pour « informer » les actionnaires subitement sollicités et ouvrir usines et bureaux au public. La bataille industrielle devient subitement l'affaire de tous ; le pouvoir financier demeure le monopole de quelques-uns.

Concentration du capital et capital financier. – Débat sur un concept

Absorption de Progil et de Péchiney-Saint-Gobain par Rhône-Poulenc, de Saint-Gobain par Pont-à-Mousson, fusion des fonderies Chatillon-Commentry et Brâche avec Usinor, de la Mosellane de Sidérurgie avec Sidelor dans Sidelor-Mosellane qui fusionne ensuite dans Wendel-Sidelor, regroupement de Poliet et Chausson et des Ciments français, rachat du Bon Marché par Agache-Willot, fusion des sucreries Beghin et Say, fusion de Péchiney et d'Ugine-Kuhlmann dans PUK, absorption de Gervais-Danone par BSN, d'Alsthom par la CGE... en quelques années le paysage du capitalisme français a profondément changé. L'ambition affichée par le Ve Plan a brusquement pris corps. Acculé par la concurrence internationale à s'adapter ou à disparaître, saisissant le changement de dimension introduit par la création du Marché commun et des

---

3. Jacqueline Grapin, *Le Monde,* 24 décembre 1968.

marchés en expansion, une partie du patronat a rompu les règles de la logique patrimoniale et adopte des stratégies financières. Les objectifs poursuivis dans la constitution des nouveaux groupes industriels ont été divers et se sont souvent entremêlés : diversification des activités, recherche de positions dominantes sur le marché, maîtrise des savoirs technologiques, rationalisation des investissements dans un secteur et obtention d'économies d'échelle. Mais dans tous les cas ils sont sous-tendus par une logique d'accumulation financière permettant aux dirigeants des groupes de drainer et de mobiliser une masse de capitaux à une échelle sans cesse croissante pour financer d'importants programmes d'investissement ou de nouvelles opérations de fusion et de prise de participation, destinées à consolider les positions du groupe et à accroître sa puissance.

Si le capitalisme français change de visage, c'est moins en innovant qu'en renouant avec une tradition qui remonte au milieu du XIXe siècle avec la naissance du capital « actionné » et des compagnies de chemins de fer. Dans la remarquable étude que Jean Bouvier a consacré à l'histoire des Rothschild [24], il montre la véritable révolution que le capital « actionné » introduit dans le développement du capitalisme, et comment la rivalité entre deux groupes bancaires recouvre un affrontement entre deux logiques du financement de l'accumulation : gestion *patrimoniale* des placements de capitaux personnels et de gros dépôts de parents, amis, associés ou clients importants avec la *maison* des Rothschild ; logique de *crédit* avec le Crédit mobilier des frères Péreire, qui leur permet de réaliser avec l'argent collecté auprès du public des opérations financières qui vont bien au-delà des capitaux mobilisés. Placements privés d'un côté, mobilisation de l'épargne publique de l'autre. La liquidation du Crédit mobilier au lendemain de la chute du second Empire, le retrait du Crédit Lyonnais des « branches vermoulues » (H. Germain) des prises de participation industrielle, le krach, en janvier 1882, de l'Union générale, détournent la banque du financement de l'industrie au profit de la gestion des effets de commerce et des placements d'emprunt d'Etat sous l'étroite surveillance de la Banque de France, contrôlée par les « maisons » de la « haute banque ». La levée de la tutelle administrative sur les sociétés anonymes en 1867 ne suffit pas à assurer leur développement et à drainer l'épargne du public vers le financement de l'industrie.

Au début du XXe siècle, puis au lendemain de la Première Guerre mondiale, le financement des nouvelles industries – pétrole, chimie, électricité, automobile... – donne un nouvel essor au capital actionné vite interrompu par la crise des années trente et la Seconde Guerre mondiale. En 1945, la loi de nationalisation des banques de dépôts fige la situation en spécialisant les différents types de banques : d'un côté, des établissements qui drainent la quasi-totalité des dépôts mais ne peuvent faire ni prêts à moyen terme, ni prises de participation industrielle ; de l'autre, des banques d'affaires, qui demeurent privées, mais qui n'ont pas accès aux dépôts et à l'épargne du public, et ce, jusqu'aux réformes qu'inaugure Michel Debré en 1966.

La véritable nouveauté réside dans l'extraordinaire développement que connaît le capital financier à partir de la fin des années soixante et la *position hégémonique* qu'il acquiert pour la première fois au sein du capitalisme français. Différents travaux ont cherché à saisir cette nouveauté et à expliquer la nature des transformations qu'elle introduit dans l'industrie française. Tous tournent autour de la même question : en quoi la structuration financière du capitalisme français modifie les formes de contrôle des entreprises ? A travers l'analyse des liaisons financières des groupes industriels et bancaires [3, 10, 86] ou à partir de l'étude empirique du comportement des propriétaires et des dirigeants [9], tous cherchent à vérifier la validité de la transposition à la France de l'hypothèse avancée par les économistes américains A. Berle et G. Means [12] en 1933, de séparation entre la détention de la propriété et l'exercice du pouvoir. Les controverses que ces travaux alimentent me semblent reposer sur une quadruple confusion : entre le processus formel de fusion des actifs et le processus réel de transformation du capital-argent en placements industriels ; entre le caractère familial ou non de la propriété et le mode de valorisation du capital, patrimonial ou financier ; entre l'avance de capital faite par les banques et l'exercice du pouvoir industriel ; enfin, entre la structuration du pouvoir dirigeant et le mode de socialisation et de reproduction des dirigeants.

Dans tous ces travaux, le capital financier est défini par la *fusion* du capital bancaire et du capital industriel et commercial et la constitution d'un *centre unique de décision* qui brise l'autonomie antérieure de ces différents capitaux. Il est caractérisé par le mouvement de *concentration et de centralisation* du capital qui se réalise à travers la *fusion des actifs* bancaires, industriels et commerciaux. Deux différences existent toutefois, la première relative à la plus ou moins grande extension de la notion de capital financier, la seconde portant sur la méthode d'analyse. Pour François Morin, « le capital financier n'apparaît pas seulement comme le produit du procès de fusion entre le capital industriel et le capital bancaire. Il est également le produit de la seule fusion du capital industriel ou de la seule fusion du capital bancaire » [86, p. 20]. Le capital financier est ici défini par « l'ensemble des capitaux qui organisent principalement la mobilité fonctionnelle de leurs fractions à travers une structure de groupe orientée et ouverte vers les opérations de fusion ». François Morin distingue de ce fait des « groupes financiers à dominante industrielle » (Rhône-Poulenc, PUK, CGE..) et des « groupes financiers à dominante bancaire » (Suez, Paribas, Worms...). Au plan de la méthode, il s'attache à identifier les formes de contrôle, familial, technocratique, étatique, étranger, à partir d'une analyse des liaisons financières pour repérer *ensuite* les stratégies et les alliances qui se nouent entre les différents groupes à travers les liaisons financières, les liens personnels, les activités communes...

Pour l'équipe du CERCA, la notion de groupe financier est plus restrictive et désigne « la fusion du capital bancaire, industriel et commercial, le capital se mettant en valeur, *à la fois,* et au sein d'une stratégie centralisée, sous ses formes argent, productive et marchandise » [3, p. 8]. Le groupe financier se caractérise par conséquent, écrit B. Bellon, par « la capacité d'unir sous un même pouvoir stratégique autonome les trois étapes de mise en valeur : industrielle, bancaire et commerciale » [10, p. 55]. Paribas et Suez en sont les prototypes. Cette définition a deux conséquences : d'une part, les groupes qui restent spécialisés dans l'activité industrielle ou commerciale sont de simples groupes industriels ou commerciaux (par exemple PUK, Agache-Willot, Thomson-Brandt...) ; d'autre part, les groupes financiers sont supposés exercer un *pouvoir de direction* sur les groupes industriels et commerciaux dont ils ont le contrôle direct ou qui sont dans leur orbite – notion d'ensemble financier – (par exemple, le groupe Suez sur Saint-Gobain-Pont-à-Mousson ou Paribas sur Thomson-Brandt). Dans cette perspective, l'analyse des liaisons financières qui permet d'établir un « organigramme hiérarchisé » doit être complétée par « la prise en considération des liens financiers s'établissant directement à travers les personnes ou des familles appartenant à l'oligarchie financière ». Toutefois ces différences ne permettent pas de corriger ce que la définition générale a d'insatisfaisant. La notion de « fusion » du capital industriel et bancaire ne rend pas compte en effet de la spécificité du capital financier. Elle repose sur une confusion entre le mouvement de concentration d'actifs industriels et/ou bancaires et de centralisation du pouvoir économique et une forme particulière de financement de l'accumulation du capital. Toutes les vagues de concentration et de centralisation du capital qui jalonnent l'histoire du capitalisme n'ont pas donné naissance à un capital financier. Elles se sont longtemps développées, et encore aujourd'hui en partie, sur une base patrimoniale à travers l'alliance de capitaux familiaux d'origine bancaire ou industrielle dont la « maison » Rothschild a été, contrairement à une idée reçue, le prototype jusqu'en 1968.

L'analyse de Rudolf Hilferding [71] est tout autre, en dépit de la vulgarisation qui en est faite et qui tient lieu de référence obligée. Elle ne porte pas sur la concentration capitaliste, « les apparences mystiques, dans lesquelles s'enveloppe, d'une façon générale, le système capitaliste » ; elle s'intéresse aux formes de l'avance du capital dans le processus productif. Elle a pour point de départ l'argent dans la circulation du capital et notamment la « transformation par le crédit du capital-argent inactif en capital productif » [p. 124]. Rudolf Hilferding montre en effet que le crédit est un moyen fondamental de « libération périodique du capital » et introduit de ce fait une véritable révolution dans l'avance du capital. « Toutes les causes par conséquent qui ont mené à l'immobilisation du capital, écrit-il, deviennent maintenant autant de causes de formation de rapports de crédit et tous les facteurs qui agissent sur la masse du capital immobilisé déterminent maintenant l'expansion et la contraction de ce crédit » [p. 125]. Le crédit possède cette propriété de rendre la production indépendante de la limite des apports personnels. Rudolf Hilferding franchit alors un pas de plus et analyse la société par actions comme une forme particulière de l'argent-crédit, qui modifie la fonction du capitaliste « car, écrit-il, elle a pour conséquence fondamentale ce que l'entreprise individuelle ne peut apporter que fortuitement, à savoir la libération du capitaliste industriel à l'égard de la fonction de l'entrepreneur industriel » [p. 161]. La société par actions opère un « dédoublement » entre *l'entrepreneur*-capitaliste et le capitaliste-*prêteur* d'argent qui dispose de son capital d'une tout autre façon que le premier : « Le capitaliste industriel investit en tant que tel tout son capital dans une entreprise déterminée. La condition en est que son capital soit suffisant pour pouvoir fonctionner d'une façon indépendante dans cette branche d'industrie. L'actionnaire, en revanche, n'a besoin de disposer que d'un capital d'un montant tout à fait infime » [p. 163]. L'entrepreneur n'agit que d'une façon productive dans son entreprise, son capital lui est intimement et durablement lié et il ne peut le retirer que par la vente de celle-ci ; le capitaliste-prêteur d'argent peut au contraire reprendre à tout moment le capital-argent qu'il a prêté, mais cet argent « ne produit plus le profit moyen, mais seulement l'intérêt moyen » [p. 164] qui lui est versé sous la forme d'un dividende. L'argent-action ne se distingue pas, par conséquent, fondamentalement de l'argent-crédit, avec lequel il entre en concurrence. L'action s'analyse dès lors comme un *titre de revenu*, un capital « purement fictif » dit Rudolf Hilferding ce qui, ajoute-t-il, « n'empêche pas que ce capital fictif existe sous forme de comptes et est mentionné comme « capital actions » [p. 165]. La société par actions offre ainsi un dynamisme de croissance beaucoup plus grand que celui de l'entreprise à capitaux familiaux. Elle a « à sa disposition pour son agrandissement, comme pour sa fondation, tout le capital-argent libre. Elle ne s'agrandit pas seulement par l'accumulation de son propre profit » [p. 184]. Dès lors, et cette conclusion est essentielle, « la concentration des entreprises peut se faire plus rapidement que celle de la propriété » [p. 190], les deux mouvements ayant leurs propres lois. Mais la société par actions offre aussi à certains propriétaires une puissance économique sans commune mesure avec l'importance des titres qu'ils détiennent.

La banque joue un rôle décisif dans la mobilisation du capital-argent et sa transformation en capital industriel ; elle y trouve, observe Rudolf Hilferding un « nouveau champ d'activité ». Mais, surtout, elle devient un moment particulier du processus d'avance du capital-argent : « au lieu que les capitalistes privés placent directement leur argent en actions d'entreprises industrielles, ils l'ont placé d'abord en actions bancaires, et c'est la banque qui, en achetant des actions d'entreprises industrielles, l'a transformé en capital industriel » [p. 252]. La banque est du même coup devenue copropriétaire de l'entreprise industrielle alors même qu'elle n'est pas propriétaire de l'argent qu'elle avance – ce qui évidemment est radicalement différent du cas où la banque avance son propre capital qu'elle immobilise en actions industrielles. Ce processus n'est pas une « fusion », mais à l'inverse « un dédoublement du capital fictif. Le capital-argent est transformé fictivement en capital bancaire et devient par là la propriété de la banque ; ce capital bancaire est ensuite transformé fictivement en actions industrielles et en réalité dans les éléments du capital productif : moyens de production et force de travail » [p. 252]. D'où la définition que donne Rudolf Hilferding : « J'appelle le capital bancaire – par conséquent capital sous forme d'argent, qui est de cette manière transformé en réalité en capital industriel, le capital financier... capital à la disposition des banques et employé par les industriels » [p. 318]. Autrement dit, le capital bancaire devient capital financier à deux conditions : que le capital-argent placé dans l'industrie n'appartienne pas en propre à la banque, qu'il ne soit pas son patrimoine – notion de *dédoublement* –, que le capital-argent dont dispose la banque soit transformé en actifs industriels et commerciaux sans jamais être définitivement immobilisé dans ceux-ci – nécessité de *sociétés par actions*. Ce qui caractérise le capital financier, c'est, en définitive, l'extraordinaire mobilité du capital-argent qu'il réalise, qui permet de drainer des masses considérables d'argent vers telle ou telle activité et de les déplacer au gré de la rentabilité de ces activités et des stratégies mises en œuvre par ceux qui en détiennent le contrôle. Le processus de fusion du capital industriel et bancaire est une modalité particulière de cette mobilité : il n'est pas constitutif du capital financier et peut être une simple concentration-recomposition de la propriété du capital industriel (patrimonial). Enfin, cette définition n'implique aucun déterminisme quant au caractère familial ou non de la propriété du capital-argent et du contrôle du capital industriel ; elle laisse ouverte la question de savoir si le capital bancaire réalise seulement la mobilisation et l'avance de capital ou exerce le pouvoir industriel. Seule l'analyse du développement historique du capital financier, dans les conditions propres à chaque pays, peut répondre à ces interrogations.

La formation des groupes financiers en France

La structuration du capital financier en France s'est réalisée au cours des années soixante par des voies particulières, conséquences du maintien jusqu'à cette date de formes juridiques de propriété très fermées, d'un système bancaire cloisonné et peu engagé dans l'industrie depuis un siècle, enfin de la faiblesse de l'épargne institutionnelle du fait du caractère public du système de protection sociale. La grande vague de concentration et de centralisation du capital des années 1964-1974 a eu pour objet principal une transformation *interne* du capital industriel d'une part, du capital bancaire de l'autre, en capital financier, plus qu'un élargissement d'un capital financier préexistant. La faiblesse initiale du capital bancaire, que sa mutation financière n'a pas totalement permis de surmonter, a laissé au capital industriel une large part d'initiative dans sa propre restructuration financière. La distinction introduite par François Morin entre groupes financiers à dominante industrielle et groupes financiers à dominante bancaire exprime la spécificité de chacun de ces mouvements de structuration financière, mais aussi, contrairement à la thèse du CERCA, l'absence de subordination des premiers aux seconds, en dépit des liens qui se sont établis entre eux à cette occasion – ce qui ne signifie pas que les groupes financiers bancaires ne contrôlent pas certains groupes industriels.

Les groupes financiers industriels sont nés d'un mouvement de concentration qui a étroitement mêlé les objectifs industriels et financiers. Les premiers se sont inscrits dans des stratégies particulières à chaque groupe : diversification vers l'alimentaire par absorption de Gervais-Danone par BSN vers les télécommunications dans le cas de la CGE et de Thomson-CSF, vers les détergents et les plats cuisinés avec Lesieur... ; respécialisation autour des activités traditionnelles de Pont-à-Mousson-Saint-Gobain (matériaux de construction et verre) et abandon de la sidérurgie après la fusion ; remontée vers l'amont, du textile vers la chimie avec l'absorption de Pechiney-Saint-Gobain par Rhône-Poulenc ; descente vers l'aval du textile vers la distribution avec le rachat par Agache-Willot du Bon Marché et de La Belle Jardinière ; maîtrise technologique de la production d'aluminium et de métaux non ferreux avec la fusion entre Péchiney et Ugine-Kulman ; rationalisation et modernisation de la sidérurgie dans le cas de Usinor et de Wendel-Sacilor... Les seconds se sont traduits par une démarche très générale de constitution de holdings financiers réunissant l'ensemble des participations financières du groupe par transformation du statut juridique de la société mère (cas d'Agache-Willot, de BSN, de Pricel) ou par création d'une société holding à l'occasion d'une opération de fusion (cas de PUK, de Wendel-Sacilor...).

Ces holdings assurent le dédoublement du capital fictif entre les actifs industriels, directement mis en valeur par le groupe, et les actifs financiers, qui constituent le portefeuille de participations du holding. La gestion des actifs financiers constitue la base de l'autonomie du groupe. Elle permet, le moment venu, de mobiliser des masses importantes de capital-argent par cession de certaines participations et simplification des liaisons financières entre groupes suite à l'absorption par l'un ou l'autre d'anciennes filiales communes : abandon à Wendel-Sidelor des intérêts de Saint-Gobain-Pont-à-Mousson dans Sidelor-Mosellane, à Saint-Gobain des intérêts de Péchiney dans Péchiney-Saint-Gobain... Ces opérations, qui ont rendu les organismes financiers des groupes très changeants, permettent à un groupe de se dégager financièrement d'une société qu'il ne contrôle plus industriellement et de disposer ainsi de capitaux « frais », soit pour investir soit pour réaliser d'autres opérations financières plus attrayantes en termes de rentabilité ou qui consolident des positions industrielles.

Les holdings centralisent profits et dividendes et réaffectent les capitaux ainsi rassemblés en fonction des grandes orientations de développement du groupe. Ils peuvent enfin rechercher des ressources nouvelles en s'adressant au marché financier national et plus encore international (émissions en eurodollars). Les holdings jouent ainsi un rôle de banque, poursuivant des objectifs de rentabilité financière qui ont progressivement pesé sur les stratégies industrielles. Ils ont en effet orienté les investissements vers des activités à forte rentabilité immédiate au détriment d'opérations plus longues – sauf lorsqu'elles bénéficient de concours publics importants. Ils ont également poussé à privilégier les investissements à l'étranger, dont le meilleur rendement représente un élément important de la rentabilité globale du groupe, au détriment de l'investissement interne et donc d'une modernisation et d'un accroissement des capacités de production intérieures.

Mais les holdings ne sont pas à proprement parler des banques. Ils ne réalisent aucune opération de crédit, indispensable à la gestion de la trésorerie mais aussi au financement d'une partie des investissements industriels *et* financiers. De nombreux groupes ont créé, ou disposaient déjà, de leur propre banque de dépôts [38], qui leur assure un accès direct au capital-argent. Pricel qui contrôle Rhône-Poulenc, détient 82 % de la banque Veuve Morin-Pons, la CGE, 89 % de l'Electro-banque, de Wendel, par le biais de la Compagnie générale d'industrie et de participations, possède 53 % de la banque Demachy, PUK en association avec Total, 75 % du Crédit chimique, Thomson-Brandt, 96 % de la Société financière électrique de banque... Le rôle réel de ces banques, de deuxième

capital financier et bourgeoisie financière

ordre, dans l'activité des groupes financiers industriels n'a jamais été analysé ; on peut penser qu'il reste faible dans la mesure où le groupe fait appel à un pool bancaire constitué autour des grands établissements de crédit pour le financement tant des fusions et absorptions que des investissements ou de la trésorerie courante. Dans la fusion de Péchiney-Ugine-Kuhlman, dans l'absorption de Péchiney-Saint-Gobain par Rhône-Poulenc ou de Gervais-Danone par BSN... les concours bancaires qui ont éventuellement eu lieu ont consisté en un apport de crédit sans prise de participation des banques. Ces groupes financiers industriels sont restés entièrement maîtres de leurs opérations de restructuration industrielle et financière et sont demeurés financièrement indépendants des groupes financiers bancaires. Ces concours réalisent selon l'analyse de Rudolf Hilferding la « transformation par le crédit du capital-argent inactif en capital productif ». Les banques y voient une simple opération de prêt d'autant plus avantageuse qu'elle porte sur des sommes considérables et se négocie à des taux d'intérêt plus ou moins élevés.

Dans d'autres cas, les groupes financiers bancaires sont directement intervenus dans la constitution des groupes financiers industriels, soit pour faciliter une fusion en cours, soit parce qu'ils en ont pris eux-mêmes l'initiative : le groupe Suez, après avoir fait échouer l'OPA de BSN sur Saint-Gobain en prenant une participation dans le capital de l'entreprise, participe à la fusion avec Pont-à-Mousson, dont il a pris le contrôle en 1966 ; il facilite de même la fusion entre les sucreries Beghin et Say et les opérations des frères Willot ; la Compagnie du Nord, holding financier du groupe Rothschild, prend le contrôle total en 1969 des sociétés Pennaroya et Le Nickel (métaux non ferreux) et rachète en 1970 la participation de Suez dans Mokta qu'il fusionne avec Pennaroya ; en 1972, devançant une OPA sur la Générale alimentaire, il s'assure une majorité du capital. De leurs côtés, la Banque Vernes et Commerciale de Paris entre en 1972 dans le capital de Lilles-Bonnières, la Banque Worms dans celui de Lu-Brun. Les banques nationalisées ne sont pas en reste et prennent des participations industrielles, le Crédit Lyonnais dans Dim et Bouygues ; la BNP dans Lesieur, la Société Générale dans Air-Liquide...

Les groupes financiers bancaires se comportent ici en actionnaires d'un type particulier : ils acquièrent un droit de propriété dans le capital de groupes industriels en apportant un capital-argent qu'ils ont le plus souvent rassemblé mais qui ne leur appartient pas. Cette centralisation de capital-argent peut avoir deux objectifs différents. Ils peuvent y voir un placement de capitaux, répondant à la nécessité d'immobiliser en « portefeuilles » une partie de l'épargne drainée, et qui leur rapporte un dividende, susceptible de représenter en période de bas taux d'intérêt un rendement supérieur à un crédit. Ils adoptent alors un comportement passif qui est souvent celui des « investisseurs institutionnels ». Ils peuvent aussi poursuivre une stratégie active de contrôle et donc de façon directe ou indirecte, d'exercice du pouvoir industriel. Ce pouvoir passe juridiquement par le conseil d'administration du groupe industriel et donc par l'influence qu'y exerce le groupe bancaire. Ce dernier dispose par ce biais d'un moyen d'intervention sur la nomination des reponsables et sur les grands choix stratégiques du groupe.

Quelle est la réalité de ce pouvoir ? La controverse repose assez largement sur des hypothèses, seulement partiellement vérifiées. L'analyse de M. Bauer et de E. Cohen sur le « gouvernement privé » [9] du groupe industriel ne permet pas de répondre à cette question. Elle se centre en effet sur le « système dirigeant » interne au groupe et laisse échapper les relations entre celui-ci et le conseil d'administration. Où se font les choix industriels ? Où se décide l'affectation des profits ? Où se définissent les restructurations financières ? Faute de répondre à ces questions autrement que par un postulat, il est impossible d'apprécier correctement le rôle du groupe Suez dans SGPM ou de Paribas dans Thomson-Brandt, dont ils sont l'un et l'autre le premier actionnaire, et d'affirmer que « Suez et Paribas ne jouent qu'un rôle second comme investisseurs institutionnels » [p. 157]. D'un autre côté, l'analyse de la composition des conseils d'administration, tentée de façon fragmentaire par le CERCA, fournit des indications précieuses mais qui sont tout au plus des présomptions de pouvoir des groupes financiers bancaires en l'absence d'une étude précise du processus de décision. La présence au sein de conseils d'administration des groupes financiers bancaires des PDG de certains groupes financiers industriels qui ne sont pas nécessairement contrôlés par les premiers et réciproquement ne suffit pas à déterminer les implications qui en résultent dans la stratégie des uns et des autres.

Mais à l'inverse, si l'analyse mettait en évidence une totale indépendance dans la définition des choix industriels des conseils d'administration des groupes industriels, cela ne signifierait nullement que la présence de responsables des groupes bancaires soit sans influence sur ces choix. Ce qui est en cause me semble-t-il, c'est l'idée d'un centre unique de décision, élaborant une stratégie globale à la fois financière et industrielle que les dirigeants des groupes industriels ne pourraient que mettre en œuvre. Le pouvoir n'est pas diffus mais il n'est pas totalement centralisé entre les mains des dirigeants des groupes financiers bancaires. Quelle est en définitive la réalité du pouvoir industriel des groupes financiers bancaires ? Quels sont les vecteurs de l'exercice de ce pouvoir ? Comment est-il structuré par les liens financiers et personnels entre groupes financiers industriels et bancaires ? Les études disponibles ne permettent pas de répondre avec précision à ces questions. Celles de François Morin et surtout de l'équipe du CERCA surestiment plus ou moins fortement ce pouvoir [4]; celles de Michel Bauer et Eric Cohen l'ignorent. Deux éléments conduisent, en tout état de cause, à le relativiser : d'une part, ce pouvoir s'exerce *tout au plus* sur un nombre limité de groupes industriels et ne structure pas l'ensemble du capital financier industriel ; d'autre part, il se révèle incapable d'assumer les pertes engendrées par la crise et de mener à bien les restructurations des groupes, *faute de disposer des moyens financiers à l'échelle des grands enjeux industriels*. Comparés aux groupes financiers étrangers, notamment américains, les groupes français les plus importants que sont Suez et Paribas demeurent des nains.

Pour satisfaire leurs ambitions industrielles, les groupes financiers bancaires ont cherché à surmonter leur handicap financier en drainant

---

4. J'ai moi-même accrédité cette hypothèse dans la première version de cet ouvrage [62].

vers eux une masse croissante du capital-argent collecté par d'autres organismes, et entrepris de dépasser la spécialisation du système bancaire français héritée de l'époque où celui-ci se désengageait des « branches vermoulues de l'industrie ». Nés de banques d'affaires qui s'étaient vu interdire en 1945 une activité de dépôt, ces groupes ont renoncé à se lancer eux-mêmes dans la collecte des dépôts en se déspécialisant, au profit de stratégies de contrôle et d'alliance avec d'autres institutions financières. L'impossibilité juridique de pénétrer les organismes de collecte de l'épargne – caisses d'épargne et mutuelles – les ont conduits à élargir leurs bases financières en direction des banques de dépôts, des compagnies d'assurance et des sociétés d'investissement. Plusieurs batailles boursières ont dominé les années 1968-1972, mettant aux prises Suez et Paribas pour le contrôle du Crédit industriel et commercial (CIC), première banque de dépôts privée française, et le Crédit du Nord (troisième banque privée de dépôts). L'accord intervenu en septembre 1971 assure à Suez le contrôle du CIC qui cède en échange 80 % de la Banque de l'Union parisienne à Paribas ; de son côté, Paribas, allié à la banque Worms, s'assure définitivement de celui du Crédit du Nord. En 1972, Suez engage une nouvelle bataille avec le groupe La Paternelle pour le contrôle de la Banque de l'Indochine, dont il devient le principal actionnaire. Mais il doit en échange se résoudre à l'éclatement du premier groupe d'assurances privé, AGP, dont le groupe La Paternelle conserve la plus grande part ainsi que le sigle. De son côté, Paribas s'assure, en septembre 1973, le contrôle des assurances La Providence. Les groupes Rothschild, Worms et Lazard sont également présents dans ce secteur – ils sont les principaux actionnaires respectivement des assurances Concorde, Foncière et Préservatrice, France. Enfin, tous les groupes financiers bancaires ont créé leurs propres sociétés d'investissements (SICOMI, SICAV, sociétés de gestion de fonds commun). Sur soixante-trois SICAV, Paribas en contrôle ou en influence seize et Suez douze.

Ils ont également étendu leurs activités dans l'immobilier en s'assurant le contrôle des établissements spécialisés (La Hénin pour Suez et la Compagnie bancaire pour Paribas), tirant profit à la fois des plus-values sur les terrains, dues à une spéculation qu'ils alimentent, et des apports de l'épargne-logement rendue attrayante par les avantages fiscaux dont elle jouit.

De leur côté, les banques de dépôts nationalisées, sans se transformer en groupes financiers, ont retrouvé le chemin de l'activité industrielle. Toutes se sont dotées de banques d'affaires – rachat en 1969 de la Société de banque et de crédit par le Crédit Lyonnais – ou ont utilisé à cette fin des banques contrôlées antérieurement – Valorind pour la Société Générale et BANEXI pour la BNP. Elles ont également mis en place des sociétés « cadres » chargées de gérer des participations permanentes – et non de réaliser des prises de participation. La BNP a ainsi créé la CIP en 1969, la Société Générale a pris le contrôle de Sogevalmob en 1970, tandis que le Crédit Lyonnais développait l'activité financière de Sofinex, créé en 1963. Les banques nationalisées ont également étendu leurs activités dans le domaine des sociétés d'informatique et de conseils en organisation : le Crédit Lyonnais a créé la Sligos avec la Cegos, la Société

Générale SOGE-SETEC avec la société SETEC, enfin, la BNP Ordinabail avec la Banque de l'Indochine et la GSI avec le CCF et la CGE.

A côté de cette activité financière propre, les banques nationalisées ont apporté leurs concours aux groupes financiers bancaires dans le cadre de pools bancaires constitués pour des opérations particulières. Des alliances ponctuelles ou durables se sont nouées parallèlement à celles conclues entre ces groupes, entre Suez, Rothschild et Vernes et commerciale de Paris, entre Paribas, Lazard et Worms. Les uns et les autres ont par ailleurs développé leurs activités internationales et noué, à cette occasion des alliances avec des groupes étrangers – accord de Paribas avec la Bank of America, la Banca commerciale italiana, la Vereins-Bank, la SG Varburg ; du Crédit Lyonnais avec la Commerzbank, la Banco di Roma, la Lloyds Bank ; de la BNP avec la Dresdner Bank et la Bank of America...–. Par contre, dans le cas de Suez, l'alliance avec INA corporation s'est réalisée à l'occasion d'une prise de participation de la société financière américaine dans le groupe Suez qui a permis à celui-ci de renforcer ses disponibilités financières lors de la prise de contrôle du CIC et de la Banque de l'Indochine. Les groupes financiers bancaires et les banques nationalisées ont ainsi renoué avec la tradition d'expansion internationale de leurs origines lorsqu'elles finançaient le développement industriel de l'Europe et plus tard des affaires coloniales.

Cette internationalisation bancaire a accompagné celle des groupes industriels, dont elle a financé l'implantation étrangère. *L'activité bancaire* demeure au total un aspect dominant de la constitution et de l'expansion des groupes financiers bancaires. Le mouvement sans précédent de concentration des capitaux engagés dans la banque et l'assurance leur a permis de renforcer considérablement leurs moyens financiers et de disposer du capital-argent nécessaire à l'élargissement et au redéploiement de leurs activités industrielles. Mais en mobilisant une part importante de leurs ressources, cette concentration bancaire a limité leur capacité d'intervention dans la constitution des groupes financiers industriels.

Propriété familiale et bourgeoisie financière

Les conditions de la constitution des groupes financiers industriels et bancaires à la fin des années soixante et au début des années soixante-dix expliquent que la structure de la propriété du capital financier demeure à dominante familiale. Bien que les capitaux familiaux soient le plus souvent minoritaires dans le capital social, ils ont permis à certaines familles de maintenir des positions influentes sinon prépondérantes dans le contrôle de ces groupes. François Morin a établi, à la date du 31 décembre 1971, que 50 % des deux cents premières entreprises industrielles étaient sous contrôle de capitaux familiaux, dont 20 % de façon majoritaire et que 40 % des quarante premières banques étaient dans ce cas. Ce résultat traduit une relative stabilité de la structure de la propriété à travers le processus de concentration. Rares sont les cas où la constitution d'un groupe financier entraîne une modification telle de la structure de la propriété qu'elle désaisisse les capitaux familiaux de tout pouvoir de contrôle. Le cas de Saint-Gobain-Pont-à-Mousson est le plus caractéristique parce qu'il est relativement exceptionnel, encore faut-il noter que le renversement du contrôle au profit du groupe Suez est acquis avant la fusion dès 1966 dans Pont-à-Mousson, et en 1969 dans Saint-Gobain. Mais dans la plupart des cas, la structure initiale du capital n'a pas été altérée par le processus de concentration : capital social *actionné* indépendant – CGE, PUK, Ciments Lafarge... – où contrôlé par un groupe bancaire – Thomson, Usinor...–, capital social à *dominante ou à forte minorité de capitaux familiaux* qui coexistent sauf exception avec un capital actionné – Michelin, Wendel-Sidelor, Agache-Willot, Lesieur, Beghin-Say, BSN-GD, Schneider, Rhône-Poulenc... Dans le cas des groupes bancaires, la stabilité est encore plus grande, côté capital actionné – Suez et Paribas – ou côté capitaux familiaux – Rothschild, Lazard, Worms, NSM...

Cette stabilité globale est caractéristique de la base de transformation du capital industriel et bancaire en capital financier : elle procède très largement de mariages de capitaux existants – avec une forte prépondérance de capitaux familiaux – plus que d'un élargissement du capital social en direction du capital actionné – la mobilisation d'un nouveau capital-argent se faisant essentiellement par endettement. Seule une étude, qui n'a pas été entreprise jusqu'ici, de l'évolution de la structure de la propriété au cours des différentes phases de concentration des entreprises qui constituent aujourd'hui les groupes financiers permettrait de préciser les changements intervenus. Il est évident que ceux-ci ont très sensiblement modifié la position de certains actionnaires par rapport à l'exercice du pouvoir industriel et entraîné l'éviction de certaines familles propriétaires – transformées en rentiers – au profit de celles qui ont su établir leur pouvoir sur le nouveau groupe. Tel est le cas par exemple des familles qui contrôlent BSN (Frachon, Souchon, Riboud) qui ont éliminé de la direction de leur entreprise les anciens propriétaires de Gervais-Danone, suite à la fusion entre les deux sociétés : « les anciens dirigeants-propriétaires ont troqué leur pouvoir industriel contre la sécurité des dividendes » [9, p. 153]. On peut aussi citer l'éviction d'une partie de la famille Lesieur au profit de la famille Chancel dans le contrôle du groupe Lesieur, de la famille Ricard au profit de la famille Pernod lors de la fusion entre les deux sociétés...

A travers cette redistribution du pouvoir au sein de la bourgeoisie industrielle et bancaire, émerge une *bourgeoisie financière* qui ne se contente pas de mettre en valeur son propre patrimoine mais entreprend de diriger la valorisation d'un vaste capital-argent qu'elle a rassemblé à la place d'anciennes familles de propriétaires-dirigeants réduites à l'état d'apporteurs de capitaux, de propriétaires-rentiers. La bourgeoisie financière naît, par conséquent, non pas en dehors de la bourgeoisie industrielle et bancaire, mais *en son sein,* comme une forme particulière de celle-ci. L'équipe de Michel Beaud l'a fortement souligné, à juste titre : « La bourgeoisie [n'est] ni tout à fait la même, ni tout à fait autre » [3, p. 15].

La bourgeoisie financière tient son pouvoir de la propriété privée, des capitaux qu'elle détient et de ceux qu'elle contrôle. C'est en tant qu'actionnaires que ses membres siègent dans les conseils d'administration, présence dont ils tirent de substantiels revenus – tantièmes et jetons de présence – qui viennent s'ajouter aux dividences perçus. François Morin a le premier souligné l'importance et l'originalité (par rapport aux Etats-Unis) de ce phénomène : « De petite taille, refusant la présence des dirigeants non liés de façon directe au groupe de contrôle, le conseil d'administration français représente ainsi le cadre juridique approprié à l'action du groupe (famille, banque, entreprise étrangère...) qui contrôle la société » [86, p. 34]. Partout où des familles sont les principaux actionnaires, leurs membres peuplent les conseils d'administration, sans occuper pour autant une fonction dirigeante dans l'entreprise (François Morin estime que 75 % des administrateurs sont dans ce cas dans les deux cents premières sociétés). Ce rejet en dehors du conseil d'administration des dirigeants qui ne sont pas actionnaires est la conséquence de la structure très fermée du capitalisme français. Il est renforcé par des dispositions juridiques qui visent à limiter au tiers du nombre des administrateurs en fonction ceux qui peuvent occuper une fonction salariée dans la société – loi de juillet 1966 sur le droit des sociétés –, dispositions qui font barrage à l'entrée de cadres dirigeants au sein des conseils d'administration, notamment à l'occasion d'opérations de fusion. Le CERCA a également insisté sur ces « permanences de la bourgeoisie française » que révèle la radiographie des conseils d'administration où « les liens matrimoniaux, la « circulation » des femmes et des biens, pour employer le vocabulaire de l'anthropologie, comptent autant que les classiques liaisons personnelles et financières » [3, p. 18].

Mais la propriété confère-t-elle le pouvoir industriel ? Les réponses à cette question font apparaître un double clivage dont le premier porte sur le *lieu* du pouvoir – conseil d'administration ou direction interne – et le second sur son *fonctionnement social* – propriété ou légitimation technocratique. Sur le premier point, il n'existe que des postulats : pour François Morin, « le conseil d'administration apparaît comme le véritable centre de décision d'une société » [86, p. 28] et « un de ses effets réels est la nomination de la direction générale » ; à l'inverse, Michel Bauer et Elie Cohen [9, p. 149] privilégient l'étude de la direction de l'entreprise, son « gouvernement privé ». Seule, estiment-ils, « l'analyse empirique et sur longue période », d'une part, de la structure du capital et, d'autre part, des acteurs de son système dirigeant permet d'arbitrer entre les deux éventualités extrêmes que sont le *système dirigeant possédant* et le *système dirigeant affranchi*.

Mais la grande faiblesse de leur analyse réside dans l'impasse complète qu'ils font sur le conseil d'administration, sa composition, son rôle dans le choix des dirigeants et dans les décisions stratégiques du groupe. La mise en évidence d'un « gouvernement privé » au sein d'un groupe laisse, en effet, de côté la question de savoir de qui celui-ci tient son pouvoir et à qui, finalement, il rend compte de ses actes. La cooptation des dirigeants au sein du groupe, dont les dirigeants récents de SGPM donnent l'exemple, n'est nullement une preuve de l'affranchissement du pouvoir dirigeant de la propriété. La nomination de Jean Gandois, alors directeur général de Sacilor, à la tête de Rhône-Poulenc – sur la suggestion d'un membre du conseil d'administration, Roger Martin – montre que la cooptation se fait plutôt au niveau du conseil, et pas nécessairement parmi un nombre restreint de personnes formées dans l'entreprise. Au-delà de la nomination des dirigeants, les études disponibles n'éclairent nullement sur le rôle respectif du conseil d'administration et du »gouvernement privé » dans les choix stratégiques du groupe. On peut penser toutefois que lorsque, au lendemain de sa constitution, le groupe PUK compose son nouveau conseil d'administration et fait appel à quatre des principaux PDG de banques et au PDG de la CGE, ce n'est pas uniquement pour leur distribuer des jetons de présence !

Tout autre est la question de savoir quel est le fondement même social du pouvoir des dirigeants. Question insignifiante pour les uns : « ce qui compte ici, écrit par exemple Lucien Karpik [5], est moins l'origine sociale des dirigeants, leurs modes de formation ou les mécanismes d'accès au pouvoir que la relation entre les choix stratégiques et les orientations (et intérêts) de classe ; ce qui importe n'est pas de savoir qui prend les décisions, mais la nature des décisions prises ». Question au contraire primordiale pour les autres qui constatent que « c'est toujours l'oligarchie financière qui se trouve aux postes de commande des principaux groupes, c'est-à-dire dans les conseils d'administration, mais aussi à la tête des principales filiales des grands groupes industriels ou bancaires » [3, p. 18]. La question est de savoir comment expliquer le résultat « massif » auquel aboutissent Michel Bauer et Elie Cohen de « l'existence d'une coupure entre la sphère des dirigeants et apprentis dirigeants et le monde des professionnels, ingénieurs et cadres » [9, p. 199]. Pour y répondre, P. Birnbaum observe que « la question *qui* est meilleure que la question *quoi* » [15]. Ses travaux ainsi que ceux de Pierre Bourdieu et de Monique de Saint-Martin en éclairent les principaux aspects [106].

Pour devenir PDG d'un groupe financier industriel ou bancaire, mieux vaut aujourd'hui être sorti de l'Ecole polytechnique ou de l'Ecole nationale d'administration, avoir intégré un « grand corps » de l'Etat et avoir exercé un temps des responsabilités dans des cabinets ministériels et à la tête d'une grande direction de ministère. Des exceptions existent ; elles se font rares : Renaud Gillet, mais il a passé la main à la tête de Rhône-Poulenc, Antoine Riboud, Joseph Seydoux... Si ce constat n'est guère discuté – mais l'importance du phénomène mériterait d'être mieux mesurée –, il donne lieu à des interprétations fort différentes. Pour Michel Bauer et Elie Cohen comme pour Elie Suleiman, l'accès à la haute fonction publique est le point de départ d'un « long processus de formation, de socialisation et de construction de la légitimité » des futurs dirigeants des groupes. Ceux-ci y sont recrutés « d'emblée au niveau du système dirigeant » [9, p. 200] où ils occupent différents postes de direction avant de parvenir à celui de PDG soit au sein du groupe – cas d'Ambroise Roux, Roger Martin et de son successeur René Fauroux – soit dans d'autres groupes – Jean Gandois par exemple. Pour passer du « secteur public » au « secteur privé », « il est conseillé, observe Elie Suleiman, de chercher d'abord à atteindre le sommet du secteur public afin d'atteindre rapidement le sommet du secteur privé » [96, p. 183]. Ce qui était, autrefois, le

---

[5]. Dans sa préface à l'ouvrage de Michel Bauer et Elie Cohen, [9, p. 19]. De même Ezra N. Suleiman [96] étudie « les fonctions, leurs centres d'intérêt et leur pouvoir » et non l'origine sociale des membres de l'élite.

« pantouflage » de hauts fonctionnaires en fin de carrière est devenu la première étape d'une carrière qui se déroule en majeure partie dans le « privé »« , et dont les futurs dirigeants s'efforcent de réduire la durée. L'accès aux postes de direction des grandes administrations centrales tend ainsi à se faire à des âges relativement jeunes – en moyenne entre trente et trente-cinq ans – qui exclut une véritable carrière administrative. A la discrétion du gouvernement, ces postes sont de plus en plus réservés à ceux des membres des « grands corps » qui sont très tôt passés par les cabinets ministériels où ils peuvent, en un temps très court, passer de conseiller technique à directeur de cabinet. Les « grands corps », et plus précisément ici, le corps des Mines, celui des Ponts et Chaussées et l'Inspection des finances, ont ainsi tendance à monopoliser les cabinets ministériels et les principales directions ministérielles, phénomène amorcé dès la quatrième République mais que la cinquième a fortement accentué. Pourtant tous les membres de ceux-ci n'accèdent pas à la direction des groupes financiers, ni même ne passent au « privé ». Faut-il éluder le problème et avec Elie Suleiman, « reconnaître que tous les membres des grands corps ne sont pas appelés à atteindre les sommets est une mauvaise façon de poser le problème » [96, p. 190] ? Où ne faut-il pas plutôt se demander si l'appartenance à un « grand corps » est une condition suffisante pour devenir dirigeant d'un groupe financier ?

Cette dernière interrogation nous ramène à la question de Pierre Birnbaum : « Qui appartient à la classe dirigeante française ? », c'est-à-dire quelle est l'origine sociale des dirigeants des groupes ? A partir de l'analyse d'un échantillon tiré du *Who's Who,* il montre que les PDG sont « très peu héréditaires » (9 % sont fils de PDG en 1954, 4 % en 1974) mais « beaucoup sont fils de patrons » (34 % en 1974), une proportion aussi importante (32 %) est issue de père cadre supérieur du privé, haut fonctionnaire, profession libérale ou universitaire, et 7 % d'un père militaire. Roger Martin, PDG de SGPM est fils d'industriel, Ambroise Roux, PDG de la CGE, fils d'administrateur de sociétés, Jacques Georges-Picot, PDG de Suez, fils de banquier..., Pierre Jouven, PDG de PUK est fils d'architecte, Jean Gandois, PDG de Rhône-Poulenc, fils de receveur-percepteur des finances, Wilfrid Baumgartner, ancien PDG de Rhône-Poulenc, est fils de chirurgien, Jacques de Fouchier, ancien président de Paribas, fils d'un président de chambre à la Cour des Comptes... Issus d'une « grande bourgeoisie de robe », ils sont souvent alliés à la « grande bourgeoisie d'affaires » par leur famille et par leurs liens matrimoniaux et se sont trouvés à l'intersection de positions leur permettant de lier capital économique et capital intellectuel. Pierre Bourdieu et Monique de Saint-Martin ont bien mis en évidence ce phénomène : « Membres de famille liées à plusieurs univers sociaux (professions libérales et affaires par exemple), ayant souvent mené des études éclectiques (scientifiques et juridiques par exemple), ils étaient placés devant un espace de possibles plus large que celui qui s'offrait aux hommes d'affaires issus du monde des affaires (Guy de Rothschild, Stanley Darbloy, Tristan Vieljeux, Renaud Gillet...). Mais il y a plus : l'appartenance à une famille de vieille noblesse ou de bourgeoisie ancienne implique, par définition, la possession d'un capital social de relations, de parenté ou autres, qui assurées et entretenues par les parents sont toujours partiellement transmissibles ; de plus, elles prédisposent de mille façons à augmenter ce capital » [106, p. 63]. Les membres des « grands corps » d'Etat issus de ces milieux sociaux se trouvent ainsi en meilleure position pour se voir proposer un poste dans le secteur privé que ceux issus d'autres milieux. Aussi ont-ils une plus forte tendance à quitter le service de l'Etat pour devenir dirigeant dans le secteur privé.

L'accès au statut de PDG diffère très fortement de celui de patron, « de loin le plus héréditaire » [15, p. 100] : 58 % des patrons de l'industrie et de la banque étaient fils de patrons en 1954, 68 % le sont en 1974. Dans les entreprises familiales traditionnelles, les liens au(x) propriétaire(s) déterminent la succession à la tête de l'entreprise, quel que soit le niveau scolaire atteint. Ils sont d'ailleurs dans l'ensemble moins diplômés que les PDG, font plutôt des études juridiques ou des écoles d'ingénieurs, ne fréquentent pas celles des « grandes écoles » qui donnent accès aux « grands corps » d'Etat, et « se contentent le plus souvent de simples études secondaires » (54 % des patrons en 1974). L'hérédité des patrons est *individuelle* (ou familiale) et se confond avec la transmission du patrimoine familial ; celle des PDG est *sociale* et disjointe de celle des héritages individuels. La première obéit à des règles strictement internes à la famille et n'a d'autre légitimité que celle que confère la propriété ; la seconde est soumise à la *concurrence* que régulent les titres universitaires, l'entrée dans la « haute fonction publique » et l'exercice de fonctions de direction dans le privé, qui lui donnent sa légitimité. La concurrence est évidemment la plus vive pour l'accès à la direction des groupes financiers les plus importants, parce qu'ils sont relativement peu nombreux. La centralisation du capital l'a considérablement renforcée en réduisant le nombre de postes de PDG devenus par là même plus prestigieux et en instituant une hiérarchie très forte de l'importance des directions, là où existait un relatif égalitarisme – au moins formellement.

Dans ce contexte, la propriété, si elle détermine l'hérédité sociale des PDG, ne peut plus réguler la concurrence entre les postulants, sauf là où les familles propriétaires demeurent très influentes – notamment dans les groupes financiers issus de la « haute banque ». Les « grandes écoles » et plus précisément les filières qui donnent accès aux corps les plus directement en prise avec l'industrie et la banque (X-Mines, X-Ponts et Chaussées, ENA – Inspection des finances) assurent une fonction de sélection particulièrement discriminante. Le nombre extrêmement faible de personnes admises chaque année limite celui des postulants et maintient un certain équilibre entre les postes offerts par la « haute fonction publique » et ceux des groupes financiers. Les « grandes écoles » n'offrent pas d'abord une légitimité ; elles fonctionnent comme un *régulateur* interne à plusieurs fractions de la bourgeoisie dans l'accès aux postes dirigeants.

Les « grandes écoles » dans leur ensemble (y compris des écoles comme l'Ecole centrale, HEC, Supelec...) ont constitué l'un des moyens privilégiés de reconversion de la bourgeoisie industrielle et bancaire, qui, à mesure qu'elle a vu l'hérédité familiale des directions d'entreprise mise en cause par la formation des groupes financiers, a davantage scolarisé ses enfants que par le passé et s'est efforcée de capter à son profit d'anciennes filières méritocratiques qui organisent la rareté des diplômés. Ces écoles, dont certaines ont été créées autrefois par le patronat (Centrale, Supelec...), en dépit de réformes visant à en démocratiser l'accès, n'ont guère vu s'élargir l'origine sociale de leurs étudiants. Leur principale adaptation s'est faite dans les années soixante par la transformation des enseignements qui se sont ouverts, sous l'influence des universités de gestion américaines – notamment de Harvard – aux problèmes de gestion économique et financière. Elles ont ainsi accompagné la montée des dirigeants salariés qu'appellent la restructuration des entreprises et la constitution de groupes industriels et bancaires. Les familles de la bourgeoisie industrielle et bancaire, qui possèdent assez de capital économique et social pour ne pas être éliminées par la centralisation du capital, ont dirigé leurs enfants vers le « salariat supérieur ». Comme le souligne Pierre Birnbaum, « cette destination des fils de patron... ne correspond pas du tout à une régression sociale, à une mobilité régressive... Ces personnes originaires de la classe dominante n'ont sûrement pas laissé les places directoriales supérieures aux individus en cours d'ascension sociale. La classe dirigeante s'est simplement reconvertie : elle n'a pas disparu au profit de nouveaux individus » [15, p. 42].

L'analyse de la mobilité professionnelle montre d'ailleurs qu'en 1974 48 % des cadres supérieurs figurant au *Who's Who* deviennent PDG, 6 % seulement patrons. Il n'y a pas retour vers l'entreprise familiale comme autrefois, sauf lorsque celle-ci est capable de croissance. En définitive, la propriété n'est plus suffisante pour accéder aux postes de direction de l'industrie et de la banque, mais elle demeure un facteur discriminant entre ceux qui ayant accédé aux « grandes écoles » se voient ouvrir les portes du salariat de direction. *La légitimité des PDG et autres dirigeants des groupes financiers n'est méritocratique et technocratique qu'en apparence. Son vrai fonctionnement reste social et distingue ceux qui ont les rapports les plus étroits avec le capital économique liés à l'acquisition personnelle d'un important capital intellectuel.*

Les groupes financiers occupent aujourd'hui une position dominante dans l'économie française ; ils ne sont pas toutes les entreprises. De même, une nouvelle classe de dirigeants d'entreprise s'est constituée ; elle ne recouvre pas, loin s'en faut, tout le patronat. La première est née d'une remarquable adaptation aux transformations du capitalisme et d'une capacité à remodeler à son profit les institutions qui structurent le pouvoir administratif et financier ; le second s'est perpétué tel qu'en lui-même et est resté à l'écart de cette adaptation. L'étude de Jean Bunel et de Jean Saglio sur « la société des patrons » [28], dans la région Rhône-Alpes, confirme et précise les données générales. Dans les branches où la concentration est forte (chimie), les héritiers ont cédé la direction des entreprises – ils ne représentent plus en 1974 qu'un tiers des patrons ; là où la dispersion fait encore une place importante aux entreprises familiales traditionnelles (textile, bois-ameublement), fondateurs et héritiers sont très largement majoritaires à la tête de leurs affaires – environ 80 %. Il faut attendre les héritiers de la deuxième génération pour que la proportion entre ceux qui ont suivi une formation supérieure et ceux qui n'en ont pas suivi s'inverse au profit des premiers. Ces patrons, pour qui l'entreprise se confond toujours avec le cercle familial élargi, ne partagent pas les valeurs de croissance des dirigeants des groupes ; ils préfèrent l'indépendance à l'expansion et accepteraient « une stagnation ou même une régression de la croissance de leur firme pour conserver la maîtrise personnelle de leur affaire ». Ils demeurent hostiles au syndicalisme et *s'abritent derrière l'organisation patronale professionnelle pour négocier*, avec les syndicats, *hors de l'entreprise*, l'évolution des salaires et les avantages sociaux, mais entendent demeurer les seuls maîtres de leur application dans l'entreprise. Ce patronat est d'autant plus attaché à son affaire qu'il n'a pas de possibilité de mobilité personnelle, faute d'avoir acquis la légitimité lui permettant de se reconvertir dans une direction d'un groupe ou même, lors d'une fusion, de demeurer dans l'équipe dirigeante. Ce patronat reste fermé, n'acceptant pas les intrus en dehors de la famille, même s'ils viennent de milieux proches, « émigrant » peu vers d'autres professions qui amorceraient leur reconversion. Repliée sur elle-même, cette bourgeoisie industrielle et bancaire a depuis longtemps renoncé à devenir une classe dirigeante. Si elle est néanmoins parvenue à imposer sa vision économique du monde depuis plus d'un siècle, c'est uniquement en s'alliant à la bourgeoisie intellectuelle – très liée par ailleurs à la paysannerie dont elle était la représentante politique – à qui elle a assez largement abandonné la direction politique et culturelle des affaires du pays, du moins tant qu'elle a fait avec elle cause commune contre le prolétariat.

La bourgeoisie financière a un rapport tout différent au pouvoir politique et culturel, qui la constitue en classe dirigeante. La séparation entre la possession de la propriété et l'exercice effectif du pouvoir financier a ouvert à la reproduction des dirigeants des institutions qui structurent la totalité du champ du pouvoir financier, mais aussi culturel et politique. Les dirigeants des groupes financiers sont issus de la fraction des bourgeoisies industrielle, bancaire, intellectuelle, la plus mobile, parce que située à l'« intersection » des différents champs de pouvoir, et qui de ce fait est la plus *en situation* d'occuper les postes les plus divers dans l'administration, les groupes financiers, l'enseignement, sans oublier le pouvoir politique. Cette mobilité façonne un milieu social professionnellement plus hétérogène mais socialement et idéologiquement plus homogène.

De toutes les « grandes écoles » qui concourent à la formation intellectuelle de la bourgeoisie financière, l'Ecole nationale d'administration – l'ENA – est celle qui contribue le plus à l'intégration et à l'homogénéité des différentes fractions dont elle est issue, et qui produit le plus de mobilité interne parce qu'elle est la seule à ouvrir à la totalité des carrières de pouvoir. L'ENA a la charge, avec l'Ecole polytechnique, d'assurer une double sélection à l'entrée de l'école et à sa sortie pour l'accès aux « corps » les plus prestigieux qui débouchent le plus directement sur les postes de direction. Mais l'ENA a la particularité de donner accès à la quasi-totalité du champ du pouvoir administratif (en dehors de l'armée et de la magistrature civile) et, de là, à la direction des groupes financiers, à celui du pouvoir intellectuel (enseignement, communication...) et enfin, à la suite des transformations institutionnelles réalisées par le général De Gaulle, au pouvoir politique. Le fait que le gouvernement ne dépende plus du parlement a ouvert les postes du pouvoir politique aux membres des « grands corps » et principalement à ceux issus de l'ENA sans avoir d'abord à recueillir les suffrages électoraux [7] – ce qui n'était évidemment pas le cas des « normaliens » lorsque sous la troisième et la quatrième République, ils peuplaient les bancs ministériels – et a facilité leur conquête ultérieure des mandats électifs nationaux et locaux [6]. La bourgeoisie financière ne se confond pas avec l'appartenance aux « grands corps » de l'Etat – pas plus à l'ENA qu'à Polytechnique ; mais ces dernières ont été un remarquable instrument de conquête de la totalité des pouvoirs, contribuant ainsi à sa constitution en classe organiquement dirigeante et à sa foudroyante prise de pouvoir.

---

6. Les membres des « grands corps » représentent entre 3 et 5 % des candidats aux élections législatives de 1967-1968 et 1973, et entre 11 et 12,5 % des élus, alors que les enseignants représentent 17 % des candidats et 15 % des élus – et même 9,5 % en 1968. Cf. F. de BAECQUE, *L'interprétation des personnels administratifs et politiques* [7].

7

Les limites de la puissance industrielle

A la mort de Georges Pompidou, au moment où les premiers symptômes de crise économique se manifestent dans la plupart des pays capitalistes, la bourgeoisie financière est solidement installée au pouvoir. Ses intérêts, ses valeurs, sa conception du développement économique s'imposent tant dans l'action gouvernementale qu'au sein du patronat. Elle doit encore composer avec une bourgeoisie industrielle et commerçante de type patrimonial. Mais les choix qui commandent le développement industriel, la réforme bancaire et l'engagement international croissant sont les siens. Néanmoins, le bilan que l'on peut en faire demeure pour le moins contrasté. La puissance financière des groupes et leur présence croissante sur les marchés internationaux attestent d'indéniables succès. Mais Georges Pompidou a-t-il atteint son objectif de donner à la France « la vraie puissance économique » ?

La prise du pouvoir du patronat financier

L'irrésistible ascension de la bourgeoisie financière à la fin des années soixante a profondément secoué le CNPF, dont les structures sont de plus en plus décalées par rapport aux nouveaux équilibres qui s'instaurent dans le monde patronal. Le départ des six plus anciens dirigeants et l'entrée dans le bureau du CNPF de représentants du capital financier – André Benard, PDG de Shell-France, Michel Caplain, directeur adjoint de la Compagnie financière de Suez, François Dalle, directeur général de l'Oréal, ainsi que José Bidegain, le principal responsable du groupe « Jeunes Patrons » devenu « Centre national des dirigeants d'entreprise » (CNDE) – n'a pas mis fin à la crise de représentativité de l'organisation patronale. Sans perdre son unité de façade, le CNPF ne peut pas, contrairement à ce que souhaite Jacques Ferry, président de la chambre syndicale de la sidérurgie, en annonçant la création d'un groupement de la grande industrie, assurer « une plus exacte représentation des entreprises à travers les organisations adhérentes, de sorte que celles-ci ne soient pas tentées de se comporter d'une façon autonome [1] ». Le mouvement de concentration accentue les différences entre les petites et moyennes entreprises familiales et celles qui sont intégrées à un groupe financier. Pour éviter l'éclatement, Paul Huvelin choisit l'immobilisme.

Le CNDE en fait le premier les frais. Lorsque le groupe des « dirigeants d'entreprise » crée un Groupement pour l'étude de la réforme des organisations patronales (GEROP) qui se donne pour objectif de transformer l'organisation patronale de « syndicat des propriétaires des moyens de production » en organisation de « promotion de l'ensemble des entreprises françaises », Paul Huvelin y répond par une commission d'étude dont sortent quelques mesures – dont l'autorisation de négocier pour le compte de ses adhérents – adoptées par l'assemblée générale extraordinaire de juin 1969. Pierre Ehsram (PDG de Singer) les résume en quelques phrases dans un article retentissant : « On nomme un vice-président supplémentaire ; on baptise et on débaptise : le bureau se nomme maintenant comité exécutif, le comité directeur s'appelle assemblée permanente. Quelques sages sont appelés, telles des vestales, à veiller sur les statuts. On fixe une limite d'âge de soixante-dix ans pour le président et le vice-président. Une telle pauvreté d'imagination dans des réformes nécessaires sur tous les plans serait risible si elle n'était pas consternante [2] ». Pour l'avoir dit trop haut et s'en être pris au président du CNPF, invité à « céder la place à l'un des hommes de valeur qui sont autour de lui » [3], il est exclu de l'organisation patronale, à l'unanimité du comité exécutif, y compris ses amis François Dalle et José Bidegain. L'heure de la succession n'est pas venue. Le bureau en tire cependant la conclusion que le CNPF ne peut plus avoir portes closes et doit faire un effort pour davantage apparaître publiquement. C'est chose faite le 27 octobre 1980, lorsque François Ceyrac, vice-président du CNPF, affronte le secrétaire général de la CGT, Georges Seguy, lors de l'émission « A armes égales » sur la première chaîne de télévision. Quelques mois auparavant, le CNPF avait décliné l'offre face au secrétaire national de la CFDT, Etienne Deschamp, auquel finalement, à titre personnel, Jean Riboud, PDG de Schlumberger, a accepté de donner la réplique.

A défaut de changer les structures et les hommes, chacun s'organise pour son compte. François Dalle et José Bidegain constituent au printemps 1970 une association « Entreprise et progrès » qui regroupe les chefs d'entreprise « n'ayant pas trouvé dans le cadre des organisations patronales existantes la possibilité de mettre en commun leurs réflexions, leurs études et leurs capacités d'action autour du thème de l'entreprise

---

1. Devant l'Association des journalistes économiques et financiers, *le Monde*, 14 juin 1969.
2. Dans *Le Monde* du 7 février 1970.
3. Dans une déclaration à Europe 1, le 14 novembre 1969.

les limites de la puissance industrielle

dans l'économie moderne ». Cette nouvelle association qui succède au GEROP poursuit sa campagne pour « l'orientation future du CNPF » dans la perspective de la succession de Paul Huvelin dont le mandat expire en janvier 1973. De leur côté, les dirigeants des groupes financiers industriels se sont organisés dès l'automne 1969 en se dotant d'une organisation autonome dont écrit Jacqueline Grapin dans *Le Monde*, « il était évident qu'elle se réserverait d'agir au cas où les grandes fédérations professionnelles (la sidérurgie, la construction électrique, la chimie et la mécanique principalement) qui contrôlent financièrement le CNPF, perdraient leur position dominante au profit des fédérations interprofessionnelles [4] ». Sous le nom d'AGREF (Association des grandes entreprises françaises faisant appel à l'épargne) elle regroupe autour de Jacques Ferry, qui préside l'association, les dirigeants des quatorze premiers groupes industriels privés : Rhône-Poulenc (Wilfrid Baumgartner), CGE (Ambroise Roux), Ciments Lafarge (Marcel Demonque), Thomson-Brandt (Paul Richard), Péchiney (Pierre Jouven), Ugine-Kuhlmann, Pont-à-Mousson-Saint-Gobain (Roger Martin), Société centrale de dynamite, Compagnie des ateliers et forges de la Loire, Compagnie française des pétroles, Automobiles Peugeot, Usinor et Valourec. Se défendant de porter atteinte à l'unité du patronat, les représentants du capital financier entendent pouvoir défendre leurs positions propres, « lorsque, pour des raisons de spécificité, l'organisation patronale ne peut le faire [5] ».

La préparation du VIe Plan de développement économique et social que le gouvernement a engagée en septembre 1969, leur offre une occasion exceptionnelle de supplanter la représentation patronale officielle. Dès 1967, la commission de l'économie générale du CNPF, que préside Ambroise Roux, a défini les grandes lignes « de la forme et des méthodes d'un plan national dans un système d'économie de marché ». Reprenant pour son compte le débat engagé lors de la préparation du Ve Plan, la commission y affirme considérer la planification comme un atout dès lors qu'elle satisfait à deux exigences : « Ne pas perturber le bon fonctionnement du marché », d'une part ; « en faciliter le jeu en permettant le développement de la compétitivité des entreprises françaises », d'autre part. Or, souligne-t-elle dans ce rapport : « Dans ses méthodes et dans son esprit, le Plan reste marqué par les conceptions d'une période de pénuries où il s'agissait d'assurer la meilleure répartition de ressources insuffisantes ». De ce fait, poursuit-elle, en visant directement le patronat, « sur les milieux de la production, les plans, qui dans les années d'après-guerre avaient eu un effet d'entraînement certain, ont par la suite, aussi paradoxal que cela puisse paraître, contribué à entretenir un laxisme dans les gestions et les mentalités économiques qui est l'une des faiblesses de l'économie française ». Il en résulte un « mythe du plan » qui « constitue en définitive un des échecs les plus graves du plan ; il perpétue des attitudes héritées d'un long passé de protectionnisme qui ne sont pas adaptées aux conditions objectives de la croissance dans une économie qui a

---

4. *Le Monde*, 20 octobre 1969.
5. *Le Monde*, 6 novembre 1969.

dépassé le stade élémentaire des pénuries quantitatives et où le progrès ne s'obtient qu'à travers la compétitivité. Or, une forme de compétitivité essentielle, la compétitivité internationale, n'a fait l'objet que de déclarations de principe, mais pas d'analyse véritable. Dans les mots, la nécessité pour l'économie française d'être compétitive est certes fréquemment évoquée. Mais, dans le processus concret de la planification, le commerce extérieur reste considéré comme une excroissance dont l'effet est toujours sous-estimé, qui n'est jamais au centre des prévisions ou des objectifs ». Une telle adaptation, conclut le rapport, n'est possible que si l'on rejette l'héritage d'un plan « répartition de ressources » pour un plan « stratégie du développement » ; traçant les grandes orientations du développement économique et social qui serviront à la stratégie des entreprises. Parmi les recommandations concrètes formulées, le rapport demande que le plan se contente d'un examen de quelques grands secteurs, dont les industries de transformation *prises dans leur ensemble,* et que « la démocratisation ne se mesure pas au nombre des représentants des diverses forces économiques et sociales, mais à leur influence sur le déroulement des travaux » [159].

Les « innovations » apportées à l'élaboration du VIe Plan en découlent directement, soulignant par là même le caractère directement politique des « améliorations apportées aux procédures d'élaboration du plan » [150]. Renonçant à l'« étude de marché généralisée », le plan centre son contenu sur un nombre limité de « thèmes » jugés essentiels pour le développement économique et social. En particulier, il ne comprendra qu'un « nombre limité d'objectifs fondamentaux », « noyau stratégique » dont le gouvernement s'engage à défendre la réalisation pendant toute la durée du plan et auxquels seront liés des « programmes pluriannuels » définissant l'ensemble des mesures arrêtées et « engageant ceux qui auraient la charge de les exécuter ». Par ailleurs, l'industrie y sera « autant que possible considérée comme un tout justiciable d'une stratégie d'ensemble » par la constitution d'une commission unique de l'industrie. Réduites à de simples comités sectoriels, les anciennes commissions de branches ne sont pas supprimées pour éviter un affrontement direct tant avec les syndicats professionnels qu'avec les directions du ministère de l'Industrie, mais leur rôle est secondaire et en même temps subordonné aux orientations dégagées par la commission de l'industrie.

Enfin, l'élaboration d'un modèle économique – FIFI [6] traité pour la première fois sur ordinateur, articulant les principales données économiques et intégrant l'objectif de compétitivité en faisant dépendre le partage production nationale/importations des écarts de prix entre la France et l'étranger, permet de définir le cadre quantitatif des objectifs retenus et de tester la cohérence des variantes synthétiques ou partielles dont les commissions peuvent demander l'étude. La mise en place d'un « groupe technique paritaire » comprenant des « experts » des administrations économiques, du patronat, des syndicats ouvriers et de l'Univer-

---

6. FIFI : modèle de projection économique à moyen terme, qui simule pour l'année terminale du plan (1975) les interdépendances des principales grandeurs économiques (production, emploi, salaires, investissements...) ; cf. *Le Modèle FIFI*, M. Aglietta R. Courbis, A. Sagio, C. Seibel, B. Ullmo, Collection de l'INSEE, C22.

les limites de la puissance industrielle

sité, assure la préparation des dossiers techniques pour les commissions qui, dès lors, consacrent leurs travaux à la définition des grandes orientations proposées au gouvernement. Une certaine latitude leur est laissée pour déterminer leur programme de travail et elles sont même invitées à « explorer librement les problèmes qu'elles jugent essentiels dans leur domaine ». En contrepartie, leur rôle strictement consultatif est souligné. « Leurs conclusions et leurs propositions ne sauraient être considérées comme partie intégrante du plan. Ces rapports sont la base des choix faits dans le plan, mais ils doivent être nettement distingués de celui-ci. ». Le gouvernement reste ainsi maître de ses choix. En faisant prévaloir leurs conceptions et leurs méthodes dans l'organisation des travaux du plan, les dirigeants des groupes financiers industriels se sont donnés les moyens d'unifier la représentation patronale et d'asseoir leur hégémonie sur le contenu des travaux. Il ne leur reste qu'à faire nommer leurs représentants aux postes clés pour s'assurer également la maîtrise de la détermination des objectifs et des moyens, c'est-à-dire du contenu du plan – Ambroise Roux comme représentant du CNPF à la commission de l'Economie générale et du financement, où siège également Pierre Jouven ; Roger Martin à la présidence de la commission de l'Industrie ; Jacques Ferry au comité du Financement ; Marcel Demonque à la Concurrence.

Dès le début de l'élaboration proprement dite du VIe Plan, en septembre 1969, la bourgeoisie financière engage l'offensive pour une croissance industrielle élevée (de l'ordre de 8 % par an), aussitôt baptisée par la presse « croissance à la japonaise ». Dans les commissions du Plan, dans la presse, sur les ondes, les patrons regroupés dans l'AGREF se relaient pendant des mois pour procéder à un pilonnage systématique. Leur objectif n'est pas seulement de vanter les mérites d'une « expansion vigoureuse » pour « redresser la balance des paiements, créer des emplois, augmenter le pouvoir d'achat, faciliter l'équilibre des finances publiques », tâche que facilite d'ailleurs l'ampleur des « déséquilibres » que fait apparaître la prolongation des tendances passées : déficit commercial persistant, forte hausse des prix, chômage élevé, déficit des comptes des administrations (correspondant à une croissance de la production industrielle de 6,4 % par an). Il est tout autant d'insérer les inflexions et les moyens nécessaires à un renforcement de l'industrie française dans le cadre d'une nouvelle « philosophie du développement » qui puisse être reconnue comme telle par tous, et en premier lieu par le gouvernement et l'ensemble du patronat.

A cet égard, la commission de l'Industrie joue un rôle décisif. Son rapport [152] comme le fait définir son président, Roger Martin, PDG de Saint-Gobain-Pont-à-Mousson, constitue « une véritable doctrine économique de référence qui, au-delà des principes généraux valables à très long terme, en exprime les conséquences dans la situation actuelle de l'économie industrielle de notre pays ». Cette doctrine a évidemment pour base « l'acceptation par tous les agents du fait que le fonctionnement de notre économie industrielle doit être avant tout établi par référence aux lois d'un marché concurrentiel [...], c'est-à-dire d'une part l'acceptation pour les entreprises de dégager un profit de leur fonctionnement [...], et d'autre part le maintien des conditions du fonctionnement correct du marché ». Le rapport de la commission de l'Industrie – qui inspire très largement les « principales options du VIe Plan » définit alors ce qu'elle considère comme les « règles du jeu de la société industrielle », et en premier lieu le rôle du profit. Il rappelle qu'« il appartient à l'Etat d'assurer la transparence et la régulation du marché et d'y maintenir à tout moment une stricte égalité des chances », ce qui suppose en clair que « la soumission d'activités actuellement hors du marché pour des raisons simplement historiques (monopoles d'Etat ou entreprises publiques) aux règles de la gestion concurrentielle doit être systématiquement envisagée, en fonction d'une définition précise des exigences du service public ». Reprenant les litanies sur la « faiblesse du poids de l'industrie dans l'activité économique d'ensemble », le rapport dénonce l'insuffisante mobilité de la main-d'œuvre, le cloisonnement des circuits financiers, qui freine le drainage et la mobilisation de l'épargne, l'inadaptation des structures de l'industrie, l'insuffisance des industries de biens d'équipement... pour conclure : « L'industrie voit se détourner d'elle, depuis dix ans, les forces vives du pays : les hommes et les ressources financières lui font défaut ! »

La doctrine de la bourgeoisie financière s'énonce en effet simplement. « C'est, écrit la commission de l'Industrie, un renversement de tendance qu'il convient d'opérer, dont la motivation serait la nécessité reconnue et acceptée de faire du développement industriel le vecteur de la croissance et dont les moyens seraient une mobilisation des facteurs de production vers l'appareil industriel. » N'espérant pas un renversement « spontané, rapide et durable de la tendance », elle demande que soient prises « à bref délai des mesures qui seront la traduction de la priorité dont le développement industriel doit être l'objet au cours du VIe Plan ». « Les grandes lignes directrices de l'orientation qui devrait être retenue consistent d'une part à renforcer et à développer le secteur industriel par des actions de renouvellement, de consolidation et d'assainissement, d'autre part à opérer cette mutation dans un contexte de vive expansion, afin de pouvoir trouver les meilleures réponses aux problèmes humains qu'implique un tel changement. » Les représentants des groupes financiers industriels ne veulent pas pour autant un renforcement de l'industrie tous azimuts. Le rapport distingue entre « les quinze plus grandes affaires françaises qui constituent véritablement le fer de lance de notre économie » (l'AGREF en regroupe quatorze) et les autres, et préconise pour les premières des mesures spécifiques pour « hâter la consolidation des grands groupes industriels récemment constitués ou en voie de se constituer et favoriser l'élargissement de leur base de développement par la création d'implantations commerciales et industrielles à l'étranger et l'internationalisation de leur capital » : modifications des règles fiscales en faveur des structures de groupes, élargissement de l'accès au marché financier et de l'accès au crédit à moyen terme réescomptable... Pour les autres, il demande « l'élimination des entreprises mal gérées et durablement déficitaires, dont la législation existante permet encore trop souvent le maintien », et examine « l'opportunité d'instaurer un impôt minimal sur l'ensemble des sociétés, déductible de l'impôt sur les sociétés pour celles qui déclarent un bénéfice. Devant les nombreuses réticences manifestées au sein de la commission, cette dernière ne croit pas pouvoir prendre position ; elle souhaite que les études soient poursuivies ».

De même, le comité de la Concurrence étudie diverses modifications de législation, notamment les procédures de faillite visant à « l'élimination rapide des entreprises mal gérées et à la mise des dirigeants incapables à l'écart de nouvelles responsabilités industrielles et commerciales », et demande au ministère des Finances de « veiller à la stricte application des règles relatives au recouvrement des cotisations sociales et des dettes fiscales », mesure que l'AGREF avait déjà réclamée ! Enfin, il demande des actions prioritaires et une aide substantielle de l'Etat pour achever la restructuration des industries mécaniques et électriques, chimiques et des équipements, électronique et informatique, et des actions particulières ponctuelles pour les industries textiles, agricoles et alimentaires, minerais non ferreux, aéronautique, verre, bois, sans que les comités sectoriels ne soient réunis pour en débattre. Tel est bien le but poursuivi lors de la création d'une commission unique de l'Industrie, dont le gouvernement n'a plus qu'à reprendre les propositions.

« La commission de l'Industrie, écrit Liliane Sardais, manifestait le désir de définir une stratégie industrielle qui *s'imposerait à l'ensemble de la politique économique* » [92]. Le VIe Plan a largement répondu à ce souhait. La priorité industrielle s'y confond avec celle du « développement économique » ; elle n'apparaît pas explicitement en tant que telle, mais elle est omniprésente. Elle commande le choix d'un taux de croissance du PIB compris entre 5,8 % et 6 % par an, « cohérent avec une croissance moyenne de la production industrielle aux approches de 7,5 % par an » – soit une accélération d'environ un demi-point par rapport aux tendances passées – nécessitant la création de 250 000 emplois dans l'industrie. Elle conditionne la réalisation d'un excédent commercial de l'ordre d'un milliard de francs qui malgré la « vigueur des exportations agricoles, nécessite néanmoins la constitution d'un important excédent de nos produits industriels » [p. 21] – de l'ordre d'une quinzaine de milliards. Elle exige « la poursuite de l'effort d'investissement engagé depuis trois ans », l'objectif retenu étant un taux de croissance d'environ 7 % pour l'ensemble de l'investissement productif, dont le gouvernement reconnaît qu'il est « ambitieux, nettement supérieur aux évolutions passées ». Elle nécessite une « stabilité des prix et une modération des revenus nominaux », ainsi qu'une « gestion rigoureuse des finances publiques ».

Toutefois, « faute d'un minimum d'adhésion de l'ensemble des parties intéressées, le gouvernement a renoncé à inclure dans le VIe Plan les principes d'une politique concertée des revenus » [p. 24], et se contente d'annoncer – sans la chiffrer – « la hausse de la pression des cotisations sociales rendue nécessaire par la croissance prévue des prestations », afin d'assurer l'équilibre des régimes sociaux. Elle conduit à orienter l'épargne – qui devra s'accroître – vers le financement des investissements, en favorisant les ressources à moyen et à long terme et pour ce faire à poursuivre la réforme du système bancaire [153] de façon à assouplir la spécialisation des différents réseaux de collecte et à les interconnecter pour drainer l'épargne (le capital-argent) vers les investissements productifs (le capital industriel), enfin à animer le marché boursier [154] pour permettre le développement des offres publiques d'achat et du marché hors cote. Elle a, en outre, pour conséquence un accroissement « significatif » de la part des dépenses de recherche-développement consacrée à l'industrie concurrentielle, la poursuite d'une politique d'aménagement du territoire en faveur de l'Ouest, du Sud-Ouest et du Massif central, et de reconversion du Nord et de la Lorraine, mais aussi l'abandon du renforcement des « métropoles d'équilibre » qui ne correspondent pas aux implantations industrielles ; le rejet d'une forte réduction de la durée du travail et de l'abaissement de l'âge de la retraite, le VIe Plan recommandant « une réduction ordonnée et progressive qui ne dépasse pas une heure trente pour la période du plan », enfin des actions de formation professionnelle et d'intervention sur le marché du travail de façon à « pallier les déséquilibres qui peuvent résulter des décalages entre la structure des emplois offerts et celle de la population active disponible » et à réduire le chômage de longue durée.

Le VIe Plan achève également l'évolution, amorcée avec le plan précédent, de définition d'une nouvelle conception de la politique industrielle. Alors que les premiers plans avaient été marqués par une conception très volontariste de l'action de l'Etat dans les *secteurs* de base dont le développement était nécessaire à la reconstruction du pays, la recherche de critères permettant à l'Etat de sélectionner les branches justifiant son intervention, avait conduit à se demander si « le problème du choix de branches n'est pas un problème dépassé » [98, p. 339]. La priorité accordée à la constitution de groupes industriels, dont les activités dépassent la notion technico-économique mais aussi économico-sociale (celle qui correspond au champ des conventions collectives), conduit nécessairement à une telle remise en cause : « L'Etat, écrit Yves Ullmo, ne se trouve pas en face de branches, mais en face d'entreprises ». Toutefois, ce débat est resté empreint d'une grande ambiguïté que le VIe Plan ne lève pas totalement : il « n'a pas fait la distinction entre le caractère prioritaire qu'on peut donner à telle ou telle branche ou activité, et celui plus ou moins souhaitable de l'intervention de l'Etat dans le fonctionnement de l'économie privée ». [p. 340]. La nouvelle conception conduit le VIe Plan à privilégier une politique de l'« environnement des entreprises » et de « modernisation des règles du jeu d'une économie concurrentielle », d'une part, et une politique des « structures industrielles » qui n'est autre qu'une politique des « grands groupes industriels », d'autre part.

Tout en soulignant que les « entreprises de la *moyenne et petite industrie* jouent un rôle irremplaçable dans toutes les activités où la taille n'est pas la source majeure de la productivité », le VIe Plan n'hésite pas à rappeler que « *l'assainissement des structures industrielles* constitue un moyen privilégié d'améliorer la productivité de l'industrie », et doit par conséquent être activement recherché. Mais l'ancienne conception demeure présente de façon sélective et pragmatique dans les « actions sectorielles » en faveur de la construction mécanique, de la chimie, des industries de l'électronique, de l'information et des télécommunications, et dans une moindre proportion, des industries agricoles et alimentaires. « En outre observe, Yves Ullmo, L'Etat ne s'est nullement privé d'intervenir dans des branches qui ne sont visées ni par le VIe Plan, ni par des

les limites de la puissance industrielle

interventions traditionnelles (sidérurgie, aéronautique, construction navale) ; et, en fait, une tradition permanente d'interventions au coup par coup, même si elle est moins importante que dans les dernières années, se poursuit » [p. 350]. Lorsque fin 1973, Georges Pompidou, face à la crise pétrolière, décide d'engager un vaste programme électronucléaire et y met toute la détermination de l'Etat, il le fait au nom du principe le plus traditionnel qui soit : l'indépendance nationale.

Le patronat financier n'est pas totalement satisfait des choix gouvernementaux. Avant la fin des travaux de préparation du plan, Ambroise Roux, représentant le CNPF a lancé une ultime offensive et dit « la déception qui prévaut actuellement dans les milieux industriels » [7] face au recul du gouvernement sur le choix du rythme de croissance. Mais dans le même temps, le représentant de la confédération des petites et moyennes entreprises tout en rappelant sa position « en faveur d'un taux de croissance élevé » réitérait ses réserves « sur les conditions dans lesquelles pourraient être assurés les équilibres fondamentaux [8]. Après avoir été séduit par un taux de croissance de 6,5 %, le gouvernement, devant l'ampleur des manifestations de commerçants et d'artisans, qui aboutissent en décembre 1973 au vote de la loi d'orientation du commerce et de l'artisanat et les craintes suscitées par l'accélération de l'exode rural, a pris la mesure des risques sociaux et politiques que lui ferait courir une croissance, qu'il qualifie de « sauvage » pour mieux la rejeter, en « desserrant brutalement tous les freins qui ralentissent les transformations en cours ». Plus que la « consultation approfondie des groupes socio-professionnels concernés », l'influence grandissante du mouvement de Gérard Nicoud l'a convaincu, comme il a tenu à le préciser en introduction au VIe Plan, de « l'irréalisme d'une telle hypothèse. La nation, en effet, poursuit-il, n'est pas prête à en accepter les conséquences : intensification de l'exode rural, accélération de la mobilité des travailleurs salariés, disparition rapide d'entreprises individuelles dans l'artisanat, le commerce et la petite industrie. Des efforts violents et brutaux ne correspondent pas au stade de développement que nous avons atteint. Bien davantage, nous avons besoin d'une progression ordonnée, régulière, qui limite les inconvénients individuels » [149, p. 18]. Ce choix éminemment politique qui exprime le compromis que Georges Pompidou souhaite maintenir entre la bourgeoisie financière et la bourgeoisie industrielle et commerçante la plus traditionnelle ne fait pas obstacle au développement des groupes financiers et à leur insertion dans l'économie mondiale, ni à une certaine amélioration du niveau de vie de la population, en dépit des inquiétudes d'Ambroise Roux. Mais cette croissance se paie d'une inflation et d'inégalités sociales croissantes qui résument les tensions qu'engendre en France la formation des revenus non salariaux.

Les organisations syndicales ont vigoureusement dénoncé les orientations du VIe Plan. René Bonety, pour la CFDT, parle « d'impérialisme industriel » et ne participe pas à la deuxième phase des travaux. Henri Krasucki et Jean-Louis Moynot, pour la CGT, mettent en cause une po-

---

7. Déclaration d'Ambroise Roux à la commission de l'Economie générale et du Financement [151, p. 116].
8. Déclaration de M. Segaud à la même commission, [151, p. 118].

litique qui vise à « donner aux groupes financiers et industriels les plus importants les moyens de renforcer leur puissance, leurs profits, leur domination et de subordonner à cette fin toute la vie économique et sociale en sacrifiant les intérêts des travailleurs et des autres catégories laborieuses de la population ». Les représentants de la CFTC et de FO émettent, eux aussi, des réserves. Tous expriment leur crainte que la mise en œuvre du VIe Plan ne provoque d'insupportables tensions sociales et, pour les plus attachés à l'idée de « planification démocratique », ne compromette définitivement celle-ci.

Les orientations du VIe Plan marquent incontestablement un succès du patronat financier, même si le gouvernement n'a pas suivi celui-ci jusqu'au bout. Mais ce succès est plus idéologique que politique. Ces orientations, en effet, n'innovent guère. Elles correspondent à l'action que mène le gouvernement depuis plusieurs années au bénéfice, et avec le soutien, de ce même patronat financier. Celui-ci n'a guère eu à redouter que des travaux du Plan sorte une autre orientation. En s'investissant dans les commissions du Plan et, surtout, en prenant une part active à l'animation des débats, le patronat financier poursuit, semble-t-il, un tout autre objectif : modifier dans l'opinion publique l'image du patronat français, affirmer une image moderniste, dynamique, ouverte socialement, qui s'oppose à l'idée d'un patronat conservateur, malthusien, autocratique. Il a, sur ce plan, largement réussi, et Ambroise Roux n'hésite pas, en juillet 1972, à donner la réplique à Sicco Mansholt, président de la Commission européenne, qui préconise une « croissance zéro », au cours de l'émission télévisée « A armes égales ». Mais cette image n'est pas celle que la majorité des patrons se font d'eux-mêmes. Les controverses, qui ont déchiré le CNPF lors de la réélection de Paul Huvelin à la présidence de l'organisation, en 1969, demeurent. L'activisme du patronat financier irrite, et celui-ci ne parvient réellement à rallier l'ensemble des patrons des PME que dans la dénonciation du contrôle des prix et des charges sociales et fiscales jugées excessives. Aussi les divisions resurgissent-elles lorsque, en 1972, se pose le problème de la succession de Paul Huvelin. Le patronat financier ne veut pas d'une candidature de Pierre de Calan, devenu PDG de Babcok et Wilcox qui fait « figure de candidat du patronat réel, des PME, des libéraux contre le candidat des managers, des technocrates, des gros » [26, p. 181], tandis que les dirigeants « modernistes » agitent la menace d'une scission s'il est élu. Mais de leur côté, les patrons des PME ne veulent ni d'Ambroise Roux, qui n'est pas officiellement candidat et préfère jouer les éminences grises à la tête de la commission économique, ni de Jacques Ferry qui a semble-t-il conçu la présidence de l'AGREF comme un tremplin vers celle du CNPF.

Après l'échec d'une tentative de candidature de Louis Devaux, ancien PDG de la Shell française et de la société Le Nickel qui ne parvient pas à rallier les instances professionnelles et régionales, Paul Huvelin impose un fonctionnaire patronal, François Ceyrac, qui a fait toute sa carrière dans l'organisation patronale où il est entré en 1936, qui préside la toute-puissante Union des industries métallurgiques et minières – UIMM – et qui est devenu, en 1969 le président de la commission sociale du CNPF. A ce titre, il a été le principal négociateur patronal de la politique contractuelle du gouvernement Jacques Chaban-Delmas qu'il a su contenir dans des limites strictes de l'interprofessionnel. S'il en a tiré une image « sociale », il est, dit de lui Bernard Brizay, « fondamentalement un homme de droite pour qui l'ordre, la discipline et l'autorité signifient quelque chose » [26, p. 193]. Il dit, le jour de son élection, « s'attacher à défendre l'entreprise libre, à défendre l'autorité et la liberté d'action de son chef, à maintenir l'efficacité d'un système fondé sur le marché et sur l'initiative individuelle » ; il y a de quoi rassurer les patrons des PME, tout comme la nomination d'Yvon Chotard patron d'une entreprise d'édition, France-Empire, à la tête de la commission sociale. Le patronat financier, qui conserve la présidence de la commission économique et internationale, a dû, là encore composer. Si François Ceyrac incarne l'unité maintenue du CNPF, il est aussi l'homme qui projette l'organisation patronale sur le devant de la scène politique et qui n'hésite pas à l'enrôler dans une violente campagne contre le programme commun de gouvernement et l'alliance entre socialistes et communistes : « C'est, écrit Georges Valance dans l'Express, un président politique que le patronat se donne en la personne de François Ceyrac » [26, p. 199], une présidence qu'il exerce neuf ans... jusqu'à la chute de Valéry Giscard d'Estaing.

Les performances des groupes industriels : un bilan contrasté

Les effets de toute vague d'industrialisation se mesurent sur le long terme. Cinq ans est une durée trop courte pour que l'impulsion donnée par les pouvoirs publics modifie profondément le visage de l'industrie. Le discours idéologique est largement en avance sur les faits. Il définit un dessein qui fait fi des résistances et des pesanteurs qui se manifestent dans la réalité. La formation des groupes est un processus long, qui connaît des échecs et des réorientations, et qui retarde les restructurations internes. Faut-il pour autant s'interdire un bilan, même provisoire ? Nullement. La concurrence internationale ne permet pas, d'ailleurs, d'attendre. Elle impose des résultats immédiats et sanctionne les faiblesses de l'industrie française. Si toutes n'ont pas pu être corrigées en cinq ans, sont-elles au moins en voie de l'être ? La réponse doit être recherchée à deux niveaux : celui des groupes d'abord, dans leur poids dans l'économie nationale, leur implantation sectorielle, leurs performances, mais aussi la façon dont elles sont obtenues, notamment grâce au concours de l'Etat ; celui de l'économie nationale ensuite, de ses grandes tendances, de sa dynamique d'accumulation et enfin, de son mode d'insertion internationale et de la façon dont il a, ou non, corrigé les faiblesses initiales face à la concurrence étrangère.

En dépit de l'importance prise par les groupes industriels dans l'économie française, la réalité économique de ceux-ci demeure mal connue. En dehors d'un essai d'analyse statistique réalisé conjointement par l'INSEE et une équipe universitaire et de quelques rares monographies, il n'existe aucun outil de connaissance permanent. Le projet de mise en place d'un fichier statistique, indispensable à un suivi régulier de l'évolution économique des groupes, n'a pas vu le jour, balayé par l'hostilité des organisations patronales et le libéralisme giscardien. Cette méconnaissance volontairement entretenue sur les principaux « acteurs » industriels et financiers n'est pas sans conséquences, et de loin, sur l'élaboration de la politique industrielle. Les décideurs publics n'ont en effet à leur disposition que deux types d'analyse : l'une macrosectorielle qui ignore la réalité de l'entreprise où postule l'identité de comportement entre l'entreprise – quelle qu'elle soit – et le secteur d'activité ; l'autre, qui relève de l'économie d'entreprise et dérive des études que le groupe réalise pour lui-même, fait abstraction des interdépendances économiques et de l'intérêt national – en termes, par exemple, de niveau d'emploi, de balance commerciale... – pour ne connaître que les performances propres au groupe. Dans ces conditions, ayant opté pour une politique de groupe et progressivement abandonné l'idée d'une planification sectorielle, le gouvernement a, de plus en plus, adopté comme critères de décision ceux-là mêmes mis en avant par les groupes, au risque de réduire les performances de l'économie française aux indicateurs de rentabilité de ces derniers.

L'étude réalisée pour l'année 1974 par Dominique Encaoua et Bernard Franck [37] en liaison avec la division « Etude des entreprises » de l'INSEE [117] à partir d'un fichier de référence de 34 572 entreprises – connues par les statistiques fiscales – répondant à l'un des quatre critères suivants : avoir un effectif supérieur ou égal à 50 salariés, avoir des ventes (TTC) supérieures ou égales à 5 millions de francs, avoir des frais de personnels supérieurs ou égaux à 3 millions de francs, enfin avoir un bilan supérieur ou égal à 10 millions de francs, a permis d'identifier 319 « groupes » contrôlant 3 931 entreprises, soit 11 % de celles comprises dans le « champ statistique de référence ». Ces 319 groupes représentent 40 à 43 % des effectifs du champ de référence selon le mode de calcul adopté, 44 à 49 % de la valeur ajoutée, 41 à 46 % de l'excédent brut d'exploitation, 45 à 50 % des fonds propres, mais 55 à 62 % des immobilisations et 54 à 60 % du chiffre d'affaires réalisé à l'exportation. Autrement dit, *les groupes industriels et commerciaux représentent 40 à 50 % des principales caractéristiques des secteurs d'activité mais ont un poids plus important dans les capitaux immobilisés et les exportations.* Les vingt premiers industriels qui correspondent – sauf l'exception de Thomson-Brandt et en dehors des groupes publics – à des groupes financiers industriels ou filiales de tels groupes étrangers, représentent plus de la moitié des effectifs employés par les 319 groupes identifiés (51,4 %) et les 71 premiers groupes industriels, qui emploient chacun plus de 10 000 salariés en représentent près de 75 %. Au contraire, les groupes de moins de 5 000 salariés (55 % du total) n'emploient que 11 % des effectifs totaux. Ces groupes concentrent la plus grande part des immobilisations brutes : les onze premiers, qui ont chacun des immobilisations supérieures à 10 milliards de francs en totalisent 56 % du total des groupes, les trente-six premiers, dont les immobilisations sont supérieures à 2 milliards, 76 %, alors que les deux cent onze groupes dont les immobilisations sont inférieures à 500 millions en détiennent moins de 10 %.

L'étude de Dominique Encaoua et Bernard Franck confirme l'importance du phénomène de concentration et, par là même, la prédominance des groupes financiers industriels. Elle en situe le poids aux alentours de 25 % des effectifs et de 35 % des immobilisations brutes des secteurs marchands. Mais elle invite aussi, contrairement aux travaux exclusivement centrés sur les structures financières, à ne pas sous-estimer le poids économique des quelque 300 groupes industriels, de moindre taille, qui emploient un autre quart des effectifs et concentrent un peu moins d'un tiers des immobilisations. Parmi ces trois cent groupes, nombre d'entre eux ne sont pas indépendants et sont contrôlés soit par un autre groupe financier industriel, soit par un groupe financier bancaire. De ce fait on peut dire, en l'absence d'évaluation précise, que les effectifs et les immobilisations directement ou indirectement sous contrôle du capital financier représentent entre 25 et 50 % des effectifs totaux et entre 35 et 62 % des immobilisations brutes totales. Enfin, cette étude confirme les résultats établis par François Morin concernant l'importance de la propriété familiale dans le contrôle des groupes : 136 groupes (sur 139) sont directement ou indirectement contrôlés par des familles de la bourgeoisie industrielle, alors que seulement 95 relèvent d'un capital « actionné » directement (PUK, CGE) ou par l'intermédiaire d'un groupe dont le capital est lui-même « actionné » (SGPM). Cette distinction, à laquelle s'ajoutent les deux critères de propriété que sont la détention publique de capital et celle par un groupe étranger, permet de préciser certaines différences : les 13 groupes publics concentrent près de 43 % des immobilisations brutes pour seulement 24 % des effectifs du fait de leur implantation dans le secteur de l'énergie ; les groupes à propriété familiale emploient légèrement plus d'effectifs – 31,7 % des effectifs des groupes – et concentrent moins de 20 % des immobilisations alors que ceux à capital actionné emploient 30,6 % des effectifs avec 26 % des immobilisations et réalisent environ 32 % de la valeur ajoutée au lieu de 26 % pour les précédents – et 25 % pour les pouvoirs publics. On retrouve ici l'hypothèse déjà avancée selon laquelle le caractère familial de la propriété limite les possibilités de mobilisation du capital et contraint ces groupes à adapter leur stratégie en conséquence.

L'étude de Dominique Encaoua et Bernard Franck précise par ailleurs l'implantation sectorielle des groupes. A un niveau de regroupement en onze secteurs [9], elle fait apparaître trois types de secteurs : ceux où le poids des groupes est fort, de l'ordre de 60 à 70 % ou plus selon la variable retenue : énergie, biens intermédiaires, biens d'équipement ; ceux où le poids des groupes est moyen, entre 50 et 60 % : industries agricoles et alimentaires et transports ; ceux enfin où il demeure faible, généralement inférieur à 30 % : bâtiment-génie civil, commerces, services marchands et surtout les industries de biens de consommation traditionnels. Une analyse plus fine montre d'ailleurs une certaine hétérogénéité dans ces différents secteurs : très forte présence dans la sidérurgie (90 %), moyenne dans la chimie, mais faible (35 %) dans la fonderie ; forte implantation (70 %) dans l'automobile, l'aéronautique, la construction électrique, faible (moins de 30 %) dans la construction mécanique ; forte également dans le secteur des boissons alcoolisées, faible dans la viande et le lait ; forte dans la pharmacie, très faible dans le textile (20 %), quasi

---

9. Nomenclature d'Alain DESROZIÈRES en 11 secteurs [115].

inexistante dans l'industrie du cuir et de la chaussure (7 %). A un niveau de très grand détail, qui isole des branches d'industrie plus homogènes, la concentration des groupes apparaît au contraire très limitée : elle n'est supérieure à 80 % que dans moins de 10 % des 600 secteurs et dans 45 % elle est nulle ou inférieure à 10 %.

Tableau 15

LES « BASES DE PRODUCTION » DES GROUPES EN 1972
(en %)

Base de production	Groupe	Secteur d'activité (nomenclature NAP 100)*	Effectifs du groupe dans le secteur effectifs totaux du groupe	Ventes du groupe dans le secteur ventes totales du groupe	Investissements du groupe dans le secteur/investissements totaux du groupe
Sidérurgie	Wendel-Sidelor	10 Sidérurgie	92,4	97,4	98,8
	Denain-Nord Est-Longwy	10 Sidérurgie 11 Transformation de l'acier	50,7 24,5	50,2 22,5	85,3 7,5
	Creusot-Loire	10 Sidérurgie	78,4	69,0	76,4
Non ferreux	Péchiney-Ugine Kuhlman	13 Non ferreux 17 Chimie de base 21 Travail des métaux 10 Sidérurgie	43,2 25,1 14,5 7,9	48,3 31,1 7,2 25,7	25,6 39,7 5,2 7,8
	Le Nickel	13 Non ferreux	74,5	92,2	80,2
Matériaux de construction	Ciments Lafarge	15 Matériaux de construction 50 Papiers, cartons	75,6 12,3	81,0 11,8	88,8 7,9
Verre	Saint-Gobain Pont-à-Mousson	16 Verre 55 Bâtiment, travaux publics 20 Fonderie	34,6 20,6 19,0	29,0 15,2 21,0	48,5 3,7 24,6
	Boussois-Souchon Neuvesel	16 Verre 41 Boissons	55,8 37,2	40,9 53,5	39,4 57,9
Chimie de base	Rhône-Poulenc	17 Chimie de base 43 Fibres artificielles et synthétiques	52,6 24,6	64,1 16,6	74,5 13,4
Equipement industriel	Babcock-Fives	24 Equipements industriels 25 Matériel M.T.P.S. 21 Travail des métaux	45,7 28,6 14,0	54,6 27,6 8,7	41,6 43,2 3,1

les limites de la puissance industrielle

Base de production	Groupe	Secteur d'activité (nomenclature NAP 100)*	Effectifs du groupe dans le secteur effectifs totaux du groupe	Ventes du groupe dans le secteur ventes totales du groupe	Investissements du groupe dans le secteur/investissements totaux du groupe
Matériel électrique	Compagnie générale d'électricité	28 Construction électrique........ 55 Bâtiment-travaux publics .... 29 Construction électronique	44,1 20,9 19,1	45,2 24,6 15,1	46,4 6,6 31,3
Matériel électronique	Thomson-Brandt CSF	29 Construction électronique ...... 28 Construction électrique........ 27 Informatique......	59,3 12,2 10,2	53,4 10,4 11,5	35,6 14,0 33,9
Automobile	Renault	31 Automobiles	91,2	91,0	91,2
	Peugeot	31 Automobiles	95,3	95,4	96,9
	Michelin-Citroën	31 Automobiles ...... 52 Pneumatiques	58,1 35,0	59,4 27,1	40,0 47,9
	Chrysler-France	31 Automobiles	100,0	100,0	100,0
Imprimerie, presse édition	Hachette	51 Imprimerie, presse, édition.........	100,0	100,0	100,0
Aéronautique	SNIAS/SNECMA	33 Aéronautique......	97,3	97,3	98,9

* Les nombres qui précèdent les secteurs renvoient à la nomenclature d'activités et de produits en 100 postes.

Source : *Economie et Statistique,* n° 87, mars 1977.

Deux conclusions se dégagent de ce tableau sectoriel. En premier lieu, les secteurs où l'implantation des groupes est la plus faible ont été en général les plus vulnérables à la concurrence internationale (construction mécanique, textile, cuir, industrie de la viande), avec toutefois une exception remarquable : l'industrie du lait. *La concentration industrielle a donc contribué au renforcement des industries où les groupes sont le plus solidement implantés.* En second lieu, les groupes apparaissent *moins spécialisés que diversifiés.* Des différences très sensibles existent cependant entre les groupes qui opèrent principalement dans les biens d'équipement et dont la diversification reste intrasectorielle (CGE, Thomson, Schlumberger, Dassault, Renault, Peugeot... avec certaines exceptions : Schneider et, à l'époque, Michelin-Citroën) et ceux qui ont une diversification plus intersectorielle, notamment dans les biens intermédiaires liés au BTP (SGPM, Schneider, Poliet et Chausson...) ou vice versa (Bouygues, Dumez...) ou aux biens de consommation, en particulier la pharmacie (Clin-Midy, Nobel-Bozel...) ou encore aux industries alimentaires (BSN).

Les groupes les plus importants sont aussi les plus diversifiés (SGPM, PUK, CGE, Rhône-Poulenc, Unilever, etc.), mais peuvent aussi ne pas l'être (EDF, SNCF, CDF, Sacilor, IBM, etc.) ; les groupes de faible taille sont en majorité peu diversifiés, mais il existe, là aussi, des exceptions (Clin-Midy, Sellier-Leblanc, Unipol, etc.). Pour la plupart des groupes, la diversification s'opère dans des activités proches : la moitié des groupes affectent plus de 90 % de leurs effectifs à un seul secteur d'activité lorsque celui-ci est repéré dans un regroupement en 100 branches, et 26 % entre 70 % et 90 % de leurs effectifs. Ainsi un groupe comme DMC exerce la quasi-totalité de son activité dans un seul secteur (de niveau 100) mais au sein de celui-ci, dans onze sous-secteurs du niveau 600, dont un seul concentre 40 % des effectifs du groupe. Enfin, la concentration du capital n'a pas entraîné un mouvement de même ampleur de monopolisation des marchés : 20 groupes seulement – en dehors des groupes publics qui ont un monopole de droit ou de fait – dominent nettement leur marché principal où ils réalisent plus de 50 % de leur chiffre d'affaires et qu'ils contrôlent à plus de 50 % ; 46 les dominent mais leur poids n'y est pas majoritaire ; 35 enfin sont leaders sur certains marchés et participent à des structures oligopolistiques sans y être dominants. Mais près des deux tiers des groupes (213) interviennent sur des marchés en position dominée et seul un petit nombre (30) réalisent une part minoritaire de leur chiffre d'affaires sur des marchés où ils ont une position dominante ou participent à un oligopole. *La stratégie sectorielle des groupes apparaît ainsi à l'origine de la consolidation de certains secteurs, mais aussi de l'effondrement de certains autres,* phénomènes qui ne peuvent être appréhendés qu'à un niveau très fin. Une telle analyse, qui croise groupes et secteurs, fournit la clé du divorce entre l'intérêt financier que les groupes industriels cherchent dans la diversification et les conséquences économiques sur le « tissu » industriel et sa capacité de résistance à la concurrence internationale.

Mesurées en termes de profit, les performances des groupes, sans être exceptionnelles, sont, en effet, globalement plutôt meilleures que celles des entreprises indépendantes. De taille plus importante, les groupes ont pu organiser leur production sur une plus grande échelle et obtenir une productivité (apparente) du travail plus élevée leur permettant de mieux rémunérer leurs salariés. Mais cette organisation du travail est plus coûteuse en capital – l'intensité capitalistique est en moyenne double dans les groupes – et entraîne une moindre productivité du capital. Toutefois leur diversification financière et un plus grand recours à des ressources extérieures leur permettent d'obtenir une meilleure rentabilité financière de leurs fonds propres – effet de levier – et, tout en versant la même part de leurs profits sous forme de dividendes et de tantièmes, de consacrer une part plus grande à l'autofinancement des investissements. Ces performances globales sont loin d'être homogènes d'un groupe à l'autre selon leurs secteurs d'implantation et la nature juridique du contrôle. Les groupes publics – surtout présents dans le secteur de l'énergie – et les groupes implantés dans le secteur des biens intermédiaires ont en effet des immobilisations très sensiblement supérieures à la moyenne.

L'analyse de Robert de Vannoise [135] et celle de Michel Hannoun [124] de 18 groupes industriels français – effectuée pour l'année 1972 –, parmi les plus importants, met en lumière la différence de « comportements » entre ceux qui sont implantés dans les biens intermédiaires et ceux dont l'activité s'exerce dans les biens d'équipement (au sens d'Alain Desrozières). Tout en confirmant les résultats globaux de Dominique Encaoua et Bernard Franck, relatifs à l'intensité capitalistique, elle montre que celle-ci est nettement supérieure dans les biens intermédiaires, tandis que la rotation des stocks y est plus lente. La productivité du capital – mesurée par le ratio valeur ajoutée sur immobilisations – y est plus faible que dans les biens d'équipement, environ de moitié, et l'écart entre les groupes et le secteur y est plus grand. Ces combinaisons productives plus riches en capital se traduisent par une productivité du travail plus élevée dans les groupes et notamment dans ceux des industries de biens intermédiaires. Ils peuvent ainsi payer des salaires plus élevés, qui correspondent à une plus grande qualification mais aussi aux caractéristiques propres à la classe ouvrière de ces industries, notamment en ce qui concerne l'importance et l'ancienneté de la tradition syndicale, sans que la part des frais de personnel dans la valeur ajoutée y soit sensiblement différente que dans le reste des secteurs. Par contre, cette meilleure productivité du travail ne suffit pas à compenser la lourdeur des immobilisations : les groupes ont ainsi une rentabilité plus faible que l'ensemble du secteur, l'écart étant plus important dans les industries de biens intermédiaires (20 à 30 %) que dans celles des biens d'équipement (10 à 15 %). Robert de Vannoise souligne toutefois la difficulté d'une telle comparaison en l'absence d'indicateur pertinent de rentabilité financière. Au-delà des différences sectorielles, la supériorité des groupes en ce qui concerne la rentabilité économique n'est nullement établie. Une comparaison entre « grande entreprise » et PME [109] qui discrimine les entreprises selon le nombre de salariés qu'elles emploient (plus de 500 ou entre 20 et 500), confirme d'ailleurs que le rendement économique – ratio de l'excédent brut d'exploitation aux immobilisations nettes – dépend peu de la taille : il est pratiquement le même dans les industries d'équipement et de consommation traditionnelle, la plus faible productivité du capital des « grandes entreprises » étant compensée par un partage salaires/profits plus favorable ; il est légèrement plus faible dans les industries intermédiaires, l'agro-alimentaire et le bâtiment.

Les résultats financiers plus favorables des groupes que pour les entreprises indépendantes ont deux origines : des structures de bilan et de financement très spécifiques, des aides de l'Etat très importantes qui leur sont pratiquement réservées. Les groupes présentent en premier lieu deux caractéristiques de financement. D'une part, ils accordent une plus grande place aux immobilisations et aux financements à long terme, facilitée par leur caractère de groupe financier qui leur permet de mobiliser plus facilement des capitaux longs ; les autres entreprises des secteurs étudiés font au contraire davantage appel au crédit à court terme, soit qu'elles n'ont pas accès au marché financier, soit qu'elles choisissent de ne pas y recourir. D'autre part, les groupes accentuent les différences qui existent entre les structures financières des deux secteurs : importance de l'endettement par rapport aux capitaux propres dans les biens d'équipement (3,3 au lieu de 1,7) coût des frais financiers par rapport au total des dettes pour les biens intermédiaires (5,1 % au lieu de 3,8 %). La plupart des grands groupes industriels bénéficient en outre d'importants concours de l'Etat, principalement sous la forme de subventions d'exploitation et de marchés publics, et qui par conséquent sont pris en compte dans l'analyse des résultats d'exploitation des groupes. Dans la mesure où ceux-ci n'apparaissent pas sensiblement meilleurs que pour les entreprises « indépendantes », en l'absence de tels concours la rentabilité des groupes bénéficiaires serait plus faible. Cet élément relativise les résultats apparemment plus favorables des groupes implantés dans les industries d'équipement, dont le rapport de l'Inspection générale des finances relatif aux aides consenties à l'industrie [155] a montré que sept d'entre eux en accaparaient près de 50 %. Ces groupes sont en dehors de la SNIAS, Thomson-Brandt, CGE (hors Alsthom et CII), Alsthom-Atlantique, CII-Honeywell-Bull, Empain-Schneider et Dassault. Pour ces groupes, les aides sont un élément structurel de leur rentabilité, qui a transformé les aides à la recherche-développement (80 % des aides reçues par la CGE et Thomson-Brandt, 65 % par CII) en une subvention permanente d'exploitation ; sans elle, aucun dividende n'aurait pu être versé aux actionnaires.

L'importance de ce qui est devenu pour ces groupes un « abonnement » aux concours de l'Etat éclaire leur stratégie industrielle et financière : elle est, pour la plupart d'entre eux, davantage conditionnée par l'accès aux subventions et marchés publics que par des considérations sectorielles ou technologiques. L'extrême concentration de ces aides sur quelques « créneaux » très spécifiques – électronique militaire, télécommunications nucléaires, informatique... – a conduit ces groupes à se spécialiser dans ces « créneaux » et à se désengager d'autres industries moins ou pas aidées sans considération pour les conséquences sur le tissu industriel, la balance commerciale et finalement l'emploi. Fournisseurs dominants, sinon exclusifs, de l'Etat et des entreprises publiques, ces groupes n'ont guère été incités à maîtriser leurs coûts et à améliorer leur compétitivité, « sans que pour autant, estime le rapport de l'Inspection, les niveaux de prix payés par les acheteurs publics puissent être considérés comme bas », les groupes se contentant de marges moyennes ou médiocres sur le marché intérieur, obtenues, il est vrai, sans risques. On comprend l'hostilité que le patronat des PME pouvait éprouver à l'égard d'un homme comme Ambroise Roux, chantre du libéralisme, si prompt à dénoncer les interventions « bureaucratiques » de l'Etat... et l'un des tout premiers bénéficiaires de celles-ci. Les « patrons » des groupes financiers industriels n'ont pas été – sauf exception – les « entrepreneurs » d'une nouvelle épopée industrielle ; *ils sont demeurés les gestionnaires plus ou moins habiles de rentes de situation dont l'Etat reste le garant, plus prompts à jongler avec les actifs financiers qu'à conduire une stratégie industrielle.*

Une dépendance internationale croissante

L'évolution économique d'ensemble atteste elle aussi de l'ampleur de l'effort d'industrialisation et de la place croissante prise par l'exportation ; elle souligne également la persistance et même l'aggravation des faiblesses structurelles de l'industrie française face à la concurrence internationale. Avec une croissance du PIB de 5,9 % par an entre 1969 et 1973 et de la production industrielle de 6,7 % par an, les objectifs visés par le VIe Plan ont été globalement tenus. Alors que la croissance totale en volume des investissements des entreprises est sensiblement en retrait par rapport à la période précédente (5,9 % par an entre 1969-1973 au lieu de 7,0 % par an entre 1963-1969 et 8,7 % entre 1959-1963) du fait d'un net fléchissement dans l'agriculture, les industries alimentaires et le BTP, la croissance des investissements s'accélère légèrement dans l'industrie manufacturière (6,6 % par an au lieu de 6,3 %).

Toutefois, l'investissement reste le plus dynamique dans les commerces (7,4 % par an) et les services (10,1 %). Les conditions de rentabilité plus favorables dans ces deux secteurs du fait d'une croissance des prix plus forte (6,1 % par an au lieu de 4,7 % dans l'industrie) et de taux de marge plus élevés ont continué d'y attirer les capitaux, limitant par là même les possibilités d'une croissance plus rapide de l'industrie. Les commerces et les services sont demeurés les secteurs les plus créateurs d'emplois (+ 124 000 par an en moyenne entre 1969 et 1973) quoique à un rythme légèrement moins rapide qu'au cours des années 1963-1969 du fait d'un net ralentissement dans les commerces, dont la restructuration s'accélère. Mais l'industrie manufacturière connaît une forte progression de ses effectifs : + 100 000 par an en moyenne au lieu de 15 000 dans la période précédente. Celle-ci est d'autant plus remarquable qu'elle est pour les deux tiers le fait des industries d'équipement : sur 396 000 emplois créés dans l'industrie manufacturière, 179 000 le sont dans les équipements professionnels et 97 000 dans les matériels de transport, le restant étant créé presque exclusivement dans les industries de biens intermédiaires (+ 122 000). En revanche, le BTP voit ses effectifs stagner après avoir connu une forte croissance entre 1963 et 1969 (+ 50 000 par an).

Au total, l'industrie française a légèrement renforcé son poids dans l'économie : sa part dans la valeur ajoutée totale augmente pour atteindre 34,4 % en 1973, celle des effectifs également, qui représente 32,6 % des effectifs totaux employés. Pour autant, ce résultat ne peut pas être tenu pour satisfaisant. L'importance de l'industrie apparaît en effet insuffisante d'un triple point de vue. Son renforcement global masque des faiblesses persistantes dans les industries agro-alimentaires et de consommation traditionnelle qui ne parviennent pas à tirer profit de la progression de la demande des ménages. Il ne permet pas de faire contrepoids à un gonflement global des activités tertiaires qui manifeste moins la « tertiarisation » de l'économie que des conditions de formation des revenus particulièrement favorables dans des activités qui restent largement protégées de la concurrence internationale. Enfin, comparé au poids de son principal partenaire et concurrent commercial, l'industrie allemande, le renforcement de l'industrie française ne permet pas de combler l'écart initial, même s'il se réduit de 8,8 % à 6,7 % de la valeur ajoutée totale. Ce retard est dû principalement aux industries de biens d'équipement qui représentent en RFA 16,9 % de la valeur ajoutée totale en 1973 et seulement 12,9 % en France, les écarts les plus importants s'observant pour les produits métalliques et les matériels électriques [156].

L'industrie française s'est également davantage tournée vers l'extérieur conformément à l'objectif que Georges Pompidou lui a assigné. L'élargissement et la modernisation des capacités de production, le glissement systématique du franc par rapport au mark – et aux monnaies qui lui sont liées – ont rendu possible une forte accélération de la croissance des exportations : avec 13,3 % de taux de croissance annuel moyen en volume entre 1969 et 1973 (contre 9,9 % entre 1963-1969), elle dépasse très sensiblement la prévision du VIe Plan d'une croissance de 11,8 % par an. Malgré une croissance des importations en volume supérieure aux prévisions (11,8 % par an, identique à la période précédente, au lieu de 10,6 %) la balance commerciale se redresse : en quatre ans, le taux de couverture passe de 95,6 % à 103,5 %, ce résultat étant explicable pour moitié par l'amélioration des termes de l'échange. Cette poussée des exportations est entièrement due à l'industrie, dont le taux de couverture des échanges devient nettement positif (107 % au lieu de 98 %) et compense le fléchissement des échanges de produits agricoles et la forte accélération des importations de produits énergétiques qui accompagne la régression de la production charbonnière, particulièrement rapide : -7,3 % par an.

Par ailleurs, ces succès globaux masquent d'importantes disparités. Si la part de la France sur le marché mondial recule dans une seule branche (au niveau 18), la chimie de base, elle stagne dans plusieurs autres, qui n'ont pas su profiter de la dynamique de la demande mondiale : minerais et métaux ferreux, parachimie-pharmacie, presse-édition, cuirs-chaussures. Quelques industries sont à l'origine de la poussée exportatrice : le verre, le travail des métaux, le caoutchouc, les matériels électriques, les équipements ménagers, l'aéronautique et la construction navale et l'automobile. Si certaines sont stimulées par un marché mondial en expansion, d'autres profitent d'abord de l'avantage que leur donne la dévaluation puis le glissement du franc. C'est le cas de l'automobile qui efface en quatre ans les pertes de part de marché enregistrées entre 1961 et 1969 et assure 15 % des exportations en 1973. Cette place prééminente acquise par l'automobile dans les échanges industriels souligne leur faiblesse et leur vulnérabilité : à elle seule, elle dégage un solde commercial supérieur à celui de l'ensemble de l'industrie – il est de 8,9 milliards de francs en 1973 contre 7,2 milliards pour l'industrie.

Pour une économie qui se veut ouverte aux échanges extérieurs internationaux, ses succès, comme ses échecs, ne valent que relativement aux performances des économies concurrentes. Or de ce point de vue, l'industrie française, si elle tend à rejoindre une industrie anglaise en crise, voit l'écart s'accroître avec l'industrie allemande qui occupe une place prépondérante dans les exportations de la CEE (31,6 % en 1973 contre 16,7 % à la France et 17,8 % à la Grande-Bretagne). Les différences sont encore plus nettes en ce qui concerne les spécialisations. Si la part des exportations de biens intermédiaires est sensiblement identique, dans les différents pays – à l'exception de la Belgique où elle est plus importante –, les industries d'équipement assurent près de 55 % des exportations totales de la RFA et de la Grande-Bretagne, près de 40 % en Italie et 37,4 % en France, alors que les industries de consommation traditionnelle représentent 12 % pour les deux premiers pays, 16,5 % en France et 31,2 % en Italie. Ces différences de spécialisation dans les industries d'équipement proviennent de la faiblesse des exportations françaises de machines agricoles et industrielles et de matériels électriques et informatiques, comparée aux exportations allemandes et anglaises, mais aussi italiennes. Or ces productions plus « sophistiquées », moins « banalisées » du fait des spécificités technologiques sont moins contraintes par la concurrence internationale en matière de prix que l'automobile ou le textile. Alors que l'industrie française améliore ses positions à l'exportation grâce à un glissement du franc par rapport au mark, l'industrie allemande, de par sa position de « price-maker », tire avantage de chaque réévaluation de sa monnaie. Les conséquences en sont connues : au « cercle vertueux » allemand qui trouve dans la dynamique de ses industries d'équipement et dans la réévaluation du mark la possibilité d'une intensification de l'accumulation sans élévation du niveau général des prix, s'oppose le « cercle vicieux » français des années soixante-dix d'un affaiblissement de la dynamique interne des industries d'équipement et d'une accumulation qui se poursuit à travers une dépendance accrue et une dévaluation constante, qui nourrissent un processus inflationniste [25].

Plus graves que ces faiblesses à l'exportation, sont celles qui résultent d'une mauvaise orientation géographique des échanges et de l'accentuation de la pénétration du marché intérieur. Si la structure géographique issue de la décolonisation et de la constitution du Marché commun est globalement stabilisée, les soldes commerciaux par zones connaissent de fortes variations. L'amélioration globale du taux de couverture est en effet due pour l'essentiel au redressement spectaculaire des échanges au sein de la CEE – le taux de couverture passe de 82 % à 97 % – et dans une moindre mesure avec les autres pays de l'OCDE. Toutefois le redressement des échanges avec la CEE cache de graves déséquilibres sectoriels. Des excédents notables sont dégagés dans l'agro-alimentaire, l'automobile et le textile-habillement ; les échanges sont au contraire fortement déficitaires en ce qui concerne l'équipement ménager, la construction mécanique, les matériels électriques et électroniques, la sidérurgie, la chimie, dont les taux de couverture sont parfois très bas. Le déficit du poste biens d'équipement professionnel est particulièrement net et traduit la domination commerciale et technologique de la RFA et des Etats-Unis, dont l'impact sur la balance commerciale n'est modéré que par l'excédent dégagé par ce poste vis-à-vis des pays socialistes et des pays en voie de développement. Malgré un léger fléchissement de l'élasticité des importations à la demande intérieure – l'élasticité apparente baisse de 2,3 à 2,1 –, celle-ci reste forte et entraîne une nouvelle augmentation du taux de pénétration du marché intérieure, particulièrement dans l'industrie où il atteint 24,6 % en 1973 contre 19,0 % en 1969. Les industries les plus pénétrées sont, au sein des biens intermédiaires, les minerais et métaux non ferreux (47,7 %) et la chimie de base (43,2 %), et dans les biens d'équipement, la construction mécanique (33,3 %), les matériels électriques professionnels (35,9 %) et les équipements ménagers (34,1 %). Au total, le renforcement de l'industrie française entre 1969 et 1973 ne modifie guère le constat fait en début de période : « En 1973, l'industrie française reste fortement dépendante de ses partenaires des pays capitalistes pour ses approvisionnements et ses équipements » [31].

Cette dépendance est accentuée par un contrôle relativement important de certaines industries par les entreprises étrangères en majorité américaine (45 %) et européenne (38 %). D'après le fichier du ministère de l'industrie [125] –qui ne comprend pas les industries alimentaires, les entreprises sous contrôle étranger, le plus souvent majoritaires, représentent en moyenne 18 % des effectifs de l'industrie au 1er janvier 1973 et 25 % des ventes et investissements, chiffre comparable à celui de l'industrie allemande. Mais en dehors des industries aéronautiques sous contrôle militaire, et des secteurs qui s'identifient à des monopoles publics – électricité, gaz, charbonnages – où la présence étrangère est quasi nulle ou nulle, celle-ci est fortement concentrée sur quelques industries des biens intermédiaires – chimie – et des biens d'équipement – machinisme agricole, mécanique de précision, construction électrique et électronique – où la pénétration dépasse 50 % et dans une moindre mesure dans l'automobile, le caoutchouc et les corps gras (de l'ordre de 30 %). Cette concentration sectorielle, et en corollaire la faible pénétration dans la machine-outil où le taux de pénétration par les importations est élevé, traduit une stratégie de contrôle dans les secteurs où les groupes français sont eux-mêmes dynamiques [85]. La présence étrangère, encouragée en contrepartie d'une activité accrue des groupes français à l'étranger, n'a pas permis de compenser les faiblesses du tissu industriel, en prenant la relève d'entrepreneurs déficients. La « coopération » recherchée avec les groupes étrangers n'a pas apporté un surcroît de puissance ; elle a accentué la dépendance, et finalement favorisé la forte croissance des importations.

Les travaux de Hugues Bertrand [103] permettent de mieux comprendre les caractéristiques de l'internationalisation rapide du système productif français. Alors que les effectifs de la section exportatrice sont restés stables – en moyenne – entre 1959 et 1967, en sept ans, de 1967 à 1974, ils augmentent de 34,6 % soit de 921 000 personnes, ceux des biens d'équipement progressant seulement de 8,1 % tandis que ceux des biens de consommation diminuent de 4,6 %. L'évolution de la section des biens d'équipement se double d'une profonde réorientation de ses débouchés qui privilégie la croissance et la transformation de la section exportatrice, et non plus celles des biens de consommation comme au cours de la période précédente. Le développement spectaculaire de la valeur exportée traduit ainsi beaucoup plus qu'une plus grande ouverture vers l'extérieur : un changement de nature de la dynamique de croissance. « La valorisation du capital français et la poursuite éventuelle du régime d'accumulation antérieur, écrit Hugues Bertrand, se trouvent progressivement assurées non plus par la dynamique interne de l'économie, comme c'était le cas jusqu'en 1968, mais par sa dynamique externe, par sa « compétitivité ». C'est une transition de taille qui se traduit par une diminution encore plus rapide de la partie de l'activité économique française qui boucle effectivement sur elle-même : « Le taux de couverture du marché intérieur des biens d'équipement destinés à la section des biens de consommation passe de 69 % en 1967 à 62 % en 1974, celui destiné à la section des biens d'équipement chute en sept ans de 60,5 % à 52 %. » L'internationalisation se produit ainsi au cœur du système productif dont le noyau intégré proprement français se rétrécit très vite. Alors que les industries des biens intermédiaires étaient parvenues à maintenir une bonne couverture du marché intérieur jusqu'au milieu des années soixante, elles sont les plus fortement atteintes.

La stratégie de positionnement des groupes financiers industriels sur le marché mondial mais aussi de l'amélioration de leur rentabilité est directement à l'origine de ce recul de la couverture du marché intérieur. Ils se sont glorifiés de la part croissante de leur activité réalisée à l'étranger, qui, dans le cas de SPM représente jusqu'à 40 % des ventes consolidées. Mais ces succès doivent être mis en regard de la croissance de la part des ventes abandonnée par ces groupes à des concurrents étrangers. Le simple calcul du coût en devises et en emplois des résultats des groupes conduirait sans doute à nuancer très fortement le satisfecit de leurs dirigeants.

Ce changement de nature du processus d'internationalisation de l'économie française a des conséquences directes sur les objectifs et les instruments de la politique économique. « Il y a, écrit Hugues Bertrand, un renversement de la politique, des choix économiques précédents, l'acceptation définitive et claire d'une internationalisation complète et rapide du système productif français dans ses profondeurs et son fonctionnement quotidien. Désormais les problèmes de la monnaie nationale, du change, du système monétaire international, du contrôle des filières mondiales de production, prennent une importance décisive, omniprésente, permanente. La nécessité de définir de nouveaux instruments ad hoc de la régulation internationale se fait sentir avec une acuité et des conséquences nouvelles par leur ampleur et leur poids. L'économie française rentre dans ce nouveau cercle vicieux de la croissance : développer les activités productives implique d'importer immédiatement, donc d'exporter immédiatement, donc de créer les conditions permanentes favorables à l'exportation... »

La conception de la politique économique passe à l'extérieur et les schémas keynésiens cèdent la place à un retour aux préceptes néoclassiques. « Jusque-là, la politique économique devait répondre principalement à la question suivante : quel savant dosage établir entre augmentation du pouvoir d'achat (en volume) des travailleurs nationaux (transformation de leurs conditions d'existence), augmentation de la productivité dans la section des biens de consommation (transformation des conditions de production), développement corollaire de la section des biens d'équipement et donc des possibilités d'accumulation et de dévalorisation du capital, pour que la croissance soit rapide, à peu près continue et harmonieuse ? » Après 1968, la problématique s'inverse : « Le problème est de réduire les coûts (" compétitivité ") et de rechercher les bonnes spécialisations (" redéploiement ") ; il faut limiter les salaires, restructurer l'industrie, et d'une manière générale l'économie (" rationalisation ") en fonction des nouveaux objectifs. » Le développement du chômage était jusque-là un frein à la croissance, désormais « le chômage permet, en principe, de peser sur la progression des salaires et d'améliorer en conséquence la compétitivité : il est en même temps, l'instrument – conséquence et moyen – du redéploiement et de la redistribution de l'économie française dans l'espace économique international – redistribution intersectorielle interne et externe ».

Cette accélération de l'internationalisation du système productif manifeste bien plus qu'une politique qui accorde la priorité à l'exportation : *la tentative de contrecarrer la réduction progressive de l'efficacité de l'accumulation intensive du capital.* Mais en privilégiant l'adaptation à la demande mondiale par rapport à la cohérence du tissu industriel et à la couverture du marché intérieur, elle accentue les déséquilibres internes. De plus, la pression de la concurrence internationale pousse à l'obtention de nouveaux gains de productivité qui élargit et approfondit la transformation des conditions de production, au prix de tensions croissantes qui ne se résorbent que dans un processus inflationniste. Les travaux de Bernard Billaudot [14 et 104] mettent clairement en évidence le caractère de plus en plus coûteux du processus d'accumulation. La vague d'investissement des années 1969-1974, qui élève le taux d'accumulation et le porte à plus de 9 %, s'opère par la mise en place de nouveaux équipements, qui facilite l'extension des méthodes fordistes. Les tendances antérieures de recomposition du collectif ouvrier autour de la figure polarisée OS – ouvriers qualifiés se renforcent : la proportion d'OS parmi les ouvriers non qualifiés dans le total ouvrier augmente, de façon plus modérée et plus irrégulière, de 49,7 % à 53,7 %. Par ailleurs, le développement du travail en équipes, qui s'était sensiblement ralenti entre 1963 et 1970, connaît une nouvelle accélération. Dans les industries d'équipement, où la proportion d'ouvriers travaillant en équipes reste faible – inférieure à 20 % dans la mécanique et la construction électrique –, on assiste à une augmentation du travail en deux équipes, notamment dans la construction de machines. Dans les industries de consommation, les deux branches qui connaissent déjà une forte proportion d'ouvriers en équipes – textile et dans une moindre mesure presse-édition – voient s'étendre à la fois le travail en deux et trois équipes. Quant au travail en quatre équipes, il ne se développe massivement que là où il est déjà important : dans les industries intermédiaires, notamment la production des métaux. L'extension du travail en équipes s'est accompagnée d'une réduction très sensible de la durée du travail, plus forte là où les durées sont encore les plus longues à la fin des années soixante – notamment dans les industries de biens intermédiaires. La durée hebdomadaire du travail a ainsi été ramenée entre 40 et 44 heures en 1974, les horaires les plus longs étant presque exclusivement le fait des petits établissements.

Graphique 5

LES DURÉES DU TRAVAIL PAR BRANCHE EN 1968 ET EN 1974

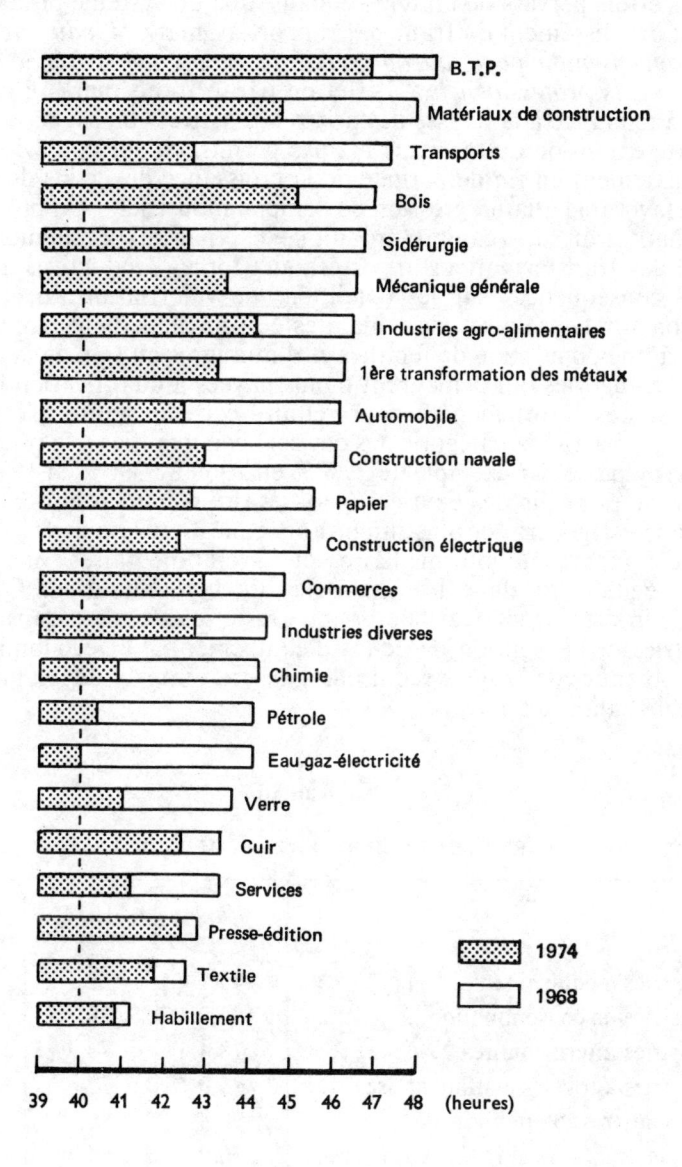

Graphique représentant les durées du travail par branche (en heures) en 1968 et 1974 pour : B.T.P., Matériaux de construction, Transports, Bois, Sidérurgie, Mécanique générale, Industries agro-alimentaires, 1ère transformation des métaux, Automobile, Construction navale, Papier, Construction électrique, Commerces, Industries diverses, Chimie, Pétrole, Eau-gaz-électricité, Verre, Cuir, Services, Presse-édition, Textile, Habillement.

Échelle : 39 à 48 heures. Légende : 1974 (pointillé), 1968 (blanc).

L'extension du travail en équipes permet de retrouver de fortes économies en capital, qui limitent la progression de l'intensité capitalistique dans une proportion comparable à la période 1959-1963. En d'autres termes, le rythme apparent de substitution capital/travail se maintient au niveau atteint antérieurement, ce qui, compte tenu d'une augmentation du taux d'utilisation des capacités productives, correspond à une cer-

197

taine accélération. Ce résultat masque, toutefois, la profonde rupture dans l'évolution du prix de l'investissement du fait du rôle d'amortisseur de la fiscalité, qui absorbe l'essentiel de sa hausse. Cette dernière cristallise les effets pervers de l'internationalisation du système productif français et du glissement du franc par rapport au mark : *l'industrie française dans son ensemble paye sa trop grande dépendance vis-à-vis de la RFA en équipements professionnels* – l'effet de parité franc/mark se combinant avec la tendance à la hausse des prix relatifs de ces biens.

Cette extension du fordisme n'a pas permis, en outre, d'éviter un certain tassement en fin de période de la croissance des gains de productivité – favorable à la progression de l'emploi industriel – qui provoque une forte hausse du ratio capital/produit (+ 6 % par an). Cette moindre efficacité des transformations apportées aux forces productives a d'importantes conséquences sur les conditions de valorisation du capital. La pression sur les salaires s'est manifestée principalement par le recours accru à une population de femmes et d'immigrés au sein de la classe ouvrière, catégories qui demeurent moins payées à qualification identique, en dépit des luttes menées pour réduire cette inégalité. Ce processus touche en priorité la catégorie des ouvriers non qualifiés – la proportion de femmes y passe par exemple de 29,7 % en 1969 à 33,4 % en 1974 –, mais n'épargne pas celle des ouvriers qualifiés. Le recours à la main-d'œuvre féminine est général et plus important là où il est le plus faible : industries d'équipement, intermédiaires et agro-alimentaires ; mais il augmente également dans les industries de consommation. Quant aux travailleurs étrangers, leur nombre progresse relativement dans toutes les industries, à l'exception de celles d'équipement. Les économies de salaires obtenues de la sorte réduisent d'autant l'impact de l'augmentation des gains salariaux moyens.

Tableau 16

PART DES OUVRIERS DANS L'EMPLOI TOTAL

	1962	*1974*	*1974/1962*
Industries d'équipement.............	74,7	72,1	– 3,5
Industries de consommation..........	80,9	78,7	– 2,7
Industries intermédiaires	78,4	74,2	– 5,4
Industries agricoles et alimentaires	75,0	72,6	– 3,2
Bâtiment-travaux publics............	90,8	86,9	– 4,3
Energie..........................	76,9	64,2	– 16,5
Ensemble...................	80,1	75,7	– 5,5

Source : B. BILLAUDOT [14]

Tableau 17

PROPORTION DE FEMMES ET D'ÉTRANGERS DANS L'INDUSTRIE

	Proportion de femmes parmi les ouvriers[1]			*Proportion d'étrangers dans l'emploi total*[2]			
	1962	1968	1974	1954	1962	1968	1975
Industries d'équipement............	15,2	15,0	18,8	9,2	11,3	13,8	11,5
Industries de consommation.........	49,5	49,0	50,5	7,5	7,6	10,2	12,0
Industries intermédiaires...........	17,2	17,3	18,5	10,3	–	10,3	12,2
Industries agricoles et alimentaires	23,6	23,4	26,9	3,3	3,8	4,5	5,7
Bâtiment – travaux publics..........	0,6	0,5	0,6	11,8	15,2	18,4	20,7
Energie	1,9	2,7	3,1	12,2	–	7,8	5,4

1. *Source* : DAS.
2. *Source* : Recensements.

Source : B. BILLAUDOT [14].

La moindre efficacité du capital – à l'exception des industries d'équipements – a également pesé sur la rentabilité. Après un bond en 1969, celle-ci tend plutôt à se dégrader, mais demeure supérieure au niveau moyen des années soixante. Les industries d'équipement sont les seules dont la rentabilité, en moyenne plus élevée, progresse. La suppression de la taxe sur les salaires intervenue en 1968 et la poursuite d'une politique fiscale favorable aux entreprises contribuent à maintenir la rentabilité et donc à limiter les conséquences négatives d'une accumulation progressivement moins efficace. Cependant, même si la part de l'autofinancement dans la valeur ajoutée reste supérieure aux années soixante, malgré une légère baisse qui la ramène de 17,2 % en 1969 à 16,2 % en 1974, elle est insuffisante à assurer le financement propre de la vague d'investissement : le taux d'autofinancement de l'industrie qui atteint 91,2 % en 1969 redescend à 81,1 % en 1974 [120]. Or, au cours de cette période, l'apport global du marché financier reste limité et à peu près constant, et équivaut, *grosso modo*, à la masse des dividendes qui sont versés annuellement par les sociétés. Celles-ci sont ainsi conduites à recourir davantage aux banques et à accroître leur endettement. Si le ratio des dettes à long terme rapportées au capital productif se stabilise autour de 25 %, celui des dettes sur les encours de stocks progresse fortement de 58 à 70 %, la part des dettes à moins d'un an dans le total du passif passant de 51,5 % à 55 %. L'importance du crédit interentreprise, qui constitue la moitié des dettes à court terme, explique cette structure de l'endettement, variable d'une industrie à l'autre – il est notamment très élevé pour les biens d'équipement –, mais qui représente un transfert net de l'industrie vers le tertiaire [122].

Cette augmentation de l'endettement, liée à une hausse sensible des taux d'intérêt, entraîne une forte croissance des frais financiers qui passent de 5,5 % de la valeur ajoutée et 19 % de l'excédent brut d'exploitation en 1969, à, respectivement, 8,5 % et 31,5 % en 1974. La baisse de la part de l'accumulation du capital financier sur ressources propres s'explique note Paul Dubois « par la pression conjointe des cotisations sociales et des charges financières » [118]. Néanmoins, l'endettement croissant permet aux entreprises, par l'« effet de levier », d'améliorer la rentabilité financière des capitaux propres, de 23 % en 1969 à 25 % en 1973 et même 29 % en 1974. Mais il initie aussi un cercle vicieux : « La hausse des taux d'intérêt limite les profits des sociétés, les contraint de ce fait à s'endetter davantage, mais cet accroissement d'endettement conduit à des charges financières accrues qui compriment encore plus les profits ». Seule, dès lors, une inflation croissante peut rétablir la situation patrimoniale des entreprises, en allégeant leurs dettes, mais elle constitue elle-même un puissant facteur de hausse des taux d'intérêt.

Moindre efficacité de l'accumulation, poursuite de la croissance du coût salarial, mais fléchissement des gains de productivité ; augmentation des frais financiers, enfin conséquences du glissement du franc sur le prix des équipements malgré l'évolution favorable par rapport au dollar sur le prix des matières premières, désormais l'accumulation du capital se poursuit au prix d'une accélération de l'inflation. Celle-ci, manifeste dès 1969, ne peut être attribuée aux seules tensions qui se nouent autour du partage salaires-profit. Elle a *son origine dans les contraintes de rentabilité auxquelles se heurte la poursuite de l'accumulation du capital et aux modalités inflationnistes de l'internationalisation du système productif français.* « L'aspect principal, souligne Bernard Billaudot en conclusion de ses travaux, demeure le caractère tendanciellement coûteux de la croissance des forces de production à la marge. C'est celui-ci qui, en définitive, imprime son mouvement au taux d'investissement » [104]. L'accélération de l'inflation, qui n'est d'ailleurs pas propre à la France, est le signe avant-coureur d'une crise en germe dans ces déséquilibres du processus d'accumulation, tandis que l'interdépendance accrue de l'économie française vis-à-vis de l'économie mondiale la rend plus vulnérable au moindre « choc extérieur ».

En quelques années, Georges Pompidou est parvenu à constituer de grands groupes industriels et à leur donner la puissance financière leur permettant de rivaliser avec les plus grands groupes américains, allemands ou japonais. Mais ceux-ci ne lui ont pas permis d'atteindre son objectif : donner à la France la « vraie puissance économique ». Cet échec, il le partage avec les modernistes qui, plus que d'autres, se sont battus pour le renouveau industriel de la France. Il est moins dans les résultats que dans la conception de la politique industrielle qu'ils ont imposée et mise en œuvre. Le retard de l'industrie française en matière de concentration industrielle et financière les a obsédés au point de ne prêter aucune attention aux conséquences de cette concentration accélérée sur l'ensemble du tissu industriel. Ils n'ont pas vu, ou pas voulu voir, que les succès de leur politique se traduisaient par un affaiblissement général du tissu industriel. Acceptant la spécialisation internationale, ils ont cru que le renforcement de quelques pôles d'industrie compenserait la disparition des unités de production les moins concurrentielles. Les succès remportés à l'exportation leur ont masqué les dangers d'une dépendance croissante à l'égard de l'étranger dans certains secteurs vitaux, et en premier lieu dans les biens d'équipement professionnels. Après avoir dénoncé, maintes et maintes fois, l'archaïsme des structures familiales et le corporatisme patronal, ils ont surestimé la possibilité de les faire évoluer en s'en remettant uniquement aux effets de la concentration et aux « forces du marché ». Les modernistes ont échoué sur le conservatisme social entretenu tant par le général De Gaulle que par Georges Pompidou. Mais celui-ci ne saurait servir d'excuse ni de justification aux insuffisances et aux erreurs de leur projet industriel.

Bibliographie

Ouvrages cités

[1] AGLIETTA M., *Régulation et crises du capitalisme – L'expérience des Etats-Unis,* Calmann Lévy, Paris, 1976.
[2] AGLIETTA M., ORLEAN A., *La Violence de la monnaie,* PUF, Paris, 1982.
[3] ALLARD P., BEAUD M., BELLON B., LEVY A.M., LIENART S., *Dictionnaire des groupes industriels et financiers en France,* Le Seuil, Paris, 1978.
[4] ALTHUSSER L., *Pour Marx,* Maspero, Paris, 1965. – *Lire le Capital,* Maspero, Paris, 1965.
[5] ANDRE Ch., DELORME R., *L'Etat et l'Economie – Un essai d'explication de l'évolution des dépenses publiques en France 1870 – 1980.* – Le Seuil, Paris, 1982.
[6] AZOUVI A., et la Division « études des entreprises », *Emploi, qualifications et croissance dans l'industrie* (études par branches), Collections INSEE, E 58, 63, 66/1979.
[7] BAECQUE F. de, QUERMONNE J.L., *Administration et politique sous la cinquième République,* Presse de la FNSP, Paris, 1981.
[8] BARAN P., SWEEZY P., *Le Capitalisme monopoliste,* Traduction française, Maspéro, Paris, 1968.
[9] BAUER M., COHEN E., *Qui gouverne les groupes industriels ?* Le Seuil, Paris, 1981.
[10] BELLON B., *Le Pouvoir financier et l'industrie en France,* Le Seuil, Paris, 1980.
[11] BERGOUNIOUX A., *Force ouvrrière,* Le Seuil Politique, Paris, 1975.
[12] BERLE A., MEANS G., *The Modern Corporation and Private Property,* The Macmillan Co, New York, 1933.
[13] BILLAUDOT B., *L'accumulation intensive du capital,* Thèse de doctorat, université de Paris I, 1976.
[14] BILLAUDOT B., *Emploi, qualifications et croissance dans l'industrie – synthèse,* Collections INSEE, E 68/1979.
[15] BIRNBAUM P., *La Classe dirigeante en France,* PUF, Paris, 1978.
[16] BLOCH-LAINÉ F., *Profession : fonctionnaire,* Le Seuil, Paris, 1976.
[17] BLOCH-LAINÉ F., *A la recherche d'une économie concertée,* Ed. de l'Epargne, Paris, 1962.

[18] BLOCH-LAINÉ F., *Pour une réforme de l'entreprise*, Le Seuil, Paris, 1963.
[19] BLOCH-LAINÉ F., (en collaboration), *Nationaliser l'Etat*, Le Seuil, Paris, 1968.
[20] BLOCH-LAINÉ F., VOGUE A. de, *Le Trésor public et le mouvement général des fonds*, PUF, Paris, 1960.
[21] BOUVIER J. – Panoramas du premier siècle de l'ère « industrielle » en France (Années 1880-1970). – Dans *Histoire économique et sociale de la France* sous la direction de F. BRAUDEL et E. LABROUSSE, tome IV, volume I, PUF, Paris, 1979.
[22] BOUVIER J. et autres auteurs. – *Histoire économique et sociale de la France*, tome IV, volume 2 et volume 3, PUF, Paris, 1980 et 1982.
[23] BOUVIER J. – *Un siècle de banque française*, Hachette littérature, Paris, 1973.
[24] BOUVIER J. – *Les Rothschild*, Fayard, Paris, 1967.
[25] BOYER R., MISTRAL J. – *Accumulation, inflation, crises*, PUF, Paris, 1978.
[26] BRIZAY B. – *Le Patronat*, Le Seuil Politique, Paris, 1975.
[27] BRUHAT B., PIOLOT M. – *Esquisse d'une histoire de la CGT 1885-1965*, Ed. CGT, 1966.
[28] BUNEL J., SAGLIO J. – *La Société des patrons*, Economie et humanisme – rapport ronéoté CORDES 1976, repris dans *L'Action patronale*, PUF, Paris, 1979.
[29] BRUNHOFF S. de – *La Politique monétaire*, PUF, Paris, 1973 et *Etat et Capital*, PUG Maspero, 1976.
[30] CALAN P. de – *Renaissance des libertés économiques et sociales*, éd. France–Empire, Paris, 1963.
[31] CAMUS B., DELATTRE M., DUTAILLY J.C., EYMARD-DUVERNAY F., VASSILE L. – *La Crise du système productif*, INSEE, Paris, 1981.
[32] CARRÉ J.J., DUBOIS P., MALINVAUD Ed. – *La Croissance française*, Le Seuil, Paris, 1972.
[33] CATRICE-LOREY A. – *Dynamique interne de la Sécurité sociale*, Economica, Paris, 1979.
[34] CFDT. – *La CFDT*, Le Seuil Politique, Paris, 1971.
[35] CHARLOT J. – *Le Phénomène gaulliste*, Fayard, Paris, 1970.
[36] CHOMBART de LAUWE Ph. – *La Vie quotidienne des familles ouvrières*, CNRS, 3e éd., Paris, 1977.
[37] CITOLEUX Y., ENCAOUA D., FRANCK B., HEON M. – *Liaisons financières et structure industrielle*, université de Paris I, CORDES, Paris, 1979.
[38] CLERC D. – *Le Pouvoir des Banques*, Le Cerf, Paris, 1981.
[39] CLUB Jean-MOULIN, GROP. – *Pour une démocratie économique*, Paris, Le Seuil, 1963.
[40] CORIAT B. – *L'Atelier et le chronomètre*, C. Bourgeois, Paris, 1979.
[41] COURBIS R. – *Compétitivité et croissance en économie concurrencée*, Dunod, Paris, 1972.
[42] CROZIER M. – *La Société bloquée*, Le Seuil-Politique, Paris, 1970.
[43] DEBATISSE M. – *La Révolution silencieuse*, Calmann-Lévy, Paris, 1963.
[44] DESCAMPS E. – *Militer*, Fayard, Paris, 1971.
[45] Division « Etudes des entreprises », *La Fresque historique du système productif*, collections de l'INSEE, E 27/1974.
[46] DUBOIS P., DULONG A., DURAND C., ERBES-SEGUIN S., VIDAL D. – *Grèves revendicatives ou grèves politiques*, Anthropos, Paris, 1971. « Le Mouvement ouvrier en mai 1968 », Sociologie du travail, n° 3, 1970.
[47] EHRMANN H. – *La Politique du patronat français 1936-1955*, A. Colin, Paris, 1959.
[48] FLAMANT – *Remarques sur l'évolution de la composition du prélèvement fiscal en France depuis cinquante ans*, dans R. SCHNERB, *Deux Siècles de fiscalité française*, Mouton, Paris, 1973.
[49] FOURQUET F. – *Les Comptes de la puissance*, Ed. Recherches, Paris, 1980.
[50] FREYSSENET M. – *La Division capitaliste du travail*, Savelli, Paris, 1977.

bibliographie

[51] FRIEDBERG E. – Administration et entreprise dans *Où va l'administration française,* ouvrage collectif, CSO, Les éditions d'Organisation, Paris, 1974.
[52] FRIEDMAN G. – *Le Travail en miettes,* Gallimard, Idées, 2ᵉ édition, Paris, 1964.
[53] GAULLE Ch. de – *Mémoires de guerre, t. 3, Le Salut,* Livre de poche, Paris, 1959.
[54] GAULLE Ch. de – *Mémoires d'espoir, t. 1,* L'Effort, Plon, 1970.
[55] GAULLE Ch. de. – *Mémoires d'espoir, t. 2,* L'Effort, Plon, 1971.
[56] GERVAIS M. JOLLIVET M., TAVERNIER Y. – *La Fin de la France paysanne de 1914 à nos jours – Histoire de la France rurale,* tome IV, Le Seuil, Paris, 1976.
[57] GERVAIS M., SERVOLIN C., WEIL J. – *La France sans paysans,* Le Seuil, coll. Société, Paris, 1965.
[58] GOGUEL F. – *Modernisation économique et comportement politique,* FNSP, Paris, 1969.
[59] GORZ A. – *Stratégie ouvrière et néo-capitalisme,* Le Seuil, Paris, 1963.
[60] GORZ A. – *Le Socialisme difficile,* Le Seuil, Paris, 1967.
[61] GRANOU A. – *Capitalisme et mode de vie,* Le Cerf, Paris, 1972.
[62] GRANOU A. – *La Bourgeoisie financière au pouvoir,* F. Maspero, Paris, 1977.
[63] GRANOU A. – en collaboration avec Y. BARON et B. BILLAUDOT. – *Croissance et crise,* Maspero, PCM Paris, 1979.
[64] GREMION. – *Le Pouvoir périphérique,* Le Seuil, Paris, 1976.
[65] GRESLE F. – *Indépendants et petits patrons,* H. Champion, Paris-Lille, 1980.
[66] GUIBERT B. – *Genèse et image de la division de la production,* thèse université Paris-I, 1977 (« Les métamorphoses de la valeur », revue La Liberté de l'esprit, n° 3, juin 1983).
[67] GUIBERT B. – *La Mutation industrielle de la France,* collections de l'INSEE, E 311, 32/1975.
[68] HARRIS A., SEYDOUX A. de. – *Les Patrons,* Le Seuil, Paris, 1977.
[69] HATZFELD H. – *Du paupérisme à la Sécurité sociale 1850-1940,* A. Colin, Paris, 1971.
[70] HATZFELD H. – *Le Grand Tournant de la médecine libérale,* Ed. ouvrières, Paris, 1963.
[71] HILFERDING R. – *Le Capital financier,* Traduction française, Ed. de Minuit, Paris, 1970.
[72] HOFFMANN St. – *Sur la France,* Le Seuil, Politique, Paris, 1976.
[73] JEANNENEY J.M. – *Forces et faiblesses de l'industrie française,* A. Colin, Paris, 1959.
[74] JOBERT B. – *Le Social en plan,* Les Editions ouvrières, Paris, 1981.
[75] JUBLIN J., QUATREPOINT J.M. – *French Ordinateurs,* Ed. A. Moreau, Paris, 1976.
[76] LACOUTURE J. – *Pierre Mendès-France,* Le Seuil, Paris, 1981.
[77] LAROQUE et autres auteurs. – *Succès et faiblesses de l'effort social français,* A. Colin, Paris, 1961.
[78] LECERF J. – *Histoire de l'unité européenne,* Gallimard, Idées, 1976.
[79] LIPIETZ A. – *Le Tribut foncier urbain,* Maspero, Paris, 1974.
[80] MALLET S. – *La Nouvelle Classe ouvrière,* Le Seuil Politique, Paris, 1963.
[81] MALLET S. – *Le Gaullisme et la gauche,* Le Seuil, Paris, 1965.
[82] Mc ARTHUR J., SCOTT B. – *L'Industrie française face aux plans – postface. Forces et faiblesses de l'industrie française,* Les Editions d'Organisation, Paris, 1970.
[83] MALRAUX A. – *Les chênes qu'on abat,* Gallimard, Paris, 1971.
[84] MARX K. – *Le Capital,* livre I, Ed. Flammarion, Paris, 1969 et *Fondements de la critique de l'économie politique,* Anthropos, Paris, 1967.
[85] MICHALET Ch. A. – *Le Capitalisme mondial,* PUF, Paris, 1976.
[86] MORIN F. – *La Structure financière du capitalisme français,* Calmann Lévy, Paris, 1974.
[87] MOURIAUX R. – *La CGT,* Le Seuil, Point, Paris, 1982.
[88] MOYNOT J.L. – *Au milieu du gué, CGT, syndicalisme et démocratie,* PUF, Paris, 1982.

[89] PALLOIX Ch. – *L'Internationalisation du capital,* Maspero, Paris, 1975.
[90] PAXTON R.O. – *La France de Vichy,* Le Seuil, Paris, 1973.
[91] REMOND R. – *Les Droites en France,* Aubier, 4ᵉ édition, Paris, 1982.
[92] SARDAIS L. – *L'Etat et l'internationalisation du capital – un essai sur la politique industrielle de la France,* thèse de doctorat d'Etat, Paris, Nanterre, 1977.
[93] SARTRE J.P. – *Critique de la raison dialectique,* Ed. Gallimard, Paris, 1960.
[94] SEGUY G. – *Le Mai de la CGT,* Julliard, Paris, 1972.
[95] SERVAN-SCHREIBER J.J. – *Le Défi américain,* Denoël, Paris, 1967.
[96] SULEIMAN E.N. – *Les Elites en France,* Le Seuil, Paris, 1978.
[97] TOUCHARD J. – *Le Gaullisme 1940-1969,* Le Seuil, Politique, Paris, 1978.
[98] ULLMO Y. – *La Planification française,* Dunod, 1974.
[99] VIANSSON-PONTE P. – *Histoire de la République gaullienne,*
   1. *La fin d'une époque,* Fayard, Paris, 1970.
   2. *Le Temps des orphelins,* Fayard, Paris, 1971.
[100] WINOCK M. – *Histoire politique de la revue « Esprit »,* 1930-1950, Le Seuil, Paris, 1975.

Articles cités

[101] ANDRÉ C., DELORME R., TERNY G. – « Les dépenses publiques françaises depuis un siècle », *Economie et Statistiques,* n° 43, mars 1971.
[102] ARTUS P., BISMUT C. – « Substitution et coût des facteurs : un lien existe-t-il ? », *Economie et Statistiques,* n° 127, novembre 1980.
[103] BERTRAND H. – « La croissance française analysée en sections productives 1950-1974 », *Statistiques et études financières,* 1978.
[104] BILLAUDOT B. – « Accumulation, croissance et emploi dans l'industrie française 1959-1974 », *Economie et Statistiques,* n° 127, novembre 1980.
[105] BLOCH-LAINÉ F. – « Pour une réforme de l'administration économique », *Revue économique,* novembre 1962.
[106] BOURDIEU P., SAINT-MARTIN M. de. – « *Le patronat* », Actes de la recherche en sciences sociales, mars-avril 1978.
[107] BOYER R. – « Les salaires en longue période », *Economie et Statistiques,* n° 103, septembre 1978.
[108] BRANCHU J.J. – « Les charges des entreprises françaises – essai de comparaison internationale », *Economie et Statistiques,* n° 4, septembre 1969.
[109] BROCARD R., GANDOIS J.M. – « Grandes entreprises et P.M.E. », *Economie et Statistiques,* n° 96, janvier 1978.
[110] CALOT G., DEVILLE J.C. – « Nuptialité et fécondité selon le milieu socio-culturel », *Economie et Statistiques,* n° 27, octobre 1971.
[111] CALOT G., HEMERY S. – « La fécondité diminue depuis quatre ans », *Economie et Statistiques,* n° 1, mai 1969.
[112] DARRICAU A., FLANDIN W. – « La participation syndicale au Plan », *Revue de l'action populaire,* janvier 1963.
[113] DAVID J.E., MADER F. – « Le financement de 600 entreprises françaises entre 1966 et 1970 » (d'après la centrale des bilans du Crédit National), *Economie et Statistiques,* n° .
[114] DESPANQUES G., DEVILLE J.C. – « Fécondité et milieu social : les différences demeurent », *Economie et Statistiques,* n° 111, mai 1979.
[115] DESROZIERES A. – « Un découpage de l'industrie en trois secteurs », *Economie et Statistiques,* n° 40, décembre 1972.
[116] DEVILLE J.C. – « Activité féminine et fécondité », *Economie et Statistiques,* n° 93, octobre 1977.

[117] DOLLE M. – « Trois essais sur les groupes industriels », *Economie et Statistiques*, n° 87, mars 1977.
[118] DUBOIS P. – « Le financement des sociétés industrielles et commerciales au cours des dix dernières années », *Economie et Statistiques*, n° 99, avril 1978.
[119] EYMARD-DUVERNAY F., SALAIS R. – « Une analyse des liens entre l'emploi et le chômage », *Economie et Statistiques*, n° 69, juillet/août 1975.
[120] GOLDET H., NICOLAS F., SERUZIER M. – « L'endettement des entreprises et des ménages de 1954 à 1974 », *Economie et Statistiques*, n° 73, décembre 1975.
[121] GRELET J.L., THELOT C. – « La prime de développement : un rôle incitatif discutable, (1962-1975) », *Economie et Statistiques*, n° 89, mai 1977.
[122] GRESH H. – « L'endettement des secteurs de 1971 à 1974 », *Economie et Statistiques*, n° 99, avril 1978.
[123] HANNOUN M., TEMPLE Ph. – « Les facteurs de création et de localisation des nouvelles unités de production », *Economie et Statistiques*, n° 68, juin 1975.
[124] HANNOUN M. – « L'appareil de production des grands groupes industriels en 1972 », *Economie et Statistiques*, n° 87, mars 1977.
[125] HERNANDEZ C., PESKINE B., SAGLIO A. – « La pénétration étrangère dans l'industrie française », *Economie et Statistiques*, n° 72, novembre 1975.
[126] MALLET S. – « Une classe ouvrière en devenir », Arguments, janvier-mars 1959.
[127] MISTRAL J. – « Vingt ans de redéploiement du commerce extérieur », *Economie et Statistiques*, n° 71, octobre 1975.
[128] LERY A. – « L'évolution de la fécondité avant et après la dernière guerre », *Economie et Statistiques*, n° 37, septembre 1972.
[129] LEVY-LEBOYER M. – « Le patronat français a-t-il été malthusien ? », *Le mouvement social*, n° 88, juillet-septembre 1974.
[130] ROUSSEL L. – « La cohabitation juvénile en France », *Population*, janvier-février 1978.
[131] SABOULIN M. de. – « Un nouveau calendrier des premières naissances », *Economie et statistiques*, n° 100, mai 1978.
[132] SAUTTER Ch. – « L'efficacité et la rentabilité de l'économie française de 1954 à 1974 », *Economie et statistiques*, n° 68, juin 1975.
[133] SIMONNET M. – « Le financement des investissements dans les grandes entreprises », *Economie et statistiques*, n° 8, janvier 1970.
[134] TOURAINE A. – « Situation du mouvement ouvrier »,*Argument*, janvier-mars 1959.
[135] VANNOISE R. de. – « Etude économique et financière de 18 groupes industriels français en 1972 », *Economie et Statistiques*, n° 87, mars 1977.

Rapports cités

[136] *Rapport sur le Ier plan de modernisation*, Journal officiel, 1946.
[137] *Rapport sur le IIIe plan de modernisation*, Journal officiel, 1957.
[138] *Rapport sur les obstacles à l'expansion économique* (RUEFF-ARMAND), 1959.
[139] *Rapport sur l'ensemble du problème financier français* (RUEFF-PINAY), 1958.
[140] *Rapport sur le IVe plan de développement économique et social*, La Documentation française, Paris, 1962.
[141] *Rapport sur les options du Ve plan de développement économique et social*, La Documentation française, Paris, 1964.
[142] *Rapport sur le Ve plan de développement économique et social*, La Documentation française, Paris, 1965.
[143] *Rapport sur la politique des revenus, établi à la suite de la conférence des revenus – octobre 1963 – janvier 1964*, La Documentation française, 1964.

[144] *Rapport au Premier ministre sur la politique salariale dans les entreprises publiques*, ronéoté, 23 décembre 1963.
[145] *Rapport sur le développement industriel (R. MONTJOIE – X. ORTOLI)*, La Documentation française, Paris, 1968.
[146] *Rapport sur les entreprises publiques (S. NORA)*, La Documentation française, Paris, 1968.
[147] *Rapport général de la commission des prestations sociales du Ve Plan*, La Documentation française, Paris, 1966.
[148] *Rapport sur les principales options du VIe Plan*, La Documentation française, Paris, 1969.
[149] *Rapport sur le VIe Plan de développement économique et social*, La Documentation française, Paris, 1970.
[150] *Programme de travail des commissions du VIe Plan*, commissariat général du Plan, 1969.
[151] *Rapport de la commission de l'économie générale et du financement du VIe Plan*, La documentation française, 1970.
[152] *Rapport de la commission de l'industrie du VIe Plan*, La Documentation française, 1970.
[153] *Rapport sur le marché monétaire et les conditions de crédit (MARJOLIN-SADRIN-WORMSER)*, La Documentation française, juin 1969.
[154] *Rapport de la commission BAUMGARTNER sur les opérations boursières.*
[155] *Rapport au Premier ministre sur les aides à l'industrie*, Inspection des finances, 1980.
[156] *Rapport du groupe d'experts d'analyses sectorielles (présidé par R. MALDAGUE)*, « Les mutations sectorielles des économies européennes de 1960 à la récession », Bruxelles, janvier 1978.
[157] *Rapport au Conseil économique et social, E. SULLEROT*, « La démographie en France – Bilan et perspective », La Documentation française, Paris, 1978.
[158] « *La sécurité sociale et son avenir* », Revue du CNPF, *Patronat*, juin 1965.
[159] « *De la forme et des méthodes d'un plan national dans un système d'économie de marché* » CNPF, octobre 1967.

Liste des tableaux

Tableau 1 : *Population active occupée par les branches depuis le début du siècle.*
Tableau 2 : *Les transformations de longue période des dépenses ouvrières.*
Tableau 3 : *Date de début de la couverture obligatoire des grands types de risques sociaux selon la catégorie socio-professionnelle.*
Tableau 4 : *Evolution des dépenses et des recettes publiques par rapport au revenu national 1872-1971.*
Tableau 5 : *Evolution comparée des prélèvements obligatoires au sein de la CEE 1960-1971.*
Tableau 6 : *Evolution de la structure géographique des échanges commerciaux 1949-1973.*
Tableau 7 : *Indices de spécialisation par rapport à la CEE.*
Tableau 8 : *Croissance du pouvoir d'achat des salaires nets par catégorie socio-professionnelle 1959-1973.*
Tableau 9 : *Evolution du pouvoir d'achat des prestations et des cotisations sociales 1959-1968.*
Tableau 10 : *Structure des prestations sociales par risque,1959-1973*
Tableau 11 : *Taux de cotisations de Sécurité sociale : 1. des ordonnances de 1945 à celles de 1967. 2. après les ordonnances de 1967 (jusqu'au 1/08/1970).*
Tableau 12 : *Croissance-emploi et capital 1950-1973.*
Tableau 13 : *Pénétration du marché intérieur par grande branche* 1959-1973
Tableau 14 : *Taux de couverture par grande branche 1959-1973.*
Tableau 15 : *Les « bases de production » des groupes en 1972.*
Tableau 16 : *Part des ouvriers dans l'emploi total 1962-1974.*
Tableau 17 : *Proportion de femmes et d'étrangers dans l'industrie 1962-1974.*

Liste des graphiques

Graphique 1 : *Evolution du salaire nominal et du coût de la vie depuis 1946.*
Graphique 2 : *Durée de travail hebdomadaire par grands secteurs industriels de 1955 à 1976 (ouvriers + employés).*
Graphique 3 : *Evolution de quelques pouvoirs d'achat depuis 1954.*
Graphique 4 : *Evolution des taux de change 1967-1980.*
Graphique 5 : *Les durées du travail par branche en 1968 et en 1974.*

Table

Présentation générale 5

TOME I : LE TEMPS DES MODERNISTES

1. *Le déclin des classes possédantes* 19
   La montée des jeunes 20
   Le déclin de la France paysanne 22
   Le capitalisme entre l'usine et la boutique 24
   La nouvelle condition ouvrière 29
   Les institutions sociales du salariat et le nouveau rôle de l'Etat.. 36
   La République des possédants 42

2. *La République présidentielle* 48
   La « grande querelle » 48
   Le nouveau pouvoir administratif 53
   Désengagement colonial et indépendance nationale 56
   Le défi de la modernisation 60
   La défaite des agrariens 68
   Planification et économie concertée 73

3. *Le modernisme gaullien* 79
   Un nouveau comportement de natalité 79
   Le coup d'arrêt à la modernisation 81
   Le Ve Plan ou l'impératif de concentration 85
   Politique des revenus et négociations salariales 94
   Les nouvelles formes de travail 98

    L'impossible réforme de la sécurité sociale 102

4. *Le basculement de la société française* 112
    Le patronat entre libéraux et modernes 113
    La crise de mai 1968 119
    La dernière querelle 126
    Un contrat avec la France 129

5. *Le choix industriel du président Pompidou* 132
    Forces et faiblesses de l'économie française 133
    La dynamique de l'accumulation dans les années soixante ... 138
    Compétition internationale et marché intérieur 141
    Dévaluer pour exporter 144
    L'option européenne et la crise américaine 147

6. *Capital financier et bourgeoisie financière* 153
    Concentration du capital et capital financier – débat sur un concept 154
    La formation des groupes financiers en France 159
    Propriété familiale et bourgeoisie financière 164

7. *Les limites de la puissance industrielle* 173
    La prise du pouvoir du patronat financier 173
    Les performances des groupes industriels : un bilan contrasté ... 183
    Une dépendance internationale croissante 191

Bibliographie 203

Liste des tableaux 209

Liste des graphiques 211

DANS LA COLLECTION «ECONOMIE CRITIQUE»

Gilberto Mathias, Pierre Salama, *L'État surdéveloppé. Des métropoles au tiers monde.*

Charles-Albert Michalet, Michel Delapierre, Bernadette Madeuf, Carlos Ominami, *Nationalisations et internationalisation.*

Pierre Dockès, Bernard Rosier, *Rythmes économiques. Crises et changement social une perspective historique.*

CET OUVRAGE A ÉTÉ COMPOSÉ PAR LA SERTI
REPRODUIT ET ACHEVÉ D'IMPRIMER PAR L'IMPRIMERIE FLOCH À MAYENNE
NUMÉRO D'IMPRIMEUR : 21241. DÉPÔT LÉGAL : SEPTEMBRE 1983
PREMIER TIRAGE : 4.000 EXEMPLAIRES
ISBN 2-7071-1417-0